나의　　소중한

_____ 에게

퀴어 별점

QUEER ASTROLOGY FOR WOMEN

퀴어 별점

QUEER ASTROLOGY FOR WOMEN

질 디어먼 지음
줄리 안 옮김

JILL DEARMAN
JULIE AN

OOMZICC PUBLISHER

일러두기

하나

본문의 각주는 옮긴이 주이며,

일부 편집부에서 보완했습니다.

두울

영어에서 여성을 이르는 제삼 인칭

'She'의 번역을 한글에서 사람을 가리키는

인칭 대명사 '그'로 통일했습니다.

사랑에 관한
이 새로운 점성술 안내서는
여성들의 진정한 본성과
욕망에 대해 알려 줍니다.

삶과 사랑을
별자리가 결정한다고 믿는 것이
위험하게 느껴지나요?

어쩌면
그조차 내 별자리인
전갈자리의
냉소적인 속삭임일지도.

레지나 말러, 『블룸스버리 파이』『퀴어 비츠』작가

I

점성술을 처음 만난,
나의 소중한 여성들에게

점성술을 처음 만난,
나의 소중한
여성들에게

Introduction

레이디스 앤 걸스, 톰보이, 안드로진, 젠더퀴어. 레즈비언과 바이섹슈얼, 여성을 여행하는 모든 퀴어 여러분. 어쩌다 퀴어에게 빠진 예비 퀴어 여러분! 다 모였으면 출발해 볼까요? 이 책은 당신과 당신을 사랑하는 모든 여성들에게 즐거움을 줄 점성술* 입문서입니다. 간단하게 점성술의 기본인 12개의 태양 별자리부터 알아봅시다. 태양 별자리란 우리가 흔히들 아는 생일 별자리를 말해요. 당신이 태어난 때에 태양이 12궁도 안에서 어느 별자리에 있었는가에 따라 정해지는 어떤 근원의 기질이라고 이해해 보지요.

태양 별자리가 갖는 의미가 절대적인 진리인 건 아닙니다. 사실 어떤 두 여성이 별자리가 같은 처녀자리라고 해서 완전히 똑같지는 않잖아요. 그럴 리가요. 하지만 비슷한 점이 꽤 많을 수는 있지요. 예를 들어 집착하지 않는 처녀자리 사람을 만난 적 있습니까? 드물지 않나요.

당신의 별자리 차트**를 봅니다. 달이 위치한 별자리로 내면의 감정 기질을, 상승궁***으로 다른 사람들이 당신을 어떻게 보는지를, 금성의 위치로 연애 정보를 알 수 있어요. 이로써 개인별 차트를 여러 항목으로 균형 있게 해석할 수 있습니다. 또한 행성 통행과 역행, 지나온 자취를 분석해 더 깊이 있는 풀이를 선보일 수 있겠지요. 그렇지만 지금은 기본기만 다지도록 합시다!

모든 별자리는 불, 흙, 공기, 물의 네 가지 원소와 활동형, 고정형, 변화형의 세 가지 유형으로 나뉨을 기억해 주세요.

불의 별자리인 양자리, 사자자리, 사수자리는 활동 지향에 단도직입적인 성향이며 정직하고 다소 순진한 구석이 있습니다. 또한 열정과 자존심으로 똘똘 뭉쳐 있지요. 파티에 빠져 신나게 즐기다가 재미가 시들해질 즈음 불안감에 휩싸입니다.

흙의 별자리인 황소자리, 처녀자리, 염소자리는 현실적이고 소소한 것에서 행복을 찾습니다. 자신이 일해서 번 돈으로 뭔가를 살 수 있다는 것에 고마워하지요. 흙의 별자리 사람들은 건강 강박증이든, 스킨십에 대한 강렬한 욕구든, 자기 몸에 관심이 많습니다.

공기의 별자리인 쌍둥이자리, 천칭자리, 물병자리는 아주 지적입니다. 자신이 마음먹은 대로 하고 아이디어 속에서 가장 행복합니다. 음, 그런데 입이 좀 가볍지요. 어떤 한 대상에 대해서 자기 생각을 소신껏 잘 얘기하면서도 막상 본인 감정 표현에 서툰 면이 있습니다.

물의 별자리인 게자리, 전갈자리, 물고기자리는 감정의 노예라고 할 수 있습니다. 먼저 느끼고 나중에 생각합니다. 직감이 뛰어나고 수수께끼 같은 면을 지녔으며 극도로 변덕스럽지요. 그들은 사랑밖에 모르는 사랑꾼이지만, 깊이 있는 감정의 소유자이니만큼 우리의 아픈 가슴을 치유하거나 해묵은 상처를 어루만져 주기도 합니다.

이제 별자리 유형을 살펴볼까요? 유형을 공부하면 원소별로 각 별자리가 어떻게 다른지를 알 수 있습니다.

★　　**Astrology.** 아스트롤로지. 별자리 해석에 관한 믿음 체계.

★★　　**Chart.** 차트가 궁금하다면 점성학 입문, 별점, 점성술 앱을 참고할 것.

★★★　**Ascendant.** 어센던트. 태어날 때 동쪽 지평선에서 떠오르고 있는 황도대의 별자리.

첫 번째 유형은 활동형 별자리인 양자리, 게자리, 천 칭자리, 염소자리입니다. 이 그룹의 여성들은 각 별자리 유형의 리더입니다. 기획력과 조직력을 발휘해 프로젝트는 물론 팀원들 간의 관계까지 성공으로 이끕니다. 일의 시발점에는 양자리가 힘을 발휘합니다. 게자리는 자기만의 잔잔한 방식으로 사람들을 이끕니다. 천칭자리는 결과물에 대한 분명한 비전을 제시하고, 염소자리는 핵심을 정확히 짚습니다.

두 번째 유형은 고정형 별자리인 황소자리, 사자자리, 전갈자리와 물병자리입니다. 이 그룹의 여성들은 지구력이 강해서 시작한 일을 마무리하는 능력이 뛰어납니다. 끈기와 인내심이 강하지만, 고집이 말도 못하게 셉니다. 융통성은 없어도 신뢰할 만하죠. 황소자리는 과정을 잘 이끕니다. 사자자리는 충성과 헌신을 다하고, 전갈자리는 절대 포기하는 법이 없습니다. 물병자리는 얼마나 오래 걸리든 상관없이 변화를 고대합니다.

마지막 유형은 변화형 별자리인 쌍둥이자리, 처녀자리, 사수자리, 물고기자리입니다. 이 그룹의 여성들은 적응력이 아주 대단합니다. 대처 능력이 뛰어나서 어떤 상황이나 환경에도 잘 적응합니다. 카멜레온처럼 변화무쌍하지요. 그룹으로 모여 있으면 약간 애매할 수 있지만요! 쌍둥이자리는 아이디어에서 아이디어를 창출해 내어 더 많은 것을 배웁니다. 처녀자리는 직업에 귀천이 없다고 생각합니다. 오븐 청소든, 백과사전 검토든, 크게 상관하지 않고 척척 잘 해냅니다. 사수자리는 매번 새로운 종교를 찾아 떠돕니다. 자기만의 철학을 끊임없이 시험하는 모험가 기질이 있습니다. 물고기자리는 감정 스펀지입니다. 그들 주변의 모든 감정을 흡수해 버립니다.

바라건대 이 책을 통해 여러분이 당신 자신은 물론 당신에게 소중한 여성들을 좀 더 잘 이해할 수 있으면 좋겠습니다. 점성술에 대해 쓰면 쓸수록 궁금한 게 더 많아지니, 이상한 일입니다. 당신의 여정에 행운이 깃들기를 빌며 앞으로 나올 유용한 지식들을 거두어 가시길 바랍니다. 끝으로 이 책은 놀이하듯 즐겁게 읽어 주세요. 복채는 넣어 두시고 말이죠.

별점에 대한 관심이 깊어진다면, 준비가 되었을 때 언제든지 더 많이 배우도록 하세요. 기억하세요. **점성술은 타이밍이 전부입니다.**

II

별점 여행 지도

별점 여행 지도

Astrology
travel map

1
책의 구성

『퀴어 별점』은 당신 자신을 더 알아보기 위한 책이기도 하지만,
더 나아가 당신이 미리 알고 싶은 그 여성을 알아보기 위한 책일
수 있습니다. 크게 두 부분으로 구성되어 있지요. '12 별자리'는
12개의 각 별자리로 본 타입을, '78가지 관계'는 두 별자리가 이
루는 관계의 특성을 풀이합니다.

순서대로 읽을 수도 있겠죠. 하지
만 궁금한 여성이 생길 때마다
그의 생일을 알아내 해당
하는 페이지를 찾아 읽
으면 더 재미있을 겁
니다.

2
12 별자리

3
78가지 관계 Compatibility

적합성 · 궁합

III

12 별자리
The 12 Signs

양자리
3.21 — 4.20

Aries

원소. 불

유형. 활동형

지배 행성. 화성

성감대. 머리, 얼굴

강점. 용감무쌍, 천진함, 박력

약점. 이기심, 나댐, 분위기 파악 못하는 박력

**라이프
스타일
/
In Life**

조디악*상의 12 별자리 중 첫 번째인 양자리는 '어린이'를 떠오르게 하는 별자리입니다. 양자리들이 가장 좋아하는 단어는 '나'인데요. 우선 저지르고 나중에 생각하는 기질입니다. 구글 검색에서 '부치(Butch)'라는 단어를 한 번 찾아보세요. 이양자리 다이크**의 사진이 보란 듯이 나올 것입니다. 안에 아무

★   **Zodiac.** 황도대. 황도의 남북으로 각각 약 8도의 폭을 가지고 있는 천구 영역. 이를 열두 개로 나눈 별자리는 대부분 동물 이름으로 되어 있으며, 태양·달·행성이 이 안을 운행한다.

★★   **Dyke.** 레즈비언을 뜻하는 말.

것도 안 입고 가죽 재킷 하나만 걸친 여성 말입니다. 맞습니다. 그는 거칠고 강인합니다. 최대 강점은 뭘까요? 항상 새롭다는 점이죠.

양자리 여성은 자신이 하는 모든 일에 있어 어린아이 같은 열정을 갖습니다. 두려워하지 않고 앞장서는 성격으로 시작에 있어서는 훌륭합니다. 하지만 뒷심이 부족한 편입니다. 주변에 있으면 즐겁습니다. 에너지가 팍팍 넘치거든요. 우울해할 땐 그가 얼마나 멋지고 강인한 사람인지 일깨워 주는 것만으로도 오뚝이처럼 일어설 것입니다. 자부심이 아킬레스건이면서, 최대 강점 중 하나입니다.

양자리 여성 퀴어들은 뛰어난 리더이며 훌륭한 운동선수입니다. 강한 체력과 정신력이 필요한 직업군에서 앞장섭니다. 소방관에서부터 축구 선수까지 어느 분야로 진출하든 진정한 선구자가 됩니다. 유행하기 전에 모험하는 편입니다. 물론 양자리 씨와 있으면 지속적으로 그의 자부심을 떠받들어 줘야 하는 귀찮음이 있긴 합니다. 침대에서든, 사무실에서든, 운동장에서든 많은 주목을 원하고, 끊임없이 자신이 최고임을 인정받고자 하지요.

어렸을 때 양자리 소녀는 자신에게 이렇게 말했을 거예요. '나는 크면 공연 예술가, 정치인, 기자…가 될 거야.' 라고. 세상의 모든 직업을 나열하면서 말이죠. 그들은 성인이 되어서도 그 시절 꿈과 야망을 놓지 않습니다. 인생에서 대단한 성취를 이루어 낼 것입니다. 그래도 정상에 도달하기 위해 다른 사람을 짓밟지는 않습니다. 양자리 사람은 양심적인 승리자거든요.

침대에서
/
In Bed

분위기는 잊어버리세요. 양자리들은 바로 본 게임에 들어갑니다. 특히 만남 초기에는 물 흐르듯이 자연스럽지요. 만일 당신에게 호감이 있다면 곧장 알아차릴 수 있을 것입니다. 그는 쫓아다니는 걸 꽤 즐기거든요. 따분하고 융통성 없는 이성애자인 척 굴거나 콧대를 세우며 튕겨 보세요. 아마 졸졸 따라다니면서 용감하고 진솔한 매력을 발산해 당신을 사로잡을 것입니다.

어쩌다 한 번 아래에 눕기도 하지만 양자리는 절대 온깁*입니다. 기회를 이끌면서 여전사 제나처럼 즐깁니다. 생각 외로 정력이 넘쳐나거든요. 매번 하던 대로 말고 쌍방향으로 즐기고 싶다면 당신이 바꿀 수 있어요. 열정을 함께 나눠 보세요. 스탠더드 라운지에서 슬로우 댄스만 내내 추는 것 같다면, 잔잔한 풍의 레코드는 던져 버리고 거실을 맘껏 누비며 춤을 추세요. 사랑을 나눌 때마다 새로운 걸 하나씩 시도하고 무의식적으로 똑같이 따라하도록 유도하는 겁니다. 양자리의 성감대인 머리와 얼굴 쪽은 특별히 신경 써야 해요. 진심을 담아 미간에 키스해 주세요. 양자리들은 결코 부끄러워하지 않습니다. 그러니까 당신도 부끄러워하지 마세요.

양자리 태생 퀴어들은 늑대의 탈을 쓴 양이에요. 겉으로 센 척하지만 속은 부드럽고 감상적이지요. 또 행동 지향형이라 서로의 관계나 죽도록 뜨겁게 보낸 밤에 대해 복잡하게 분석하며 질척대지 않아요. 생명력의 상징인 화성이 지배 행성입니다. 그래요, 함께 있으면 생기가 넘쳐흐르죠! 그런 만큼 함부로 다가오고 웃으며 떠납니다. 붙잡거나 떠나거나 둘 중 하나지요. 대담하고 외골수인 양자리 여성에게 중간이란 없습니다. 화장실에 집착합니다. 게이들처럼 공중화장실에 환장을 해요! 어쩌면 내면에 게이 남자가 있나 봐요. 두 번째 진도를 채 생각하기도 전에 당신을 미지의 세계로 밀어 넣을 지도 모릅니다. 이런 점이 매력이지요. 섹시한 여성의 몸 안에 발정 난 십 대 아이가 들끓고 있습니다.

★ 　원문은 'true top'. 온깁은 한국식 영어 표현으로 침대에서 주도하는 성향을 뜻하는 퀴어 신조어. 반의어는 온텍, 주도권을 나누는 성향은 깁텍이라고 함.

양자리는 강력함, 오직 이 한 가지 이유로 다른 여성에게 끌립니다. 당신은 그저 당신 자신이 되세요. 굳이 힘들게 맞추려 들지 마시고요. 그는 생활 방식과 주관이 뚜렷한 사람을 동경합니다. 의욕 넘치고 독립적인 성격이라면 더할 나위 없이 좋지요. 이제 당신을 졸졸 쫓아다니게만 하면 게임 끝인데요, 말이 쉽죠? 몇 가지 팁을 알려 드릴게요.

웃게 해 주세요. 이 불의 별자리는 굉장히 열정적이고 격렬해서 서먹서먹한 분위기를 깨고 편안하게 긴장을 풀어 주면 안심합니다. 당신과 즐거운 시간을 보낼 수 있다는 생각이 들면, 아마도 그가 먼저 다음 단계로 넘어갈 것입니다. 스킨십 말이죠. 양자리를 유혹하겠다고 마음먹었다면 크게 두 가지 방법이 있는데요. 우선 격렬하게 압도하며 강하게 대시하세요. 이만하면 눈치챘나요? 양자리는 '서프라이즈' 이벤트를 좋아합니다. 진정으로 스릴을 즐길 줄 아는 신체 건강한 사람인 거죠. 과감하게 밀고 나가기로 했다면 중간에 겁먹지 말아요.

두 번째로 수줍은 체하는 방법이 있습니다. 적당한 때를 기다려야 해요. 분위기 좋은 음악이 깔리고 조명이 어두워지면, 강렬하게 그의 눈을 바라보다가 달콤하면서도 부드러운 키스를 하는 거죠. 그런 다음 물러나세요. 공은 그에게 넘어갔지만 충분히 호기심을 자극했어요. 그의 반응이 시원치 않아도 아무 일 없었다는 듯 담담하게 나누던 대화를 이어 가세요. 다음에 무슨 일이 일어날까 하고 그가 계속 신경 쓰도록 내버려 두고 말이죠. 뭐니 뭐니 해도 당신 특유의 진지함에 반해 박차고 달려오도록 만드는 게 최고의 유혹법일 것입니다. 양자리 여성들이 얼마나 도전을 좋아하는지는 두말하면 잔소리라고요.

기다리세요. 당신이 너무 열을 올린다면, 당신에 대한 신비감과 가까워지고 싶은 마음이 바닥에 툭 떨어질 거예요. 밀당을 권하는 것과는 다릅니다. 그냥 그의 근처에서 묵묵히 우직하게 가만히 버티세요! 연애 초기의 설정이 앞으로의 관계에 날과 달이 지나고 해가 바뀔수록 더 크게 영향력을 행사하니까요.

핫한 데이트
/
**Doing Her
and Dating
Her**

양자리와 막 연애를 시작했나요? 잠은 포기하기 바라요. 활활 타오르는 그가 밤낮으로 틈을 안 줄 것입니다. 워낙 기운이 넘치는 사람들인지라 좋은 인상을 남기려면 얼마간 맞춰 주는 것이 좋습니다. 한편으로는 좀 정신없다 싶을 정도로 스포츠 행사, 정치 모임, 핫한 나이트클럽 같은 곳을 휘젓고 다닐 수도 있습니다. 당신에게 잘 보이려는 일념 하나만으로요. 이런 액션에 대해서도 소신껏 행동하면 높은 점수를 딸 수 있습니다.

예를 들어 일주일에 몇 번 밤을 같이 보냈다면, 나머지 며칠은 나만의 생활이 있다고 못 박아 두세요. 양자리는 독립적인 사람에게 껌뻑 죽는답니다. 이미 알겠지만, 그는 항상 온전히 자기 자신이에요. 항상 보이지 않는 선이 존재하지요. 빡빡하고 속도감 있는 자신만의 생활 패턴을 당신이 따라올 수 있을까 의문을 가져요. 하지만 자신에게 맞춘 데이트는 원치 않습니다. 당신이 솔직담백하고 직선적인 성격이라면, 양자리 여성은 좀 복잡하고 어렵겠죠!

롱런하기
/
**How to Last
over the
Long Haul**

양자리와 오래가는 것. 이것은 진정한 도전이라 할 수 있습니다. 양자리와 장기 연애를 하려면 인내심이 최고의 덕목입니다. 이들은 고난을 몸소 겪으면서 깨달음을 얻는 유형입니다. 말하자면 양자리가 겪어 낼 드라마틱한 고난과 시련을 함께 헤쳐 나가야 한다는 뜻이에요. 양자리는 태양 별자리 중 첫 번째 별자리로 과거에 연연하지 않습니다. 깔끔한 성격이지요. "나 한때는 잘나갔어!"라든가, "전 애인이 너무 힘들게 했어."같은 진부한 말들로 당신과의 새롭고 신나는 연애에 초를 치지 않아요. 안 좋은 점도 있습니다. 과거의 실수를 통해서 배우는 게 별로 없다는 점입니다. 양자리 여성과 함께하는 생활은 매 순간이 새로움으로 꽉 찰 것입니다.

이제 본론으로 들어가서 어떻게 하면 양자리 여성을, 반대로 양자리를 향한 당신의 마음을 오랫동안 붙잡아 둘 수 있을지에 대해 팁을 드릴게요. 당신은 스스로를 끊임없이 바꾸어 가야 합니다. 계속 성장하세요. 연인에 대한 생각은 잠시 접어 두고 자신의 삶에 온전히 충실하세요. 물론 그의 허용 범위 안에서요. 틀에 박힌 생활에 안주해서는 안 됩니다. 늘 열정을 가장 앞줄에 세우세요. 양자리 여성을 사랑하는 이상, 이 방법밖에 없습니다. 매일이 모험인 여성에게 맞춰 당신의 생활 방식도 바꿔야지요. 관계에서 다른 건 다 제쳐 두고 안정감을 찾고 싶다면, 게자리나 황소자리를 만나야 합니다. 하지만 양자리 연인과는 색다른 안정감을 느낄 수 있지요. 불꽃이 활활 타오르는… 매일요.

끝장내기
/
How to Get Rid of Her

양자리 연인과 영영 이별하고 싶다고요? 음, 그러니까 헤어지려고 최선을 다했는데 잘 안 먹힌다는 거지요. 우선 잘 알겠지만 퀴어, 특히 레즈비언들에게 진짜 이별은 없습니다. 우리는 결국 전 애인과 가까운 사이인 지인들과 데이트를 하게 되고, 어쨌든 무섭게도 전 애인과 친구가 되곤 합니다. 그럼에도 양자리와의 로맨스로 괴로워졌다면, 비교적 쉽게 그만둘 수 있습니다. 우리의 펫 샵 보이즈(Pet Shop Boys)★ '언니'들이 부른 노래 〈Being Boring〉의 가사를 참고해서 한껏 지루해져 봅시다.

양자리에게 지루함은 '종말'을 뜻합니다. 짜릿한 흥분과 스릴이 사라지면 그쪽에서 먼저 떠나려고 들 것입니다. 판에 박힌 일상을 참을 수 없어 하거든요. 다음에 해야 할 일이 무엇인지 뻔히 알면서도 굼벵이처럼 느릿느릿 빈둥대기만 한다면, 자기 손

★ **Pet Shop Boys.** 영국 출신 일렉트로니카 & 신스팝 남성 듀오. 보컬인 닐 테넌트가 1994년에 영국 게이 잡지인 『애티튜드(Attitude)』와의 인터뷰에서 커밍아웃. 5집에서 게이 디스코 그룹 빌리지 피플의 〈Go West〉를 리메이크했는데, West가 게이 이상향을 뜻한다는 해석이 있었음.

목의 애플 워치를 들여다보겠지요. 그러다 문을 박차고 달려 나가면 당신은 비로소 안도의 한숨을 쉴 수 있을 것입니다.

위험 없이 관계를 깔끔하게 끝낼 수 있는 확실한 방법이 하나 더 있습니다. 바로 '무시하기'입니다. 양자리와 같은 불의 별자리들, 사수자리와 사자자리는 다들 굉장히 관심을 받고 싶어 합니다. 진짜 많이요! 자기가 받아야 마땅한 관심을 받지 못한다면 이들은 그리 오래 머무르지 않을 것입니다. 당신은 운이 좋아요. 양자리 여성들은 깔끔한 이별의 여왕이니까요. 물병자리처럼 주변에서 얼쩡거리지 않고, 전갈자리처럼 집착하지도 않아요. 헤어지면 '끝'입니다. 만일 헤어지는 이유가 당신 때문이라고 생각하면, 장례식장에도 오지 않을 거예요.

**양자리의
세 가지 얼굴
/
The Three
Faces of
Aries**

모든 별자리는 세 개의 데칸*으로 나눌 수 있고, 각 데칸의 주인 행성은 태양 별자리에 독특한 분위기를 더합니다. 하지만 해마다 태양이 각 별자리 영역에 들어가고 나가는 날이 하루 정도 늦거나 빠르다는 점을 기억해야 합니다. 별자리의 커스프**를 보고 알맞게 수정하세요. 커스프는 하나의 별자리가 끝나고 그다음 별자리가 시작되는 사이를 말합니다. 멍해지지 말고, 그냥 그렇게 알아 두세요. 잘했어요! 불평쟁이 언니들. 점성학 앱에 태어난 위치와 날짜, 시간을 넣으면 하늘의 천체 위치를 계산한 천체력 데이터를 계산해 줍니다. 이에 따라 당신과 당신 파트너의 정확한 태양 별자리를 찾을 수 있고, 세 개로 나누어진 정확한 데칸을 알아낼 수 있어요.

★   **Decan.** 십분각(十分角). 데칸의 얼굴(Face)은 세 개의 십분각이 12 별자리의 각 10°씩에 할당되는 체계로, 각각 주인 행성에 의해 통치되며 점성학적 별자리와 서로 연관된다고 함. 중세에서 르네상스까지 점성술과 마술에 있어 데칸 개념이 사용되었으나 현대에 와서 거의 사라졌음.

★★   **Cusp.** 별자리의 경계. 별자리와 별자리 사이 6일간의 구간.

**양자리
첫 번째 주간**
3월 21일-
3월 31일
/
**화성 데칸
주도적인
개척자**

양자리의 첫 번째 주간 화성 데칸 여성들은 거칠고 자유분방하며 개척 정신이 더욱더 강합니다. 프로젝트나 대인 관계를 시작할 때 엄청난 기세로 주도하려고 하지요. 이들의 사전에 '어중간'이라는 단어는 없습니다. 때로는 무의식적으로, 관계를 회피하는 게 흠이지만요. 이들은 자기만의 방식을 선호하고, 다른 사람의 질문에 답하는 것을 좋아하지 않아요. 삶, 예술, 사랑. 그 외 모든 것들에 말도 안 되게 순수한 태도를 보입니다. 특별히 고지식하지는 않아요. 단지 청렴을 포기할 수 없고 강한 개성을 굽히지 않는 것뿐입니다. 사업적인 면에서는 어수룩한 면이 있지만, 대다수가 능력 있는 재무 관리자를 고용할 능력이 됩니다. 지금 이 순간을 살고, 다가올 미래에 대해서는 크게 신경 쓰지 않습니다.

**양자리
두 번째 주간**
4월 01일-
4월 10일
/
**태양 데칸
고전적인
낭만주의자**

양자리의 두 번째 주간 태양 데칸 여성들은 다른 양자리보다 더 사랑에 잘 빠집니다. 사랑과 사랑에 빠지는 것이지요. 이들에게는 자신이 얼마나 끝내주는지를 옆에서 계속 얘기해 줄 파트너가 필요합니다. 맞아요. 허영심 많고 자기중심적이지만, 충분히 그럴 만한 자격이 있는 여성입니다. 너그럽고 다정하며 사랑에 대한 믿음이 있거든요. 사랑하는 사람을 보호해야 할 때가 아니면, 거짓말을 못합니다. 다른 양자리들에 비해 더 온화하고 행동이 굼뜬 편이에요. 덜 충동적이고, 목표를 성취함에 있어 멀리 내다보고 초점을 맞춥니다. 진정한 로맨티스트이면서 당신 예상보다 더 고전적인 사람입니다.

**양자리
세 번째 주간**
4월 11일-
4월 20일
/
목성 데칸

양자리의 세 번째 주간 목성 데칸 여성들은 돈다발을 쥔 행운의 무리입니다. 여자와 와인, 음악을 즐기며 운으로 하는 게임에서 승리를 잘 거머쥡니다. 특히 말이 행운의 상징입니다. 말에 베팅을 하거나 승마를 하거나 그저 주위에 가까이만 살아도 좋습니다. 이들은 타고난 철학자이기도 합니다. 자신의 얘기를 들어주는 누구에게나 복음을 전도하지요. 나이가 들수록 인생관이 유해집니다. 어릴 때는 독단적이고 바보 같을 수도 있지만, 그럼에도 지극히 사랑스러워요! 모든 인간이 본디 선하다고 여기기 때문에 어디를 가나 인기가 있습니다. 많이 배우고 익히며, 신체적으로도 건강합니다. 양자리들 중에 가장 박식하답니다.

연인의 별자리 차트가 있으면, 조금 더 자세하게 알 수 있어요. 차트 상에 양자리, 사자리, 사수자리 같은 불의 기운이 더해졌다면 평균 양자리들보다 더 강한 '깁' 성향일 것입니다. 반대로 물고기자리와 게자리가 많으면 더 '텍' 성향일 것입니다. 달이나 상승궁이 물병자리나 사수자리에 있으면 평균 양자리에 비해 독립적인 성향일 것입니다. 만일 금성이 물고기자리에 자리해 있다면 한없이 너그럽고 이해심 많은 연인일 것입니다.

널리 알려진
양자리
퀴어 여성
/
Famous
Aries Queer
Women

레이디 가가 Lady Gaga · 1986년 3월 28일

레이디 가가는 미국의 가수이자 배우로, 본명은 스테퍼니 조앤 앤젤리나 저머노타입니다. 가가는 창의적이고 파격적이며, 실험적인 작품을 추구하는 것으로 유명하지요. 가가는 양성애자임을 밝혔고 미국 앵커 바버라 월터스와의 인터뷰에서 "심지어 남자친구와 같이 있을 때도 여성에 대한 욕망을 떨쳐 버릴 수 없다."고 밝힌 바 있습니다.

크리스틴 스튜어트 Kristen Stewart · 1990년 4월 9일

크리스틴 스튜어트는 미국의 배우이자 모델로 연예계에 종사하는 집안에서 태어났습니다. 커밍아웃한 레즈비언인 조디 포스터의 딸을 연기한 스릴러 영화 〈패닉 룸〉으로 연기에 있어 주목을 받았습니다. 프랑스의 여성 뮤지션인 소코와 교제 중임을 밝혔고, 결별했습니다. 그 뒤로 전 어시스턴트인 알리샤 카길, 실험적인 뮤지션인 세인트 빈센트, 빅토리아 시크릿 모델인 스텔라 맥스웰 등 다양한 여성 파트너와 만나고 헤어졌습니다. 예능 쇼 〈Saturday Night Live〉에 출연해 "I'm so gay!"라고 커밍아웃한 바 있습니다.

신시아 닉슨 Cynthia Nixon · 1966년 4월 9일

신시아 닉슨은 미국의 배우이자 뉴욕 주지사에 출마한 바 있는 정치인이자 사회 활동가입니다. 인기 드라마 〈섹스 앤 더 시티〉에서 변호사 미란다 홉스 역할을 훌륭하게 소화해 그 이름을 널리 알렸죠. 교육 운동가인 크리스틴 마리노니와 동성 결혼해 세 아이를 키우고 있습니다.

밸러리 솔라나스 Valerie Solanas · 1936년 4월 9일

밸러리 솔라나스는 미국의 급진적 여성주의자입니다. 앤디 워홀 살인 미수 사건의 범인으로 유명합니다. 이 사건은 훗날 매리 해론에 의해 영화 〈나는 앤디 워홀을 쐈다〉로 제작되기도 했습니다.

린다 페리 Linda Perry · 1965년 4월 15일

린다 페리는 미국의 록 뮤지션이자 작곡가, 음반 프로듀서입니다. 포 넌 블론즈(4 Non blonds)의 보컬이자 작곡가로 이름을 알린 뒤 레코드 레이블을 세우고 많은 여성 가수들의 곡을 쓰고 제작했지요. 배우인 세라 길버트와 2014년에 동성 결혼해 첫 아이를 출산했습니다.

황소자리
4.21 — 5.20

원소. 흙

유형. 고정형

지배 행성. 금성

성감대. 목

강점. 인내심, 쾌락을 즐길 줄 앎, 차분함

약점. 고집 셈, 아둔함, 보수적임

**라이프
스타일
/
In Life**

황소자리는 흙의 별자리 중에서도 가장 흙의 기운이 강합니다. 점성학에서의 흙은 느끼고, 보고, 냄새 맡고, 듣고, 맛보고, 만질 수 있는, 모든 실재하는 것을 뜻합니다. 다른 흙의 별자리들, 예컨대 염소자리는 돈과 사회적 성공에 관심이 많고 처녀자리는 일하는 즐거움에 빠져 삽니다. 하지만 우리의 황소자리는 어디까지나, 전적으로 자신의 감각을 따라 움직입니다.

황소자리에 태어나 금성의 영향을 강하게 받는 여성 대다수가 예술가의 길을 걷고 있다는 것은 그리 놀랄 만한 일이 아니지요. 이들은 음악을 사랑한다는 공통점이 있습니다. 그래서 다른 것에 관심을 두기보다는 음악적인 수준을 맞출 것을 권할게요. 우선 저장된 플레이리스트를 눈여겨봅니다. '헤이 주드' 같은 단골 바에서 무슨 노래를 신청하는지도 기억해 두세요. 당신과 그가 나누는 사랑을 압축한 느낌의 강렬한 음악을 다운 받아 선물해 보세요. 황소자리의 대화 스타일은 현실적이지만, 헤드폰을 끼고 리듬을 타기 시작하면 레스보스 마을 최고의 로맨티스트가 됩니다.

황소자리 퀴어 여성들은 상식적인 것과 날카로운 직관 사이에서 남다른 균형 감각을 지닙니다. 때때로 둘 사이에서 갈팡질팡하다가 극단으로 치달을 때도 있지만요. 그래도 걱정하지 마세요. 이들은 행복을 위해 늘 양쪽의 목소리를 귀담아 듣습니다. 한동안은 마음이 시키는 대로 따라가다가도 결국 이성이 고개를 들게 되지요. 반면에 너무 오랫동안 냉철한 논리만을 좇다 보면 공허함을 느낄 수밖에 없잖아요. 황소자리 사람들은 다 제쳐 두고 마음이 편해야 합니다. 이들은 습관의 동물이라 일상을 방해해선 안 돼요! 그럼에도 당신 연인의 예술적이고 믿음직하며 세심한 점이 마음에 들고 심지어 둘의 관계가 오래 지속된다면, 당신은 제대로 된 판단을 한 거예요.

황소자리 사람은 확실히 가까워지는 데 시간이 걸리는 타입이지요. 하지만 한번 정을 주면 이들의 마수에서 빠져나오기란 쉽지 않습니다. 근사한 사랑과 맛있는 음식, 필요로 할 때마다 곁을 지키며 마음을 다독여 주는 연인에게 당신은 금세 익숙해질 것입니다.

침대에서
/
In Bed

서두르지 마세요. 그분이 알아서 할 거예요. 황소자리 여성들은 별자리 중에서 최고로 관능적인 연인입니다. 이들에게 섹스는 맛있는 고급 요리 같습니다만, 더 부드럽고 의미가 있지요. 음식이 지닌 가치를 과소평가하지 마세요. 그는 식사를 즐기면서 가졌던 욕망과 흥분과 갈망을 그대로 방 안으로 가져와 당신과 사랑을 나눕니다. 오래오래, 천천히 하는 고급스런 섹스를 즐겨요. 온몸 구석구석이 흥분으로 안달 나게 해 주세요. 특히 사랑스러운 목에 집중해서요.

아끼지 말고 포옹하고 키스하며 온몸으로 사랑하세요. 음악을 얼마나 좋아하는지도 앞서 얘기했지요. 취향이 어디인지 샅샅이 알아내서, 집중 공략하세요! 제대로만 찾으면 그는 당신의 포로입니다. 황소자리들은 게으른 면이 있어서 만난 지 좀 된 관계라면 그냥 누워서 신음만 꾸며낼 수도 있어요. 네, 그래요. 말할 힘조차 없을 수 있지요. 그러니까 연애 초기의 열정을 유지하면서 연인이 목소리로 자신을 표현할 수 있도록 더 이끌어 줘야 해요. 온 관심을 다섯 감각과 성감대에 기울인다면, 계속 그르렁 소리를 낼 것입니다. 고양이처럼 말이에요. 좋은 뜻으로, 황소자리 여성들은 진정 동물적인 감각의 소유자입니다. 영화처럼 모든 것을 아름다워 보이게 연출하면서 누구 못지않게 타락할 수 있어요.

플러팅
/
**How to
Seduce Her**

황소자리 퀴어는 인내심만 있으면 유혹할 수 있습니다. 제 말은 엄청난 인내심을 뜻하는 거예요. 제일 처음 해야 할 일은 일상을 면밀히 관찰하는 것입니다. 황소자리들은 자기만의 생활 패턴이 있어요. 매일 아침 같은 시간, 같은 가게에서 베이글을 삽니다. 크림치즈와 부추가 들어간 발효 빵이 뚝 떨어지는 일이 없기를! 이런 경우 하루가 완전히 망가집니다. 융통성이라고는 손톱만큼도 없지요. 매 주말마다 같은 시간, 같은 장소로 춤을 추러 갈 수도 있어요. 적응력이 가장 떨어지는 별자리이기 때문에, 그의 스케줄에 잘 맞춰 주면 좋겠어요.

어디로 갈 것인지 찾아내서 미리 거기에 가 있어 보세요. 계속해서 말이에요. 더 알아내야 해요. 생활 속으로 들어가세요. 황소자리 여성은 어떤 물건이나 누군가에게 익숙해지면 정이 듭니다. 당신과 그 사람 둘 사이에 어떤 미묘한 기류가 흐른다면, 그가 먼저 알려 줄 거예요. 이 별자리는 극도로 육감적이고 스킨십을 좋아합니다. 괜히 계속 손을 잡거나 머리를 쓰다듬고, 무릎에 손을 얹는 식으로 호감을 표시합니다. 돌려 말하지 않아요! 그렇다면 처음에는 누가 먼저 다가갈까요? 대부분 서로 다가가는 편이에요. 당신은 당신의 일, 그러니까 진짜 낭만적인 이벤트를 확실하게 하면 되는 것이지요.

절대 힘을 아끼지 마세요. 그분이 술을 좀 한다면, 훌륭한 와인과 싱싱한 꽃을 준비하세요. 당신에게서 근사한 향기가 난다면 더욱더 좋겠어요. 그분의 피부에 맞닿을 때, 부드럽게 감길 수 있는 옷을 골라 입어요. 가장 중요한 것, 기억하나요? 맞아요! 음악이 빠지면 절대 안 되겠죠!

핫한 데이트
/
Doing Her and Dating Her

황소자리 여성들은 매우 섹시하고 로맨틱해서, 만나면 굉장히 즐겁습니다. 또 오래 지속되는 관계를 선호하지요. 동시에 여러 명과 데이트하는 타입이 아니기 때문에 '진지한 만남'이 키워드 단어입니다. 출생 차트에 쌍둥이자리가 많은 황소자리 사람조차 한 번에 여러 여자들과 마주하는 것을 혼란스럽고 이상하며 불안한 것으로 여길 것입니다. 오, 저런! 온갖 클럽이나 술집에서 댄서나 아르바이트생에게 추파를 던진다고요. 그런 부류도 있습니다. 하지만 진지한 만남은 오직 한 사람과 합니다. 이런 만남을 피하고 싶다면, 아마 사수자리한테로 건너가는 게 나을 거예요. 황소자리 여성은 동성 결혼을 원하고, 당신은 이견 달 여지가 거의 없을 것입니다.

하지만 결혼하기 전 몇 달은 행복할 텐데 즐기는 것도 좋지 않을까요? 알고 있잖아요. 황소자리 여성은 그 자체로 섹시하고 일상이 규칙적이란 걸요. 그러니까 지금 당장 세팅을 잘 해서 핫한 섹스 라이프를 즐겨 보세요. 당신이 아끼는 과테말라 산 바이브레이터는 물론 숨겨 놨던 비장의 카드 『연인을 애무하는 50가지 방법』 같은 책을 꺼내 새로운 뭔가를 시도해 보면 좋겠습니다. 시간이 흐르면 당연히 식상해질 수 있잖아요. 그냥 방치하면 안 돼요! 다양한 섹스는 황소자리와의 화끈한 관계의 핵심이지요. 그래야 꺼지지 않는, 왕성하고 지속적인 관계를 누릴 수 있을 것입니다.

롱런하기

/

How to Last over the Long Haul

변치 않는 오랜 연애를 꿈꾼다면 황소자리 퀴어가 최적의 상대입니다. 한마디로 말해 '정착하는' 타입입니다. 당신의 황소자리는 사랑하는 사람과 안정된 생활을 하고 가정을 꾸리고 싶어 합니다. 진지하게 사귀길 원한다면, 그가 하자는 대로 따르는 편이 좋습니다. 황소자리가 하늘 아래 별자리 중에 가장 고집 세다는 명성은 익히 알려져 있지요. 적어도 자기만의 방식을 정해 놓고 고수합니다. 그러니 자발적이고 자유로운 삶을 누리고 싶다면, 얽히지 않는 것이 신상에 편합니다. 황소자리 여성들은 안정적이고 일관성이 있지요. 당신과 그 사람 사이의 관계를 더 발전시키기 위해서는 성숙해져야 한다는 점이 가장 중요해요! 당신의 연인은 편한 것이 너무 좋기 때문에, 변화를 받아들이기를 꺼릴 것입니다.

어느 목요일 밤, 당신 연인이 집에서 한 번도 빼놓지 않고 챙겨 보는 텔레비전 예능을 못 보게 만들어 보세요. 아니면 잠자리에서 뭔가 새로운 것을 시도해 보기로 해요. 이 관계를 진전시키기 위해선 당신의 다정하고 계속적인 격려가 필요합니다. 그를 내버려 두면, 당신의 달콤한 사랑은 천천히 사그라들지도 모르겠어요. 까칠하게 나올 수도 있지만, 위축되지 마세요! 당신에게 소중한 것들에 관해서는 고집할 필요가 있으니까요.

끝장내기

/

How to Get Rid of Her

설마 농담이겠죠! 황소자리, 특히 레즈비언이라면 절대 쉽지 않을 텐데요. 이 친구들은 정이 들면 그냥 끝까지 사랑하는 타입이에요. 코 꿰였다는 뜻이지요. 꼭 떠나야겠다면, 단호하면서도 온화한 모습을 유지하시길 빕니다. 커플 상담을 받자고 몇 년을 끌고 다닌 뒤에야 이별을 받아들일 거예요. 차트에 황소자리 성향이 약하다면, 아주 간혹 먼저 떠나기도 해요. 오감을 만족시키는 향연을 베풀면서 유혹하는 딴 여자한테로 말이에요. 당신은 황소자리들이 어디까지 동물이 될 수 있는지를 잘 알잖아요. 반대로 당신은 끝났는데 연인이 계속 만나자고 한다면, 정직함이 최상의 방도예요. 당신이 헤어질지 말지 조금이라도 망설이는 경우엔 마음을 되살리기 위해 노력할걸요. 근사한 요리, 극진한 사랑, 그리고… 이봐요. 그냥 말해요. 곁에 남기로 결심한 거죠?

**황소자리의
세 가지 얼굴
/
The Three
Faces of
Taurus**

　　모든 별자리는 세 개의 데칸으로 나눌 수 있고, 각 데칸의 주인 행성은 태양 별자리에 독특한 분위기를 더합니다. 하지만 해마다 태양이 각 별자리 영역에 들어가고 나가는 날이 하루 정도 늦거나 빠르다는 점을 기억해야 합니다. 별자리의 커스프를 보고 알맞게 수정하세요. 커스프는 하나의 별자리가 끝나고 그다음 별자리가 시작되는 사이를 말합니다. 멍해지지 말고, 그냥 그렇게 알아 두세요. 잘했어요! 불평쟁이 언니들. 점성학 앱에 태어난 위치와 날짜, 시간을 넣으면 하늘의 천체 위치를 계산한 천체력 데이터를 계산해 줍니다. 이에 따라 당신과 당신 파트너의 정확한 태양 별자리를 찾을 수 있고, 세 개로 나누어진 정확한 데칸을 알아낼 수 있어요.

**황소자리
첫 번째 주간**
4월 21일-
4월 30일
/
**금성 데칸
강철의
감각주의자**

　　자기 의지가 대단히 강한 그룹입니다. '노'라는 대답을 거의 하지 않는데, 자신이 한번 아니라고 생각하면 진짜 아닌 것입니다. 다른 황소자리들에 비해 스킨십에 민감하며 요리 솜씨가 뛰어나요. 생활 속에서 한 번 행동 방침을 정하면, 삶에서 건전한 변화조차 기대하기 어렵습니다. 황소자리 첫 번째 주간 금성 데칸 사람들에게 해 줄 인생 최고의 조언은 '마음을 바꿔도 괜찮아'예요. 이들은 어마어마한 음악적 재능에 뛰어난 사업 수

완까지 갖춘 사람입니다.

**황소자리
두 번째 주간**
5월 01일-
5월 10일
/
**수성 데칸
팔방미인
재간꾼**

황소자리의 두 번째 주간 수성 데칸 여성들은 소통의 대가들이지요. 수성의 기운을 받아 두뇌 회전이 빠르고, 자기만의 생각을 피력하고자 애씁니다. 더없이 열심히 일하지만, 변덕이 심해서 한 가지에 집중하는 것을 어려워해요. 한 번에 여러 일을 척척 해내는 재간꾼이라 진로를 택하는 데 있어 고민에 빠지기도 하지요. 좋은 전략을 세우고 나면 똑 부러지게 해내는데, 근면과 성실함이 핵심 비결입니다. 글쓰기와 편집 능력이 뛰어나고 수공예에도 재주가 있습니다. 위대한 자연을 사랑하고 그 속에서 더 빛을 발합니다. 운동 신경이 뛰어나고 체력도 괜찮지만, 체질이 특이합니다. 심리적 요인이 원인인 알레르기나 위장병에 종종 걸립니다.

**황소자리
세 번째 주간**
5월 11일-
5월 20일
/
**토성 데칸
유머러스한
야망가**

황소자리의 세 번째 주간 토성 데칸들은 인내심이 강하고 야망이 엄청납니다. 현실 세계의 성공을 갈망하며, 기대한 결과가 나오지 않으면 한바탕 좌절감에 빠져듭니다. 하지만 힘든 것은 좀처럼 티 내지 않고 속을 잘 알 수 없는 사람입니다. 그가 무슨 생각을 하고 있는지 맞춰 보세요! 감성을 자극하고 잘 구슬려서 캐내야 할 것입니다. 실패와 빈곤을 극도로 두려워합니다. 그렇기 때문에 대개는 일찍부터 돈 버는 법을 배웁니다. 유머 감각이 뛰어나고 현실 풍자도 기가 막히게 잘합니다. 어렸을 때는 나이에 상관없이 매우 현명하고, 나이가 들수록 즐기는 법을 터득하지요. 상관을 잘 보좌하기도 하지만, 보통은 자신이 최고 책임자이길 원합니다.

**차트를 갖고
있습니까?**
/

황소자리 연인의 차트가 있으면 그가 어떤 사람인지 더 정확한 그림을 그릴 수 있습니다. 차트 상에 쌍둥이자리가 많을 경우, 특히 금성이나 화성이 들어가 있으면 양성애 성향이 더 두

드러집니다. 어려워할 필요 없어요. 그는 두 개 언어를 구사할 수 있을 뿐이에요. 전갈자리나 물고기자리가 많으면, 자기 자신까지 수수께끼로 만들어 버립니다. 달이 사자자리에 있거나 사자자리 상승궁이면 더 관능적입니다. 훌륭한 연기자가 될 재능을 타고났습니다.

앰버 허드 Amber Heard · 1984년 4월 22일

앰버 허드는 미국의 배우입니다. 영화 〈대니쉬 걸〉에 출연했습니다. 2010년에 본인이 양성애자라고 커밍아웃했고 사진작가인 타샤 반 리(Tasya van Ree)와 공식적으로 교제했으며, 양성애자 인권 운동을 위한 캠페인에도 참여했습니다.

로메인 브룩스 Romaine Brooks · 1874년 5월 1일

이탈리아 로마 출신 화가입니다. 게이인 피아니스트 존 엘링엄 브룩스와 동지애 같은 결혼 생활을 유지하다 이혼했습니다. 20세기 초반 프랑스 파리를 중심으로 활동하며 레즈비언 작가, 예술가, 후원인들의 초상을 그렸습니다. 미국 출신의 레즈비언 작가 나탈리 클리포드 바니와 가장 오랜 연인이자 친구로 지냈으며 서로 사랑하되 다른 사람을 사랑할 수 있도록 허용하는 폴리아모리 관계를 유지했습니다.

탑 트윈스 Topp Twins · 1958년 5월 14일

탑 트윈스는 쌍둥이 자매인 줄스 탑(Jools Topp)과 린다 탑(Lynda Topp)으로 구성된 뉴질랜드 코미디 듀오입니다. 요들송 가수이며 컨트리 가수, 댄서, 사회 운동가이기도 합니다. 비핵화와 마오리족 토지 보상, 법 개정 등 진보적인 사회 변혁 캠페인과 라이브 쇼, TV 퍼포먼스로 이름을 알렸습니다. 두 사람 모두 오픈리 레즈비언이며, 각자 파트너가 있습니다.

바바라 해머 Barbara Hammer · 1939년 5월 15일

레즈비언 다큐멘터리 영화의 개척자이자 미국의 페미니스트 영화감독입니다. 50년 이상 활동하며 경력을 쌓아 왔습니다. 그의 작품들은 현재 뉴욕 현대 미술 박물관, 파리 국제 필름 아카이브, 브뤼셀 국제 필름 아카이브에 소장되어 있으며 그 작품 수만 90여 편이 넘습니다.

에이드리언 리치 Adrienne Rich · 1929년 5월 16일

미국 시인이며 레즈비언 페미니스트입니다. 20세기 후반, 가장 널리 읽히고 영향력 있는 시인 중 한 사람입니다. '여성과 레즈비언에 대한 억압을 시적 담론의 최전선으로 데려왔다'는 평가를 받았습니다.

쌍둥이자리

Gemini

5.21 — 6.21

원소. 공기

유형. 변화형

지배 행성. 수성

성감대. 손, 팔

강점. 재치, 한번 해 보겠다는 열의, 바람기

약점. 짧은 집중력, 가벼움, 바람기

**라이프
스타일
/
In Life**

쌍둥이자리 여성은 똑똑하고 섹시하며 수수께끼 같은 존재입니다. 상징인 쌍둥이가 암시하듯 이중인격자이기도 해요. 결코 과장이 아닙니다. 아무튼 그가 재력과 신비로움으로 꽉 찬 진지한 여성인지, 얄팍한 지식으로 무장한 바람둥이인지 가늠하기란 쉽지 않습니다. 헷갈려요. 그렇죠? 물론 이런 점이 매력입니다. 특히 쌍둥이자리 퀴어는 깊고 진실한 지적 갈증의 소유자로 호기심이 강합니다. 위대한 독서광이면서 이야기꾼이기도 합니다. 이해력도 빠르지요. 사회에서나 사업 영역에서 일을 굉장히 수월하게 해냅니다. 순발력 있게 대응하는 법을 잘 알아요.

생각이 많은 것은 탈입니다. 자신의 감정을 다스리기 힘들 때조차 당신이 어떻게 느낄지부터 생각한다니까요!

쌍둥이자리 사람은 태어날 때부터 인생을 가볍게 생각하는 면이 있습니다. 하지만 그 어떤 것과도 진정한 관계가 아닌 수박 겉핥기식 관계를 맺는 것에 대해 죄책감을 느낍니다. 융통성이 뛰어나며, 변화와 성장을 위해 열려 있습니다. 그에게 삶이란 늘 놀라움으로 가득합니다. 헤어스타일 바꾸듯이 직업을 자주 바꿉니다. 문제가 있는 건 아니에요. 이들은 매우 영특하지만 쉽게 지루해하지요. 길게 잡아 사 년에 한 번 꼴로 새로운 일에 도전해야 합니다. 뛰어난 작가, 정치가, 선생, 연기자 기질을 타고난 것이지요. 카멜레온 성향이 필요한 직업군에 아주 잘 맞습니다. 또 새로운 언어를 익히는 데 능숙합니다.

줄담배를 피운다거나 카페인 과다 섭취 같은 신경증적인 습관에 빠지기 쉽습니다. 지배 행성인 수성의 불안하고 예민한 기운과 구순성격*을 지닌 탓입니다. 내면의 초초와 불안을 잠재우고 싶다면, 자신의 감정에 대해 더 많이 이야기하고 운동도 열심히 해야 합니다.

침대에서
/
In Bed

후끈 달아오르는 걸 좋아하지요. 두 단어로 요약하면 신속함과 민첩함이 중요하달까요. 쌍둥이자리 퀴어는 잠자리에서 지루한 것을 극도로 싫어합니다. 당신이 지루해하는 것은 더더욱 싫어할 테고요. 이런 습성은 스스로에게도 좀 해로울 것 같은데요. 안 그런가요?

쌍둥이자리는 함께할 사람을 찾다가도, 동조하지 않으면 그냥 혼자 갑니다. 대체로는 주거니 받거니 하면서 완전히 새

★　　**oral character.** 구순성격. 정신분석학 용어로 구강기 고착으로 생긴 성격. 의존적이거나 욕심이 많고 꽉 채워지기를 요구하는 성격을 말함. 구순성격을 지닌 사람은 먹기, 담배 피우기, 마시기, 말하기와 같은 행위로 만족감을 얻음.

로운 리듬을 타고 싶어 하면서도요. 여러 별자리들 중에 가장 자기 마음이 가는 대로 움직입니다.

이야기를 잘 들어 주고 야성적인 판타지를 끌어내 주세요. 가볍고 고급스러우면서도 재미있는 섹스를 할 수 있습니다. 그는 배구 통계를 읊을 수도 있습니다. 당신과 계속 오래 더 오래 더 오래 하려고요. 만약 말로 안 한다면, 속으로 읊고 있을 것입니다. 그는 놀라울 정도로 충실하고도 짓궂은 연인입니다. 그래도 당신이 그의 마음을 계속 자극하는 한 관심이 끊이지 않을 거예요.

있잖아요. 쌍둥이자리 레즈비언은요. 분명 당신이 잠자리 레퍼토리를 늘리고 스스로에게 도전할 수 있도록 도와줄 것입니다. 양손잡이라거나, 한꺼번에 많은 일을 처리하는 등 숨은 재주도 많을 거고요. 그렇지만 꼭 기억하세요. 당신에게 흥미를 잃지 않도록 그의 관심을 붙잡아 둬야 한다는 사실을요. 당신과 섹스를 하는 동안 그가 가나다 순서로 정리된 자기 계발서들에 마음을 빼앗기지 않도록 말이죠.

플러팅
/
How to Seduce Her

창의력을 가지세요. 쌍둥이자리 여성은 참신한 접근법을 높이 평가합니다. 태어나서 한 번도 들어본 적이 없을 그런 얘기를 해 주세요. 당신이 만일 조용하게 서서히 타오르는 방식을 선호한다면, 아주 잘해야 할 것입니다. 더 얘기하고, 계속 더 얘기하고, 더 말을 섞으세요. 재치가 핑퐁처럼 오가는 대화를 나누다 보면 어느 틈에 이 충동적인 여성과 진한 스킨십이나 격렬한 불장난을 벌이고 있을걸요. 퀴어 별점 연구팀이 조사한 결과, 이들 자유로운 영혼의 여성들은 낯선 장소에서 하는 것에 특별한 애착이 있다는 사실을 알아냈습니다. 그러니 제발 당신의 침실로 초대하는 우를 범하지 마세요. 당신이 수상보트나 여자 포로수용소에 살지 않는 이상 별 감흥이 없을 것입니다.

핵심적인 것이 있어요. 바로 유머 감각이지요. 절 믿으세요. 당신은 그가 다른 동성에게 터무니없이 집적거릴 때에도 잘 견딜 수 있는 유머를 갖추어야 합니다. 사실 이성에게도 집적댈 수 있을 걸요. 쌍둥이자리 여성은 다른 사람의 규칙에 얽매이거나 어느 하나로 규정되는 것을 싫어하거든요. 마치 물병자리처럼 말이에요.

또 한 가지 중요한 게 있군요. 바로 미묘함을 인정할 줄 아는 감각이지요. 당신의 주관을 확실하게 밀어붙여 관철시키려는 면은 쌍둥이자리에게 통하지 않아요. 모욕으로 받아들일 수 있고요. 마초 레즈비언은 꺼지세요. 백치미 스타일 애인들도 함께요. 서두르지 말고 그가 하자는 대로 하세요. 장난을 걸고 뒤로 빠지세요. 너무 빨리 한꺼번에 본 모습이 드러나지 않도록 말이죠. 그가 댄스 플로어에서 신나게 춤추고 몇 시간씩 떠들어 대도록 내버려 두세요. 이 밤이 끝나기 전에 당신을 유혹해 올 것입니다.

핫한 데이트
/
Doing Her and Dating Her

당신이 침대 위에서 다재다능하며 새롭고 광범위한 관심사를 갖고 있다면, 쌍둥이자리 여성과 천생연분입니다. 연애 초기에는 가장 재미있고 활기찬 모습을 볼 수 있습니다. 쌍둥이자리를 사로잡으려면 "뭐든 해 볼게!"를 신념으로 삼으세요. 아마 그는 입버릇처럼 "나는 같은 건 두 번 하지 않아."라고 말할 것입니다.

당신도 생각해 본 적 있을 거예요. 같이 운동하는 체육관 사우나에서 사랑을 나누는 것이 짜릿할 거라고요. 당연히, 그도 그랬겠지요. 벌써 일기에 썼거나 절친한 친구에게 "비밀 지키기로 해."라고 말하고 털어놨을 것입니다. 그렇지만 그를 깜짝 놀라게 하려고 사우나 섹스를 한 번 더 하지는 마세요. 아주 지루해할 게 뻔해요. 차라리 그가 남미 여행 계획을 세우거나 재테크 정보를 확인하고, 건조기에 넣으면 왜 티셔츠가 다 줄어들까 같은 것을 생각하도록 그냥 내버려 두세요. 그는 자기만의 공간을 필요로 하는 사람이니, 번잡스럽게 하지 않는 편이 좋습니다.

쌍둥이자리 사람은 재미를 원하고 또 추구하지만, 매일 하루 종일 붙어 있기를 원하는 건 아니에요. 혼자 있을 시간을 주세요. 태어나서 단 한 번도 본 적 없는 아름답고 사랑스러운 부케를 들고 문 앞에 서 있거나, 공포를 주제로 한 누드 락 오페라 티켓을 예매해서 당신을 놀라게 할 수 있도록 두세요. 당신의 쌍둥이자리 연인은 어느 누구보다 재미있고 예측 불가능한 사람입니다.

알죠? 당신의 연인은 카멜레온입니다. 그러니까 당신도 카멜레온이 되어야 해요. 계속 자기 계발을 하고 자신에게 도전하세요. 쌍둥이자리는 지루한 것을 못 견딥니다. 단순한 행동을 반복하는 것만은 피하시길 빌어요. 사귀면서 경험하는 감정을 조금 더 깊이 느끼게끔 관계를 이끌 수도 있겠지요. 하지만 너무 거칠고 빠르게 몰아붙이진 마세요. 그가 소중하게 챙기는 논리를 따라야만 해요. 존중해 주세요. 밝고 생기 있는 쌍둥이자리 여성과 오랜 기간 관계를 지속하려면 웃음과 대화가 행복의 핵심 비결입니다.

시간이 흐르면, 대부분의 쌍둥이자리는 연인 관계를 거의 자매애나 동료애 같은 것으로 만들기 시작합니다. 그렇다고 해서 불길이 사라지는 건 아니에요! 사실상 이들에게는 아끼는 친구나 동료와만 나누는 가장 친밀한 영역이 있어요. 그 절대 영역 안의 사람들과 이야기하고 신경 쓰는 일이 쌍둥이자리가 골몰하는 것입니다. 달콤한 신혼 생활을 끝내고, 매일매일 동반자와 이야기하고 즐기는 일상의 안정을 찾고 싶어 하지요. 이런 생활이 섹시하고 열정 넘치는 그의 내면을 일깨웁니다. 만일 당신이 쌍둥이자리 연인과 정신적으로 잘 맞고, 잠자리에서 뭐든 기꺼이 시도해 볼 의향이 있으며, 함께 성장하고 싶은 마음이 있다면 이 영리한 사람과 오래 즐거운 관계로 지낼 수 있습니다.

끝장내기

/

How to Get Rid of Her

쌍둥이자리와 하루빨리 헤어지고 싶나요? 쉬워요. 방법만 정하세요. 백만 번 했던 이야기를 백만 번 또 하고 또 하면서 견딜 수 없이 지루하고 자세하게 덧붙일 수도 있겠지요. 그가 취미 삼아 즐기는 십자말풀이를 갖다 주고, 대신 풀어 주겠다고 나대다가…… 틀리세요. 그것도 볼펜으로요!

모든 일을 다 내팽개치고 항상 당신만을 보고 당신에게만 관심을 쏟으라고 요구하세요. 외부 자극이 많이 필요한 사람인지라 곧 돌아 버릴 것입니다. 처음에는 당신이 얼마나 지루한 요구를 하는지 알아채지 못할 수 있어요. 아마도 스스로 만든 즐거움에 몰두하고 있겠지요. 그래도 계속 더 관심을 가져 달라고 징징거린다면, 결국 자기 공간이 필요하다고 할 거예요. 당신은 이제 작별의 키스를 퍼부을 수 있겠어요. 하지만 좀 덜 끔찍하고 덜 가학적인 방법은 없을까요? 정말 증오해서 헤어지는 게 아니라면 좋은 방법이 하나 있습니다. "우리 그냥 친구하자."하면 곧 받아들일 거예요. 당신과 연인 관계가 끝난 것에 안도하며 기쁨의 문을 열고 나갈 거예요. 새로운 자극을 찾아 움직일 수 있으니까요.

쌍둥이자리의 세 가지 얼굴

/

The Three Faces of Gemini

모든 별자리는 세 개의 데칸으로 나눌 수 있고, 각 데칸의 주인 행성은 태양 별자리에 독특한 분위기를 더합니다. 하지만 해마다 태양이 각 별자리 영역에 들어가고 나가는 날이 하루 정도 늦거나 빠르다는 점을 기억해야 합니다. 별자리의 커스프를 보고 알맞게 수정하세요. 커스프는 하나의 별자리가 끝나고 그다음 별자리가 시작되는 사이를 말합니다. 멍해지지 말고, 그냥 그렇게 알아 두세요. 잘했어요! 불평쟁이 언니들. 점성학 앱에 태어난 위치와 날짜, 시간을 넣으면 하늘의 천체 위치를 계산한 천체력 데이터를 계산해 줍니다. 이에 따라 당신과 당신 파트너의 정확한 태양 별자리를 찾을 수 있고, 세 개로 나누어진 정확한 데칸을 알아낼 수 있어요.

**쌍둥이자리
첫 번째 주간**
5월 21일-
5월 31일
/
**수성 데칸
변덕스러운
다독가**

이른 쌍둥이자리 사람들은 유난히 말이 많고 예민하며 변덕스럽습니다. 가장 잘 어울리는 모자를 고르기까지 수도 없이 써 봐야 합니다. 비단 모자에만 국한된 것은 아니지요. 인간관계나 경력에 대해서도 비슷하게 잽니다. 5월 말에 태어난 쌍둥이자리는 새로운 언어를 잘 익히며, 일 년치 독서량이 다른 사람의 평생 독서량보다 더 많기도 합니다. 이렇게 독서량이 많은데도, 인간 심리나 자신의 내면을 이해하는데 어려움을 느끼지요.

쌍둥이자리 첫 번째 주간 여성들은 감정 영역을 미스터리한 것으로 여기곤 합니다. 이들은 두 가지 방식으로 움직입니다. 때로는 격하게 경험을 지향합니다. 인생이란 무엇인가에 대한 해답을 찾으려고 열정을 쏟지요. 사랑, 여행, 육체적인 세계에 자신을 내던져요. 하지만 그런 세상이 너무 버겁거나 위협적일 때면 가장 안전한 책 속으로 피해 버립니다. 이 주간 사람들의 매우 훌륭한 면모는 자기 자신과 주변 사람들의 인생, 더 나아가 세상을 잘 이해하고 배우려고 애쓴다는 점입니다.

**쌍둥이자리
두 번째 주간**
6월 01일-
6월 10일
/
**금성 데칸
유능한
동반자**

가운데 낀 쌍둥이자리 사람들은 가장 로맨틱합니다. 이들은 인생 동반자를 줄곧 필요로 하며 연인이 없을 때에는 공허해하거나 불안해하지요. 물론 매력 넘치고 관계에 성의를 다하는 특성을 지닌 터라 실제로 혼자일 경우는 드문 편이지만요. 좋은 여성과 함께 있을 때면, 집중력이 높아집니다. 자신의 커리어에 커다란 성취를 이룰 수 있게 되지요. 금성의 예술적인 기질로 인해 창의력을 요하는 전문직에 끌릴 것입니다. 쌍둥이자리 대부분은 훌륭한 작가이지만, 유독 두 번째 주간 여성들은 강한 미적 감각을 지녔습니다. 유능한 디자이너이며, 예술가인 동시에 재능 넘치는 언어의 마술사입니다. 6월 초순에 태어난 쌍둥이자리 여성들은 천성적으로 온화한 마음을 지녔으며 평화로운 삶을 추구합니다. 설령 한자리에 가만히 있지를 못하는 다른 쌍둥이자리들이 따분하다고 놀릴지라도요. 쌍둥이자리 두 번째 주간 여성들의 평생 과제는 평화를 발견하는 것인데, 그럴만한 가치가 있습니다. 이들은 쾌락 지상주의자들이고, 귀여운 여자친구와 해변에서 근사한 칵테일을 즐길 수 있다면 모든 것을 내던져 버릴 수 있습니다.

**쌍둥이자리
세 번째 주간**
6월 11일–
6월 21일
/
**천왕성 데칸
혁신적인
이상주의자**

마지막 쌍둥이자리들은 가장 혁신적인 사람들입니다. 이들은 첫 번째 주간 쌍둥이자리 사람들처럼 독서를 통해 세상을 이해하고 싶어 하질 않고요. 또 두 번째 주간 사람들처럼 친밀한 관계를 통해 세상을 발견하는 데에 만족하질 않아요. 아뇨. 이들은 세상을 바꿀 때까지 만족하는 법이 없을 걸요. 진보적인 혁신가 기질을 지닌 천왕성의 영향 아래, 자신들의 인생을 좀 더 다르게 살고 싶어 하지요. 이들은 이타적인 천성을 가졌기에 언제나 기꺼이 약자의 편에 서려 합니다. 자신의 신념을 굽히지 않아 철퇴를 맞기도 해요. 많은 경우, 친밀한 사이에서 좀 더 상실감을 느낍니다. 좋은 친구들이 많지만, 연인에게 오해를 사거나 해서 관계가 끊어지기도 해요. 보다 더 완벽한 짝을 찾아 헤매는 이상주의자입니다. 쌍둥이자리와 지구 사이의 거리가 가까워질 시기에는 애정 생활이 향상되고, 이들이 열망하는 '마법적인' 분위기를 풍깁니다.

쌍둥이자리 연인의 출생 차트가 있으면 그가 어떤 사람인지 더 잘 알 수 있습니다. 차트 상에 황소자리, 게자리, 천칭자리가 많이 있으면 결혼을 지향하는 타입입니다. 멋진 것들로 채운 근사한 집을 원할 것입니다. 그 안에 근사한 파트너가 가장 중요하겠지만요. 아마도 그는 주위 사람들에게 기쁨을 나눠 주는 부류일 것입니다. 달에 사수자리가 있으면 진정한 여행가이며 괴짜예요! 영특하지만, 사서 고생하는 타입이라 해외로 나가는 걸 선호합니다. 상승궁이 처녀자리라면 신경이 예민한 타입일 거예요. 송곳처럼 예리한 통찰로 자신의 생각을 표현하는 데에 탁월합니다.

널리 알려진
쌍둥이자리
퀴어 여성
／
Famous
Gemini
Queer
Women

구묘진 Qiu Miaojin · 1969년 5월 29일

구묘진은 논바이너리 레즈비언으로 알려진 대만의 소설가입니다. 스물다섯 살에 프랑스 파리로 이주해 파리 제8대학에서 철학자 엘렌 식수를 스승으로 삼고 임상심리학과 여성학을 공부했습니다. 대표작으로 『악어 노트』, 『몽마르트르 유서』가 있습니다.

안젤리나 졸리 Angelina Jolie · 1975년 6월 4일

안젤리나 졸리는 미국의 배우이자 영화감독입니다. 유니세프의 친선 대사로 활동했으며 난민 특사로 임명되기도 했지요. 영화 〈지아〉와 〈처음 만나는 자유〉로 연기력을 인정받았고, 〈툼 레이더〉의 라라 크로프트 역으로 대중적인 명성을 얻었습니다. 영국의 레즈비언 잡지 『디바』에서 '위대한 양성애자'라는 찬사를 받은 바 있습니다.

주나 반스 Djuna Barnes · 1892년 6월 12일

주나 반스는 저널리스트, 일러스트레이터로도 활동한 미국의 전설적인 작가입니다. 뉴욕 그리니치빌리지에 거주하며 보헤미안 성향의 예술가들과 지내다 1920년대 파리로 이주했고, 당대의 여성 모더니스트인 거트루드 스타인, 콜레트, 실비아 비치, 아드리엔느 모니에와 교류하며 『라이더』, 『숙녀 연감』, 『나이트 우드』를 남겼습니다.

게자리
6.22 — 7.22

원소. 물
유형. 활동형
지배 행성. 달
성감대. 가슴
강점. 섬세함, 보호 본능, 동정심
약점. 집착, 변덕, 유치

**라이프
스타일
/
In Life**

　　게자리 여성은 온통 감성으로 충만합니다. 가슴이 시키는 대로 인생을 살아가고, 직관력이 뛰어납니다. 게자리를 다른 말로 쓰면 '엄마', 맘마미아(mama mia)입니다. 한없이 사랑스럽다가도 엄마 같은 성향에 짜증이 날지도 모릅니다. 당신을 물심양면으로 보살피지만, 그만큼 보답을 바라거든요. 특히 게자리 여성 퀴어들은 복잡하고 신비로우며 지배 행성인 달처럼 조류에 따라 감정이 변합니다. 그래도 얼마 동안 같이 지내다 보면 그 주기를 예측할 수 있다는 점에서 안심이 됩니다. 황소자리 언니들처럼 편안함을 추구하고 상대에게 안전한 기분을 주는 것을 좋아하니까요. 그렇다고 해서 또 이들을 완전히 이해할 수는 없을 거예요. 당신은 바다를 헤아릴 수 있거나 통째로 삼킬 수 있나요? 아름다운 클래식 명곡을 온전히 이해할 수 있을까요? 그건 어렵겠죠! 어리석은 여성애자님. 이 사랑스러운 여성을 얕잡아 보고 헛물켜지 마시길 바랍니다. 그러다가는 소위 성모와 창녀를 경쟁시키는, 구태의연한 고전 상징을 투사해 댈지도 모릅니다. 게자리 여성은 사람들 뒤에서 받침대 역할을 하는 것을 좋아하지만, 상대가 기대치에 미치지 못하면 곧잘 부루퉁해집니다. 하지만 이런 어린아이 같은 면 덕분에, 더 깊이 있게 삶과 주변인들을 느끼고 이해할 수 있지요. 그가 제대로 바라보지 못하는 것은 대체로 자신의 자아입니다.

게자리 여성들은 집안일을 중시한 나머지 자신의 직업적인 성취를 뒷전으로 미룰 때도 있습니다. 반려 고양이나 강아지, 아기들을 좀 키워 놔야 달달한 성향을 뒤집고 일하는 모드로 변신할 수 있습니다. 당신도 알다시피 이들은 너무도 사랑스러운 사람이라 누구나 같이 일하고 싶어 하지요. 다정하고 협조적인 겉모습에만 집중하지 마세요. 게자리 사람은 위대한 리더예요. 목적이 생기면 추진력이 대단합니다.

게자리 퀴어들은 치료 분야 직업에서 두각을 나타냅니다. 누군가 육체나 정신에 상처를 입었을 때, 성심껏 온화하게 보살펴 주기 때문입니다. 깊은 감성과 풍부한 상상력을 지닌 이들은 재능 있는 예술가 기질도 타고났습니다. 하지만 꽤나 예리한 비즈니스 수완을 발휘해 돈을 충분히 벌어 놓지 않았다면, 예술 활동에 백 프로 열정을 쏟아붓지는 않을 거예요. 이들은 모든 것을 통제하기를 원합니다. 그렇기에 재정적인 안정이 우선이고, 번영하는 창조적인 삶은 그다음 순위예요.

침대에서

/

게자리 여성에게는 리듬과 타이밍, 이 두 가지 조건이 전부입니다. 당신이 퀴어 밴드의 드러머라면 게임은 끝났습니다.

당신만의 게자리 사람은 먼저 당신을 유혹할 것입니다. 다정하고 감각적인 방식으로 말이죠. '레즈비언 마사지'로 명성이 자자한 동네 퀸이 있다면, 영락없는 게자리 태생입니다. 퀸이 당신을 만지는 순간 만사가 다 평온해지는 기분을 느낄 수 있지요. 반면에 어두운 면도 갖고 있습니다. 다른 별자리들보다 더 많은 부분이 원시적인 유아기의 정서와 감각에 긴밀하게 닿아 있어요. 대개 사드 마조히즘(S/M) 플레이에 끌리면서도 동시에 두려워합니다. 이런 방식이 게자리 안의 권력과 보호, 사랑과 처벌의 버튼을 모두 누르기 때문이지요.

당신의 게자리 연인은 구순성격이 두드러집니다. 천천히 구석구석 움직이며 당신을 속속들이 알아갈 것입니다. 자신의 입으로요. 상처를 간호해 주는 걸 좋아하기에, 당신도 그렇게 보살펴 주면 좋습니다. 만일 잠자리에서 무시당하거나 등한시된 느낌이 들면 장담컨대 당신이 스스로를 괴물이라고 느끼게끔 만들 것입니다. 이토록 도발적이면서 깊은 감정을 지닌 여성과 사랑을 할 때조차 충분히 주의를 기울이지 않는다면, 흐음, 당신은 괴물일 수밖에요.

당신의 게자리 연인은 놀라울 정도로 감성적이지요. 이런, 끔찍하게도 하룻밤 즉석 만남 상대에게도 그래요. 덕분에 이 여성과 하룻밤을 보내고 나면, 다양한 감정의 스펙트럼을 경험할 수 있을 것입니다. 그는 당신에게 사랑받고 구속당하길 원하지요. 하지만 실은 당신을 소유하는 것이 진정한 목적이에요. 당신을 놓아줄 사람이 아니니까, 여러 별자리들 중 최고의 포용력을 자랑할 거예요. 그리고 말이죠, 가슴을 열렬히 흠모하고 사랑해 주면 정말 좋아합니다.

플러팅
/
**How to
Seduce Her**

게자리 여성들은 연애를 즐길 줄 압니다. 이들은 대단히 로맨틱하고 신성하리만큼 감성적입니다. 그러니까 사탕, 꽃, 이벤트, 이 모든 수단을 멈추지 마세요. 당신의 게자리 상대는 동성 결혼을 원하는 타입이며, 그 상대가 당신일 것이란 힌트를 당장 얻고 싶어 해요. 동성 커플 가임기를 계산하는 레즈비언이 여기 있어요. 게다가 게자리의 엄마들은 딸에게 쇼핑이라도 하면서 밖으로 좀 나다니라고 한다니까요! 어서 달콤하고 오글거리면서도 친밀한 애칭으로 당신의 게자리를 불러내세요. 자기, 강아지, 애기 같은 애칭 말이에요. 다정한 포옹과 키스 같은 스킨십도 대단히 좋아해요. 공공장소에서의 애정 표현 또한 꺼리지 않아요. 그러니까, 이 여자는 내 여자라고 세상에 마구 알리세요.

당신의 연인은 유머 감각이 넘치고 비상하게 똑똑합니다. 그 마음을 현명한 방식으로 훔치고 싶다면, 딱 마음만 공략하면 될 거예요. 그럼에도 만일 당신이 유럽 굴지의 셰프처럼 요리를 잘해서 연인의 요리에 굳이 비평을 한다면 분명 도움이 되겠지요. 설마요! 이것만 기억해 두세요. 게자리 여성의 삶을 지배하는 것, 섹스하고 싸우고 도망치는 것을 결정하는 주체는 오직 그의 감성입니다. 그러니까, 맞아요. 물론 정치 토론을 벌이고, 함께 험담을 하고, 좋아하는 소설의 문장을 나눠 읽으면서 교감하는 것도 좋습니다. 하지만 모든 대화마다 가슴에서 우러나오는 욕망을 깔고 진심을 전하는 편이 더 나을 거예요. 날이 밝으면 사라질 그저 그런 생각들 말고요. 진심으로 관심을 갖고 열정적으로 보살펴 주시길 빌어요. 만일 당신이 속이려고 한다면, 영리하고 예민한 게자리 사람은 단번에 눈치를 챌 거예요. 그러니 시시한 장난질은 하지 마세요. 하지만 이상하군요. 세상 누구도 부정할 수 없을 만큼 이 눈부시게 사랑스러운 사람한테 진심이 안 생길 수 있나요?

핫한 데이트
/
**Doing Her
and Dating
Her**

게자리 여성은 막 사귀기 시작할 때 최고로 섹시하고 자유분방하며 더할 수 없이 야해 보이지만, 미래를 함께 하고 싶은 상대에게만 그렇게 굽니다. 그러니 만일 그가 진심이라면, 견딜 수 없을 정도로 매력이 넘치고 달콤하기까지 한 엄청나게 섹시한 연인의 모습일 것입니다. 당신의 게자리 연인은 신비롭게도 어떻게 하면 지치고 뭉친 근육을 풀 수 있는지도 잘 알고요. 따뜻한 집밥도 차릴 줄 알지요. 당신이 전에는 한 번도 느껴본 적 없는 그런 사랑을 알게 해 줍니다. 단 두 번째 데이트 때 말입니다! 어떻습니까? 끝내 준다고요? 그런데 둘이 같이 있을 때마다 들리는 이 둔탁하고 거친 소리는 무엇일까요? 아, 네. 맞습니다. 당신 발에 채워진 족쇄 소리로군요. 그렇습니다. 이제 당신은 게자리에게 갇힌 영혼입니다. 출생 차트에서 행성의 반에 사수자리나 물병자리가 있어도 마찬가지입니다. 당신의 연인은 여여 커플이 되어 미래를 함께 준비하기 위해 당신을 부드럽게 살찌우고 있을 것입니다.

물론 전 여자 친구와의 실연에 큰 반발 심리가 생겼거나 인생에서 아주 새로운 국면에 접어들었을 때 막 나가면서 걷잡을 수 없는 행동을 하기도 합니다. 이제 막 커밍아웃을 했거나 새로운 여자한테 빠졌을 때 말이에요. 이럴 때 게자리 사람은 밤새 같이 춤을 추고 새벽에 귀가해서, 섹스를 하고, 다음날 한낮까지 얘기하고 싶어 합니다. 자기 방어 기제가 강한 사람이지만, 신기할 정도로 오픈 마인드입니다. 당신이 아끼게 될 부분이지요.

롱런하기
/
**How to Last
over the
Long Haul**

당신의 직업이 점성술사이면 좋겠군요. 시시각각 변하는 그의 기분에 맞춰 줘야 할 테니까요. 주변 환경에 민감하므로 같이 신경 써 주세요. 게자리 우주의 중심은 가정입니다. 지속적인 관계를 바란다면 가끔 만나서 즐기기만 해서는 안 됩니다. 부동산 플랫폼의 정보를 신중하게 살피기 시작하세요. 당신을 만인에게 존경받는 여성으로 성장시킬 사람입니다. 당신의 게자리 연인은 사랑하는 당신과 가정을 이루고 가족을 만들고 싶을 거예요. 당신도 같은 마음이었으면 좋겠어요. 지금까지의 얘기가 아주 반갑게 들렸다면……아주 좋습니다. 축하합니다! 그렇다면 집을 같이 꾸며 보는 것은 어떨까요? 어떻게 하면 기나긴 낮과 밤을 새롭고 의미 깊은 순간들로 소중하게 채울 수 있을까요?

이제 당신과 게자리 사람은 적절한 균형을 찾아야 합니다. 집에서 함께 시간을 보내고 같이 만들고 싶은 것이 있다면 함께 열중해 보세요. 여기서 중요한 점은 당신의 연인이 자기만의 세계에서 공상할 수 있도록 충분한 공간과 사생활을 보장해 줘야 한다는 점입니다. 어느 순간에 반복되는 일상과 의례적인 일의 노예로 전락한 자신을 발견하고, 그토록 갈구하던 안정을 얻는 대신 덫에 걸렸다고 느낄지도 몰라요. 과거에 빠진 그가 도래할 미래라든가, 자유의 바다에 앙증맞은 발가락을 담글 수 있도록 지속적으로 격려해서 균형을 맞추는 게 중요하지요. 매번 반발하겠지만, 나중에는 다정하게 이끌어 주는 당신에게 감사하게 될 것입니다. 그런데, 여기서 누가 엄마 역할일까요?

끝장내기
/
How to Get Rid of Her

아, 이건 쉽지 않습니다. 상징인 게처럼 게자리 여성은 쉽사리 놓지 않습니다. 당신에게 빠진 게자리 연인은 당신을 가족이라 여기고 계속 애착을 느낄 것입니다. 당신은 그를 함부로 대해서는 안 됩니다. 주변 사람을 끔찍이 챙기는 만큼 그를 아끼는 사람이 아주 많거든요. 심지어 게자리 사람에게는 자신이 상처받는 것에 삐뚤어진 짜릿함과 만족감을 느끼는 자학적인 기질이 있고, 당신의 죄책감을 자극할 것입니다. 그러면 이제 어떻게 해야 할까요?

당신에게는 두 가지 선택지가 있습니다. 게자리 태생과의 관계에서는 당신들이 결혼을 했든 안 했든 결혼 생활을 한 셈 치세요. 커플 상담소에 가서 제삼자에게 도움을 청합니다. 당신이 왜 떠나려 하는지를 전부 이해할 수는 없겠지만, 어쩌면 상담하면서 조금씩 놓는 법을 배울 수 있을 것입니다. 아니면 그냥 깨끗하게 깨 버리세요.

제발 부탁이에요. "담배 좀 사러 갔다 올게."라든가, "고양이 모래 한 봉지 사 올게." 같은 어쭙잖은 핑계를 대고서 가출

해 버리는 야비하고 고전적인 수법은 쓰지 마세요. 아파트 출입구를 채 나서기도 전에 당신의 어머니가 게자리 연인 곁에 앉아 두 손을 꼭 맞잡고 집안의 앞날을 걱정하고 있을걸요. 어머니가 자식보다 당신의 게자리 짝꿍을 더 사랑하는 건 아닐지 의심해야 할 것입니다. 분명 그럴 거예요. 게자리 사람과 헤어지는 것에는 왕도가 없어요. 그저 험난한 길입니다.

게자리의 세 가지 얼굴
/
The Three Faces of Cancer

모든 별자리는 세 개의 데칸으로 나눌 수 있고, 각 데칸의 주인 행성은 태양 별자리에 독특한 분위기를 더합니다. 하지만 해마다 태양이 각 별자리 영역에 들어가고 나가는 날이 하루 정도 늦거나 빠르다는 점을 기억해야 합니다. 별자리의 커스프를 보고 알맞게 수정하세요. 커스프는 하나의 별자리가 끝나고 그다음 별자리가 시작되는 사이를 말합니다. 멍해지지 말고, 그냥 그렇게 알아 두세요. 잘했어요! 불평쟁이 언니들. 점성학 앱에 태어난 위치와 날짜, 시간을 넣으면 하늘의 천체 위치를 계산한 천체력 데이터를 계산해 줍니다. 이에 따라 당신과 당신 파트너의 정확한 태양 별자리를 찾을 수 있고, 세 개로 나누어진 정확한 데칸을 알아낼 수 있어요.

게자리 첫 번째 주간
6월 22일-
7월 01일
/
달 데칸
기분파
가족주의자

이른 게자리 사람들은 가장 기분파이고 섬세합니다. 정신적으로 달의 영향을 강력하게 받기 때문입니다. 점성술을 배우는 학생이 아니어도, 당신이 친하게 지내는 점술가보다 더 제대로 행성들을 이해합니다. 꾸밈이 없으며 상대방도 무장 해제시킵니다. 게자리 첫 번째 주간 여성의 기분에는 전염성이 있어서 그가 행복하면 당신도 행복하고, 그가 불행하면 당신도 불행하다고 믿게 될 것입니다. 아주 멋진 부모가 되겠지만, 그들 자신은 가족에 대한 중대한 콤플렉스를 갖고 있습니다. 또 자신의 공동체를 이상화해서 진짜 본모습을 잘 볼 수 없습니다. 이들에게는 가족이 전부입니다.

**게자리
두 번째 주간**
7월 02일-
7월 11일
/
**명왕성 데칸
엉큼한
비밀주의자**

가운데 낀 게자리 사람들은 섹스에 집착합니다. 정말 그렇습니다. 섹스가 곧 강력한 권력이며 모든 관계에서 원초적인 부분에 영향을 준다고 여깁니다. 지배 행성이 달인 레즈비언들 중에 가장 목표 지향적이고 주도적입니다. 최고의 전문가가 되고 싶어 하고 대개는 꽤 성공합니다. 자신이 부인할 수 없는 카리스마의 소유자이며, '필요한 것이라면 무엇이든 하는' 사람입니다. 개중에 헤픈 친구들은 필요하다면 누구와도 합니다. 물론이죠. 게자리 두 번째 주간 여성들은 정의로운 자선가와 엉큼한 색마의 두 부류로 나눌 수 있습니다. 자신을 충분히 변화시킬 수 있음에도 말이죠. 이들은 신비로우면서도 강한 면모를 지녔지요. 또 모든 수단을 동원하여 사랑하는 사람을 지켜내며, 별난 친절을 베풀어 적을 물리칩니다. 여러분, 이들에겐 비밀이 있습니다!

**게자리
세 번째 주간**
7월 12일-
7월 22일
/
**해왕성 데칸
선량한 사람**

게자리 세 번째 주간 사람은 당신이 힘들 때 보살피고 먹여 주고 입혀 줍니다. 이들은 집이 없는 상태나 무력감을 매우 끔찍하게 여겨 한밤중에 자다가 깰 정도입니다. 억압받는 사람들 편에 큰 감정 이입을 하기 때문이지요. 게자리 중 최고로 상상력이 뛰어나고 창의적이지만, 가끔은 깊은 혼란에 빠지기도 합니다. 과거, 현재, 미래의 모든 것을 꺼내 자신의 삶과 예술 안에서 이해하려고 애씁니다. 그래서 대단히 난해한 성향을 드러내기도 하지요. 명상과 밝은 곳에서 보내는 시간이 이들에게 많은 도움을 줍니다. 노인과 병든 사람, 죽어가는 사람과 특별한 관계가 있습니다. 곁에 훌륭한 친구를 둡니다. 약물 남용에 빠지기 쉽지만, 롱아일랜드 아이스티 칵테일을 끝내 주게 만들 줄 압니다. 이들은 우아함과 저속함 사이에서 완벽하게 균형을 맞출 수 있는 사람입니다.

게자리 연인의 차트가 있으면 그에 대해 더 속속들이 알 수 있습니다. 차트 상에 상승궁이 불의 별자리거나 첫 번째 하우스에 화성이 있다면, 운동 신경이 뛰어납니다. 마음만 먹으면 올림픽에 출전해서 훌륭한 성적을 낼 수 있을걸요! 달이나 상승궁에 쌍둥이자리가 있으면 다른 게자리들보다 지적이고 말하기를 즐깁니다. 하지만 자신과 당신의 감정까지 합리화하려고 들 수 있어요. 달에 전갈자리나 물고기자리가 있다면 더 신비스럽고 비밀스럽습니다. 당신은 절대 그를 완전히 알 수 없을 것이며, 그 자신도 스스로를 이해하려면 최면술사에게 가야 할 거예요.

**널리 알려진
게자리
퀴어 여성
／
Famous
Cancer
Queer
Women**

린제이 로한 Lindsay Lohan · 1986년 7월 2일

린제이 로한은 미국의 배우이자 가수입니다. 아역 광고 모델로 데뷔해 주목받는 배우로 성장했으나 할리우드 스캔들 메이커로 알려져 있습니다. 디제이인 사만다 론슨과 연인 관계임을 알리고 동성 결혼식을 올린다고 선언하며 양성애자임을 당당하게 밝히기도 했어요. 최근 성소수자 단체에 거액의 기부금을 내놓기도 했습니다.

켈리 맥길리스 Kelly McGillis · 1957년 7월 9일

켈리 맥길리스는 〈탑건〉, 〈피고인〉 등으로 월드 스타 반열에 오른 미국의 배우입니다. 영화 〈피고인〉에 조디 포스터와 함께 출연하여 키가 크고 지적이며 세련된 여검사 역할을 훌륭하게 소화했습니다. 2010년에 배우 멜라니 레이스와 동성 결혼식을 올렸다가 이혼했습니다.

미셸 로드리게스 Michelle Rodriguez · 1978년 7월 12일

미셸 로드리게스는 도미니카 공화국 출신의 어머니와 프에르토리코 출신의 군인 아버지 사이에서 태어난 중남미계 미국의 배우입니다. 2000년에 영화 〈걸파이트〉에 출연한 계기로 대중으로부터 주목을 받게 되었으며 전사, 군인, 경찰 역할을 많이 맡았습니다. 2014년에 사자자리인 카라 델레바인과 연인 사이임을 당당하게 알리며 양성애자임을 밝혔으나 헤어졌습니다.
비건으로 알려져 있습니다.

세라 워터스 Sarah Waters · 1966년 7월 21일

세라 워터스는 영국의 소설가입니다. 퀸 메리 대학에서 레즈비언과 게이 역사 소설에 관한 연구로 영문학 박사 학위를 받았습니다. 박사 논문을 준비하면서 레즈비언 역사 소설과 19세기 외설 문학 작품을 접하게 되면서 소설 집필을 시작했습니다. 데뷔작 『벨벳 애무하기』을 발표한 이래로 장편 소설 『끌림』, 『핑거 스미스』, 『나이트 워치』, 『작은 이방인』을 발표하며 전 소설이 상을 받는 등 국제적인 주목을 끌고 있습니다. BBC 드라마로 만들어진 소설 『핑거 스미스』는 한국에서 영화 〈아가씨〉로 각색되어 상영된 바 있습니다.

사자자리
7.23 — 8.22

Leo

원소. 물

유형. 고정형

지배 행성. 태양

성감대. 등

강점. 충성심, 리더십, 자존감

약점. 거만함, 교만함, 무딤

**라이프
스타일
/
In Life**

사자자리 여성은 당당한 디바이며 언제 어디에서나 존재감을 발휘합니다. 크고 대담한 자연의 힘이 있습니다. 그가 받은 가장 멋진 선물은 매력적인 개성이지요. 그는 무엇으로 전설이 될 수 있을까요? 진화한 사자자리 여성이라면 자기만의 꿈을 실현하는데 매진할 것입니다. 맞아요. 주목받고 싶어 하는 욕구가 사자자리의 가장 큰 아킬레스건이지만, 세상에 공헌하는 삶을 누릴 수 있고, 덤으로 그가 열망하는 찬사를 받는 삶을 이어갈 수 있습니다.

특히 사자자리 레즈비언은 훌륭한 리더입니다. 아직 당

신이 그를 만나기 전이라도 커뮤니티 안에서 이미 그의 존재를 알고 있었을 것입니다. 이 여성은 책임 있는 자리를 좋아해서 자연스럽게 좀 대장 행세를 합니다. 자기 삶이라는 영화 안에서 기꺼이 스타가 됩니다. 이들이 바로 사자자리입니다. 사자자리는 거대한 드라마와 함께합니다. 아무도 이 여성을 무시할 수 없지요. 대다수가 여러 방식의 공연을 합니다. 전문 배우가 아닐지라도, 이 여성들은 완전히 무대 체질입니다. 앞에 나서서 연설하고 청중의 마음을 흔드는 것을 즐깁니다. 마음이 약한 면도 있습니다. 사자자리는 가장 감성적인 성향의 별자리로 마이클 부블레의 〈당신은 내 마음 안에(Always on My Mind)〉 같은 느끼한 노래에 코러스를 넣는 데에 거리낌이 없습니다. 모두가 자신을 흠모하는 팬이라고 여기에 좀처럼 당황하지 않아요. 우리는 실제로도 그의 팬이지요. 물론 그가 공공장소에서 시끄럽고 오만한 말투로 지겹게 지껄여 대서 좀 창피해질 수도 있지만요. 사자자리 사람은 일단 스포트라이트를 받으면, 쉽게 포기하지 않습니다.

굉장히 훌륭한 리더의 자질을 지녀서 정치계에서 일하거나 기관 운영을 관장할 것입니다. 사람들이 그를 잘 따르는 이유는 보스 기질 때문만은 아닙니다. 믿음직스럽기도 하거든요. 진화한 사자자리 사람은 청렴결백합니다. 보육에 참여하기는 하지만 모성과는 거리가 있습니다. 잘해야 좋은 아버지에 더 가깝습니다. 아이들이나 연인, 동료, 가족, 친구, 단골 가게 주인 등 주변 사람들이 역량을 다해서 그들이 스스로를 자랑스럽게 여기도록 힘을 보탭니다.

침대에서
/
In Bed

사자자리 아가씨의 침실 스타일을 한 마디로 말하면 럭셔리입니다. 아주 멋지게 하고 싶어 합니다. 사수자리 친구들과는 달리 맥주병이 나뒹구는 골목에서는 절대 하지 않을 것입니다. 그곳이 파리 한복판이거나 영화 세트장이 아니라면 말이지요. 커다란 욕조와 얼음이 담긴 샴페인이 준비된 그랜드 호텔 객실을 떠올려 보세요. 한껏 꾸미고 최고급 레스토랑에서 값비싼 만찬을 즐기고 우아한 댄스 타임 후… 이제 진짜 유혹이 시작됩니다.

화려함은 그의 전희입니다. 그러니 이 절차를 가볍게 여기지 마세요. 결과보다 과정을 더 중요하게 여긴답니다. 또 소품을 좋아합니다. 불의 별자리에게는 이 소품들이 크고, 시끄러우면서도 인상적이라면 더욱 좋습니다. 그러므로 깊은 인상을 남기고 싶다면 모든 수단을 동원하도록 하세요. 사랑의 시를 써 줄 작정이라면 최상급 표현으로 가득 차 있어야 하며, 반드시 최소 백 줄 이상은 써야 합니다. 목이 쉬어 빠지도록 자신을 칭송하는 당신에게 잠시도 눈을 떼지 않을 것입니다.

별자리의 상징적인 동물인 사자와 비슷한 고양이처럼 행동합니다. 그의 머리를 자세히 보세요. 아마도 머리카락이 탐스럽고 사랑스러울 것입니다. 자주 부드럽게 쓰다듬거나 빗어 주도록 하세요. 길고 늘씬한 등을 어루만지며 공을 들이세요. 당신이 그에게 섹시한 마법을 거는 순간 '나를 숭배하는 네 손길과 감탄의 눈길을 기꺼이 받겠다.'라고 말하듯이 몸을 쭉 뻗은 느긋한 고양이 자세를 취할 것입니다.

사자자리 연인은 잘 베풀기도 합니다. 원래 인심 후하기로 명성이 자자합니다. 묻지도 따지지도 않고 먼저 사랑을 줍니다. 관대함을 빼고는 그를 논할 수 없습니다. 최고를 기대하세요. 바로 그걸 갖게 될 테니까요.

플러팅
/
**How to
Seduce Her**

사소한 것에 신경 쓰지 마세요. 우리의 성스러운 사자자리 여성은 거대하고 공개적인 표현에 매료됩니다. 칭찬해 주세요. 계속, 계속해서, 계속 칭찬해 주세요. 지금 바로 가족이나 친구들 앞에서 아니면 모두 앞에서 똑같이 찬양을 늘어놓으세요. 그에게 관심 가져 주세요. 아, 조금 더요. 더라고 말했죠! 그를 원한다면 당신의 일, 가족, 친구, 새로 산 전동 휠, 사적인 상념들에 정신이 팔려서는 안 됩니다. 그가 당신 세계의 중심이어야 합니다. 그렇다고 당신 삶의 다른 즐거움을 포기하라는 말은 아닙니다. 결국 이들은 자랑스럽게 여길 수 있는, 자신이 존경하는 사람과만 만날 테니까요. 하지만 감히 함께 있을 때에 그 말고 다른 생각을 하고 있다고 절대 말하지 마세요.

더불어 창의력에 대해서 얘기해 봅시다. 누군가 스타일을 아는 사람이 있다면 그 사람은 사자자리일 거예요. 그러니까 그와 썸을 타는 중이라면 꼭 당신만의 도장을 찍으세요. 그는 대화를 좋아합니다. 사자자리 여성의 예스는 '어쩌면' 같은 애매모호한 답이 아니고, 당신에게 영원히 변함없이 충실할 거라는 뜻입니다. 그러니까 지금부터 당신이 나이 들어 백발이 될 때까지 레즈비언 저녁 모임이나 인공 수정 파티에서 만인에게 연애담을 계속 들려주고 싶어 할 것입니다. 그러니 이야깃거리를 만들어 주세요. 그럴 거죠?

사자자리 연인을 열기구에 태우세요. 핀 한 개와 노래 한 곡을 준비해서요. 그 없이 절대 살 수 없다고 외치고, 허락하지 않으면 핀으로 기구를 터트릴 것처럼 하세요. 글쎄, 좀 위협적일 것 같다고요? 어쨌든 전 전갈자리니까요. 그럼 당신 방식대로 하세요! 그래도 기억해야 할 것은 어느 정도 수준 있고 품위 있게, 물질 공세도 펼치면서 유혹해야 한다는 점이지요. 당신은 그렇게 해야 합니다. 이들은 천성적인 드라마 광이라고요.

핫한 데이트
/
Doing Her and Dating Her

사자자리 여성은 낭만적이고 활력이 넘쳐서 데이트할수록, 또 당신을 알아갈수록 정말 기뻐할 것입니다. 요즘 제일 핫한 클럽과 식당을 찾아다니는 걸 좋아하고, 스텝과도 금방 친구가 되지요. 대접받는 걸 즐기며 특권의 대가인 팁을 잘 줍니다. 게다가 끝내주게 친절하기까지 합니다. 모두들 그를 사랑합니다. 당신은 연인의 그림자 아래에서 조금 아니 거의 대부분을 보낼 텐데, 괜찮았으면 좋겠습니다. 꼭 연예인과 데이트하는 것 같지요.

요구 사항도 많습니다. 전화로 수다를 떨고 싶어 하고요. 그날 하루 시시콜콜한 일과를 얘기하고 싶어 합니다. 만일 당신이 이 사자자리 여성에게 홀딱 빠져 있다면 재미있고 풍부한 이야기들에 지루할 틈이 없을 거예요.

가장 야망 넘치는 사자자리에게도 사랑은 제일 우선순위입니다. 새로운 연애를 하면 그 안의 최고의 모습이 나타납니다. 조금 허영심 있고 이기적인 성격이지만 당신을 끔찍이 사랑하고 세상의 중심에 있다는 생각이 들게 하지요. 당신은, 당신은, 그만의 '자기'입니다.

롱런하기
/
How to Last over the Long Haul

사자자리 여성들에게 큰 흠이 하나 있다면, 연속적인 일부일처제를 지향한다는 점입니다. 결혼과 이혼의 반복으로 일정 기간마다 배우자를 바꾸는 것 말입니다. 네, 나머지 퀴어들도 마찬가지지만, 너무 따지지는 말자고요. 그는 연애하는 걸 좋아합니다. 진지한 관계를 약속할 때마다 영원을 맹세합니다. 하지만 사랑과 사랑에 빠지는 면이 있어서 좀 위험할 수 있습니다. 크고 넓은 맥락으로 생각하고 사랑합니다. 그래서 미묘한 것들은 신경 안 쓸 수도 있어요. 이 만남이 변화 없이 단조로운 이유는 그 때문입니다.

당신의 말에 귀를 기울이지 않는다고 느껴진다면 확실하게 반복해서 이야기해야 합니다. 진지한 성격의 게자리나 황소자리가 차트에 있지 않는 이상 듣기보다는 말하는데 더 소질이 있거든요. 당신이 해 주는 요리, 인도 통속 소설에 대한 집착적인 성향, 혹은 잠자리 패턴을 사자자리 연인이 질려 할까 봐 걱정된다면 솔직하게 용기 내어 그에게 묻는 편이 좋습니다.

당신의 사자자리에게는 자꾸 흑백 논리로 구분하려는 방어적인 성향도 있습니다. 그래서 당신에 대해 나쁜 감정을 품고 있다면, 머릿속에서 그 생각들을 애써 밀어내고 있을 것입니다. 제가 조언 하나 할게요. 사자자리 여성과 오랜 관계를 맺고 싶다면, 잘난 척하지 말고 현재의 상황을 받아들이세요. 당신과 어떻게 싸워야 하는지, 바로바로 가르쳐 주세요. 그는 연기를 정말 좋아해서, 자신의 기분을 당신이 은근슬쩍 알지 못하도록 자랑스럽게 가면을 쓸 것입니다. 몇 번의 험난한 고비를 넘고 나면, 그 곁에 영원히 머무를 사람은 바로 당신이 될 것입니다.

끝장내기
/
**How to Get
Rid of Her**

만일 사랑이 식었다면 당신의 삶에서 그를 퇴출하기는 어렵지 않습니다. 그는 연기하면서 사는 것을 좋아하지만, 자신을 원하지 않는 곳에는 절대 머무르지 않는 성격이에요. 집착이나 미련은 사자자리 여성의 스타일이 아닙니다. 그러니까 당신의 마음이 진정으로 변했거나 그를 더 이상 사랑하지 않는다면, 감정을 숨기거나 돌려서 표현하지 마세요.

하지만 퀴어 독자 여러분께 좀 더 복잡한 상황이 있을 수도 있겠지요. 좋아하지만 사랑까지는 아닌 것 같은 그런 경우 말이지요. 당신은 친구로 남길 바라겠지만, 멀고 먼 플라토닉 행성에 평생 정착해서 살자니 그의 자존심이 허락하지를 않습니다. 그저 친구로 남기에는 너무 사랑하는 탓이지요. 성숙한 어른답게 결정 내릴 기회를 주시고, 기억하세요. 헤어질 때도 그가 주도합니다.

**사자자리의
세 가지 얼굴**
/
**The Three
Faces of
Leo**

모든 별자리는 세 개의 데칸으로 나눌 수 있고, 각 데칸의 주인 행성은 태양 별자리에 독특한 분위기를 더합니다. 하지만 해마다 태양이 각 별자리 영역에 들어가고 나가는 날이 하루 정도 늦거나 빠르다는 점을 기억해야 합니다. 별자리의 커스프를 보고 알맞게 수정하세요. 커스프는 하나의 별자리가 끝나고 그다음 별자리가 시작되는 사이를 말합니다. 멍해지지 말고, 그냥 그렇게 알아 두세요. 잘했어요! 불평쟁이 언니들. 점성학 앱에 태어난 위치와 날짜, 시간을 넣으면 하늘의 천체 위치를 계산한 천체력 데이터를 계산해 줍니다. 이에 따라 당신과 당신 파트너의 정확한 태양 별자리를 찾을 수 있고, 세 개로 나누어진 정확한 데칸을 알아낼 수 있어요.

**사자자리
첫 번째 주간**
7월 23일-
8월 01일
/
**태양 데칸
인생 역전
드라마 퀸**

이른 사자자리 사람들은 가장 사자다운 면모를 지녔습니다. 크게 살고, 크게 사랑합니다. 생활에서도 큰 것을 추구합니다. 드라마틱하다고요? 말도 못하죠! 이들은 친구와 연인 모두에게 자기와 같이 있어 달라고 하지요. 관심을 계속 달라고 해서 진이 다 빠진다니까요. 그런 다음에는 마음과 영혼을 고스란히 제자리에 돌려놓습니다. 연애에 대해서는 말도 못하게 순수합니다. 잘 속아 넘어가지만, 절대 거짓말은 하지 않지요. 환상 너머 본능에 귀를 기울일 때 비로소 자신에게 딱 맞는 연인을 찾아낼 것입니다. 일적인 면에서는 결코 포기하는 일이 없기 때문에 성공을 이룹니다. 시작은 어렵지만 한 번 올바른 길을 찾았다 싶으면 꾸준히 그 길을 걷습니다. 역경을 헤쳐 나가는 능력이야말로 사자자리 첫 번째 주간의 최고의 자산입니다.

**사자자리
두 번째 주간**
8월 02일-
8월 11일
/
**목성 데칸
개방형
파티주의자**

가운데 낀 사자자리 사람은 사랑과 인생 양쪽에서 운이 좋은 편입니다만, 좀처럼 자신의 행운을 당연한 것으로 받아들이지 않습니다. 사자자리 두 번째 주간 여성들은 개방적이며 아량도 넓어요. 대다수가 종교와 정치에 지나치게 빠져 살았던 젊은 시절을 거쳤음에도 불구하고 말이지요. 세상을 배우고 탐험하려는 열망이 강합니다. 사자자리 여성들 중에 가장 차분하지 않지만, 가장 운동 신경이 좋습니다. 파티를 좋아합니다. 꼭 화끈지 않더라도 괜찮아요. 대개는 굉장히 사교적인 성향을 지녔습니다. 혼자 있는 걸 싫어하며, 거의 혼자 있지를 않습니다.

**사자자리
세 번째 주간**

사자자리 세 번째 주간 사람들은 가장 야심만만하고 집중력이 뛰어난 성향을 갖고 태어났습니다. 어렸을 때부터 자신이 무엇을 원하는지 잘 압니다. 하지만 충분히 주목을 끌지 못하면 기가 꺾입니다. 나이가 들수록 낯이 두꺼워지고 목적의식이 뚜렷해집니다. 이들은 혼자인 것에 크게 신경 쓰지 않습니다. 사실상 자신의 자율성과 사생활을 보호받고 싶어 하지요. 자신만의 배를 운전하면서 꽤 잘 이끕니다. 또 최고로 개척 정신이 강하지요. 새로운 도전을 마다하지 않고, 흔히들 '새 장을 열자'는 모토로 일을 합니다. 일이 우선이고 사랑은 그다음 순위입니다. 낭만적이게도 이들은 도전을 사랑하며, 자신에게 도전해 오는 파트너에게 최선을 다합니다.

사자자리 연인의 출생 차트를 알고 있다면 그의 정신세계를 보다 더 세세하게 살펴볼 수 있습니다. 차트 상에 물병자리가 아주 많다면, 사고방식이 독창적이면서도 약간 고뇌에 찬 타입일 것입니다. 이성과 감성이 서로 상충될 수 있습니다. 금성이나 화성 위치에 처녀자리가 있다면, 당신을 보살펴 주고 당신이 원하는 것을 매일 해 주고 싶어 합니다. 물론 자기 몸도 엄청 챙깁니다. 쌍둥이자리가 상승궁이라면 카리스마 넘치고 인기 있는 타입입니다. 상대가 누구든, 무엇을 하든 설득할 수 있습니다. 따뜻한 마음의 소유자이며 뜻한 바대로 거침없이 나아갑니다.

**널리 알려진
사자자리
퀴어 여성**
/
**Famous
Leo
Queer
Women**

휘트니 휴스턴 Whitney Houston · 1963년 8월 9일

휘트니 휴스턴은 미국의 모델, 팝 가수, 배우입니다. 역사상 가장 많은 상을 수상한 여성 아티스트로 기네스 세계 기록에 올라 있으며 총 2억 장의 음반 판매고로 세계에서 가장 많은 음반을 판 가수 중 한 사람이지요. 〈내가 어떻게 알까요?(How Will I Know?)〉의 뮤직비디오 인기로 얻게 된 명성과 음악적 성공으로 흑인 가수들에게 영향을 미친 위대한 사자자리 디바입니다. 사망 이후 전 남편 바비 브라운은 그가 양성애자이며, 생전 개인 비서이자 커밍아웃한 레즈비언인 로빈 크로포드와 연인 관계였다고 발설했습니다.

토베 얀손 Tove Jansson · 1914년 8월 9일

토베 얀손은 핀란드의 일러스트레이터이자 소설가입니다. 핀란드 국민 캐릭터인 『무민』 시리즈의 작가로 유명합니다. 발트 해의 클로브하루 섬에서 여성 파트너인 툴리키 피에틸레와 둘만의 오두막을 짓고 행복하게 살았습니다. 『무민의 겨울』에 등장하는 캐릭터 투티키는 평생 반려자 툴리키를 모델로 한 캐릭터입니다. 사십 년이 넘게 유지된 레즈비언 관계의 결실이지요.

카라 델레바인 Cara Delevingne · 1992년 8월 12일

카라 델레바인은 영국의 모델, 배우, 가수입니다. 샤넬, 버버리, DKNY, 빅토리아 시크릿 등 패션 브랜드의 메인 모델로 세계적으로 활동하며 유명세를 탔습니다. 2014년에 게자리인 미셸 로드리게스와 사귀다 이듬해 양성애자임을 밝혔습니다. 2019년 라스베이거스에 있는 작은 예배당에서 모델이자 배우인 애슐리 벤슨과 동성 결혼식을 올렸습니다.

래드클리프 홀 Radclyffe Hall · 1880년 8월 12일

래드클리프 홀은 영국의 시인이자 소설가입니다. 1928년에 남성으로 살고자 했던 젠더 바이너리 여성의 레즈비언 관계를 다룬 장편 소설 『고독의 우물』을 발표하며 일대 파문을 일으켰습니다. 홀은 파리 좌안에서 당대 예술가들과 교류하며 활동했고, 동성 연인인 우나 트루브리지와 오랜 파트너 관계를 유지하며 여성 퀴어 공동체를 만들었습니다. 또 다른 대표작으로 『대장간』, 『불 꺼진 램프』, 『아담의 후예』, 『세 지방의 노래』 등이 있습니다.

처녀자리
8.23 — 9.22

Virgo

—

원소. 흙

유형. 변화형

지배 행성. 수성

성감대. 배

강점. 부지런함, 빠른 사고, 집념

약점. 잔소리, 나무만 보고 숲을 못 봄, 집착!

—

**라이프
스타일
/
In Life**

처녀자리 사람이 유대교도든, 이슬람교도든, 기독교도든, 무신론자든, 장로교도든, 레즈비언교도든지 간에… 이 끝내주는 여성들이 섬기는 유일한 신은 오직 일입니다. 꾸밈없고 순한 흙의 별자리들은 자신들이 쓸 만하다는 걸 알아야 합니다. 염소자리 언니들처럼 권력과 지위, 틀에 박힌 성공에 끌리지 않습니다. 절대로요. 일 자체를 사랑하기 때문에 일이 그를 의욕 넘치게 만듭니다. 물론 게으르고 산만한 사람이 없진 않지요. 당신의 CD까지 알파벳 순서로 정리하고, 중국 두유 가격 변동에 집착하면서 불안 에너지를 소진해야만 하는 성향을 지녔기 때문입니다. 급한 일을 제쳐 두고 종일 인터넷으로 통계 자료를 검색할 지도 몰라요. 진짜 만족할 만한 일을 피하려고 그러는 것입니다. 하지만 당신의 처녀자리는 매우 발전적인 유형의 사람이길 바라요. 최선을 다해 일하며 성취감을 얻고, 삶의 모든 사소한 것들에서 행복을 느낄 수 있는 그런 사람이요. 거대 행성에 사는 사자자리와 달리, 처녀자리는 소소한 것들을 즐기면서 살아갑니다. 처녀자리 여성은 단어들이나 사소한 디테일을 좋아해서 편집자가 적성에 잘 맞을 수 있습니다. 날카로운 비평가의 기질을 지녔기에 다른 사람의 작업을 다룰 때 굉장히 도움이 되고 건설적일 수 있습니다. 자기만의 독창적인 프로젝트를 만들고 싶어 하지만, 자기 검열이 발목을 잡습니다.

대다수의 처녀자리 사람에게 명상이나 요가, 단순하고 격렬한 운동은 매우 유익합니다. 마음을 진정시키는데 많은 도움이 되지요. 여러분, 저를 믿으세요. 잠든 동안에도 이들의 정신은 절대 쉬지 않습니다. 선의의 비평으로 당신을 돌아 버리게 할 때도 있겠지만, 너무 개인적으로 받아들이지는 마세요. 절대 앙심을 품고 반격하지 마세요. 그는 이미 자신에게 너무 엄격한 사람이라 당신까지 괴롭힐 필요가 없습니다.

침대에서
/
In Bed

처녀자리 여성에게는 구체적인 성적 환상이 있습니다. 당신과 섹스를 하는 동안에도, 빨래를 돌리거나 스쿼시를 할 때에도 그 환상이 빙빙 머릿속을 맴돌지요. 이따금 성적 환상이 일상을 너무 압도해서 지금 자신이 소이 왁스 캔들을 챙겨 당구장에 가는 건지, 샤워 캡을 쓴 채 수영장 안에 들어간 건지, 깨닫지 못할 정도입니다. 정신을 좀 챙기고서야 당신에게로 다시 돌아올 것입니다. 연인으로서의 처녀자리 레즈비언은 잘 베푸는 것으로 유명합니다. 잠자리에서 당신을 만족시킬 만한 모든 것을 수단과 방법을 가리지 않고 탐색해 황홀경으로 인도하지요. 미소로 마무리되는 그의 서비스는 이론상으로 완벽하겠지만, 실제로는 좀 어색할 수 있어요. 아마도 그가 기술적인 관점에서 섹스에 접근하기 때문일 것입니다. 예술적인 요소를 그가 항상 기억하지는 못할 거예요. 여기서 당신의 역할이 필요합니다. 숨 막히는 그의 배려가 아름다운 사랑의 밤을 망치게 내버려 두지 마세요. 대신 격정적인 쪽으로, 마음 가는 대로, 원시적인 동물의 욕망을 드러내며 그를 놀라게 하세요. 당신은 이런 것을 원한다고 못을 박으세요. 그는 당신이 원하는 것을 금세 익혀 완전히 몰두하게 될 것입니다.

어쩌면 당신이 가장 알고 싶은 것은 반대로 그를 기쁘게 해 주는 방법이겠지요. 그가 몸과 마음을 열 수 있도록, 당신에 대한 집착을 끄집어낼 수 있게 이끄세요. "이건 어때?" 같은 의례적인 말을 버리고, 지저분하고 저속하고 구체적인 말을 하세요. 이것이 처녀자리 연인의 보트에서 노를 젓는 방법입니다. 가터벨트를 한 그가 블랙 올리브를 올린 마티니 잔을 한 손에 들고 있나요? 그런 모습에 혹해 사족을 못 쓰는 전투 조종사가 되어 주세요. 당신의 캐릭터를 탐구해 보세요! 장면과 각도에 따라 연기를 연출하세요. 그는 부지런하니까, 당신도 당신 몫을 해내야 할 것입니다.

플러팅
/
How to Seduce Her

그가 하는 일이나 애지중지하는 반려동물에 관심을 기울여 보세요. 이스라엘 민속 예술에 푹 빠져 있거나 푸들의 녹내장에 대해 조사하는데 일주일에 육십 시간씩 할애한다면, 처녀자리 그의 일상과 일터에서 일어나는 별나면서도 아주 재미있는 일거리에 한 번 동참해 보길 빕니다. 이들 처녀자리, 목성이 지배하는 여성들은 빠르게 생각하고 움직이므로 뒤쳐지지 않는 것이 좋습니다. 그가 흥미롭게 여기는 분야에 대해 숙지하세요. 그의 섹시한 뱃살을 찬양하는 것만으론 충분하지 않습니다. 그게 사실이고, 그것도 해야 하지만요.

처녀자리 사람들은 도움을 주고 싶어 합니다. 창틀에

놓인 깨진 화분 같은 것을 고치거나 사랑스러운 당신 같은 사람을 치유하는 것을 좋아합니다. 새로운 컴퓨터 프로그램을 익히는데 어려움을 느끼거나 최근에 재발한 할머니의 병을 어떻게 치료할지 걱정하고 있나요? 처녀자리 사람이 딱 좋아하는 일이 생겼군요. 그는 당신 자신을 좀 더 돌보라고, 야단법석을 떨며 잔소리를 늘어놓을 기회를 놓치지 않을 것입니다. 그런 그에게 당신과 함께 할 수 있는 일을 만들어 주세요. 건강에 집착하는 성향이 있어서, 건강에 대한 것이 시작점일 수 있습니다. 어떤 나쁜 습관을 고치려고 할 때, 기꺼이 조력자가 되어 줄 것입니다. 그러니까 당신이 허쉬 초콜릿이 먹고 싶어서 도저히 못 참겠다는 핑계를 대고 새벽 세 시에 전화를 해 보세요. 당신이 지금 먹고 싶은 대상은 따로 있지만, 그에게 공개할 필요는 없잖아요. 안 그래요?

　　일단 처녀자리 여성이 당신과 데이트할 마음이 생긴다면, 아마 초기에는 당신이 주도해야 할 것입니다. 그는 생각보다 부끄러움을 많이 타서…… 이따금 신경쇠약에 걸릴 지경이거든요! 당신이 키스하려고 할 때 이 겁 많고 섹시한 아가씨가 놀라서 지붕을 뚫고 나가지만 않게 조심조심 다가간다면, 당신에게도 기회가 있습니다.

핫한 데이트
/
Doing Her and Dating Her

　　처녀자리 여성들은 굉장히 잘 맞춰 주는 성격입니다. 사귀기로 한 지 일이 주 만에 당신과 당신의 절친한 친구들 그룹에 일부가 될 것입니다. 당신 이모의 이력서를 첨삭해 주고, 배우가 꿈인 절친한 친구의 연습 상대가 되어 줄 거예요. 이것이 처녀자리 여성입니다. 그는 자신을 필요로 하게 만드는 능력이 있습니다.

　　성적인 면에서는 당신이 생각하는 것보다 훨씬 더 정력이 넘칩니다. 당신은 편하게 누워 즐기기만 하면 된다면서 일주일 내내, 매일 밤, 밤새도록 사랑을 나눌 수 있습니다. 물론 일주일에 두 번은 침대에 가만히 누워 있는 그를 만족시켜야 할 거예요. 하지만 주의하세요. 당신이 매일 바르는 코코넛 바디 오일에 알레르기가 있을지도 몰라요!

그는 톡톡 튀면서도 묘하고 완전 사랑스럽습니다. 당신의 반려동물인 그를 데리고 다니는 것에 당신은 곧 익숙해질 것이고, 또 익숙해질 수 있습니다. 그는 애착을 불러일으킵니다.

롱런하기
/
How to Last over the Long Haul

처녀자리 여성들은 습관의 동물인지라, 당신이 규칙적인 생활을 좋아했으면 합니다. 가장 좋아하는 것들이 이미 다 정해져 있습니다. 매달 세 번째 금요일이면 꼭 가는 가장 좋아하는 일식당, 수요일 아침이면 꼭 빼놓지 않고 가는 요가 수업, 7월이면 꼭 찾는 카누 타기에 가장 좋은 장소, 그의 은 목걸이를 잘 고쳐 주는 가장 좋아하는 공예품 가게. 당신에게 그의 이런 생활 방식이 편안하게 다가오기만 한다면, 이 사랑스러운 여인과 오래도록 행복하게 지낼 수 있을 것입니다. 그는 단번에 확 마음에 들어 하는 성격이 아닙니다. 점점 더 나아지는 것을 좋아하지요. 설령 당신과 진도를 빨리 뺐고 깊이 있는 대화가 통했다고 하더라고, 그는 계속 더 뭔가를 하려고 합니다. 그는 완벽하기를 원합니다.

어떤 처녀자리 사람들은 잠자리에서나 당신과의 일상에서 틀에 박힌 일들을 계속 반복하겠지만, 꼭 맞춰 주지 않아도 됩니다. 잠자는 근면성을 일깨워서 좀 더 노력할 수 있도록 힘을 북돋아 주세요. 잘 따라줄 것입니다. 하지만 조심하세요. 그는 괴물이 될 수도 있어요. 사귀는 동안에 당신과 섹스를 했던 방식, 예컨대 시간과 장소의 반복을 깨고 한밤중에 당신을 깨워서 놀라게 하길 바란다면 조심해요! 그다음 6개월은 아예 잠을 못 잘 수도 있습니다.

끝장내기
/

까다로워요. 처녀자리 퀴어와 헤어지려면 당신에게 그가 더 이상 필요하지 않다는 것을 점진적으로, 그렇지만 확실하게 알아차리도록 하는 것이 포인트입니다. 더 이상 당신에게 도움이 안 된다고 느낀다면 기꺼이 떠나갈 것입니다. 그렇지만 굳이 죄책감을 안고 살아갈 생각인가요? 앞으로도 계속 친구로 지내며 당신이 어려울 땐 언제든지 도와줄 텐데요. 그는 진심이에요. 같이 지냈던 게 잠시여도, 함께였던 일상을 깨부수는 건 골치 아픈 일입니다. '공의존(co-dependent)'이라는 용어는 정신 의학에서 널리 쓰이는 개념입니다. 이 용어가 최초에 처녀자리 레즈비언과 그 연인의 관계를 설명하기 위해 유래했다는 건 역사적인 사실입니다.[*]

로맨스를 끝낼 또 다른 방법은 이 관계가 당신의 성장에 걸림돌이 된다고 은근히 알려 주는 것입니다. 당신의 건강을 중요하게 여기기 때문에, 먹힐 것입니다. 혹은 인생의 갈림길이 그에게 이별을 고할 수 있도록 도와줄지도 모릅니다. 당신은 세계를 여행하고 싶은데, 함께 움직이기에 그는 집에 쌓아 둔 자기 일에 지나치게 몰두해 있거든요.

하지만 당신이 먼저 헤어지자고 말했어도, 몇 개월 후에 전화할 사람은 당신이 될 가능성이 큽니다. 치과에 신경 치료 일정이 잡혀 있거나 혹은 〈페미니즘 관점에서 본 가터벨트의 역사〉 발표를 앞두고 너무 불안하고 두려운 상황일 때 말입니다. 느꼈나요? 처녀자리가 벌인 일이요. 당신을 전적으로 의지하게 만들었어요. 이제 고개를 숙이며 그에게 전화하세요.

**처녀자리의
세 가지 얼굴**
/

모든 별자리는 세 개의 데칸으로 나눌 수 있고, 각 데칸의 주인 행성은 태양 별자리에 독특한 분위기를 더합니다. 하지만 해마다 태양이 각 별자리 영역에 들어가고 나가는 날이 하루

---

[*]   **co-dependent.** 공의존은 알코올 혹은 약물 중독자의 중독 상태에 중독된 배우자를 설명하는 말에서 유래되었으며, 누군가를 돌보는 역할에 중독된 사람을 가리키는 용어로 쓰임.

정도 늦거나 빠르다는 점을 기억해야 합니다. 별자리의 커스프를 보고 알맞게 수정하세요. 커스프는 하나의 별자리가 끝나고 그다음 별자리가 시작되는 사이를 말합니다. 멍해지지 말고, 그냥 그렇게 알아 두세요. 잘했어요! 불평쟁이 언니들. 점성학 앱에 태어난 위치와 날짜, 시간을 넣으면 하늘의 천체 위치를 계산한 천체력 데이터를 계산해 줍니다. 이에 따라 당신과 당신 파트너의 정확한 태양 별자리를 찾을 수 있고, 세 개로 나누어진 정확한 데칸을 알아낼 수 있어요.

**처녀자리
첫 번째 주간**
8월 23일-
9월 01일
/
**수성 데칸
생존과
봉사의 귀재**

첫 번째 주간 처녀자리 퀴어들은 태양 별자리 특성과 가장 닮았습니다. 사소한 것에 집착하고, 끊임없이 건강을 걱정하거나 가능한 모든 방법을 동원해 진심으로 다른 사람을 돕고 싶어 합니다. 이런 면에서 진정한 처녀자리라 할 수 있지요. 이들은 남을 위해 봉사하고 싶어 합니다. 훌륭한 교사이며, 의료 서비스 분야에서 두각을 나타내지요. 그래요. 끝내주는 퍼스널 트레이너로 성공할 수 있겠군요! 낭만적이고 논리 정연한 여성, 가급적이면 똑똑한 사람에게 끌립니다. 소통의 세계에 살고 있는 이들에게 필요한 짝은 흥미로운 아이디어로 반짝이는 사람입니다. 이른 처녀자리 사람들은 융통성과 적응력이 가장 뛰어납니다. 이들이 요구하는 특식만 있다면, 지구 어디에서나 살 수 있습니다.

**처녀자리
두 번째 주간**
9월 02일-
9월 11일
/
**토성 데칸
야망의
워커홀릭**

두 번째 주간 처녀자리들은 가장 일 중독자이며 야망이 넘칩니다. 자기 노력에 대한 포상을 받고 싶어 합니다. 평균적인 처녀자리 사람들보다 명성과 돈에 대한 갈망이 높기 때문에, 성공을 목표로 더 성실하게 일할 것입니다. 이들 그룹은 자신들의 경력에 장애가 될 일과 맞닥뜨리면 크게 좌절하는 경향이 있습니다. 처녀자리 중 가장 진지합니다. 운 좋게도 나이가 들수록 더 많은 성공과 행운을 얻게 될 것입니다. 말년에는 모든 속박에서 벗어나 비로소 마음껏 즐기게 될 것입니다.

처녀자리
세 번째 주간
9월 12일–
9월 22일
/
금성 데칸
로맨틱한
몽상가

세 번째 주간 처녀자리 레스보스 마을 주민들은 가장 로맨틱하며 예술가 기질이 다분합니다. 자신의 꿈을 이루기 위해 나름 열심히 일하겠지만, 그야말로 몽상가들이지요. 타인에게 의지하려는 경향이 얼마간 있으며, 특히 연인들에게 그렇습니다. 이들 삶의 대부분은 사랑을 좇거나 연인 관계의 마법을 찾는데 쓰입니다. 매우 예민하며, 그 감수성을 자신의 작품에 불어넣기도 합니다. 다른 처녀자리들에 비해 다소 게으른 성향입니다. 안락한 생활을 추구하고 그 생활을 기꺼이 즐길 줄 압니다.

연인의 별자리 차트를 갖고 있다면, 좀 더 세부적인 사항들도 알 수 있습니다. 당신도 알다시피, 그는 디테일을 정말 좋아해요. 차트에 사자자리 혹은 양자리가 많이 있다면 그는 다른 사람들보다 덜 긴장하고 더 다혈질입니다. 게자리나 황소자리에 금성과 화성이 자리해 있다면, 그는 집을 좋아해서 거의 떠나지 않을 거예요. 물병자리에 달이나 상승궁이 있다면 아주 이지적일 것입니다. 보통은 감성이 아니라 머리가 시키는 대로 행동할 것입니다. 마음씨가 곱습니다. 자기 자신들뿐 아니라 타인에게도 말입니다.

널리 알려진
처녀자리
퀴어 여성
/
Famous
Virgo
Queer
Women

지넷 윈터슨 Jeanette Winterson · 1959년 8월 27일

지넷 윈터슨은 영국 작가입니다. 첫 번째 책 『오렌지만이 과일은 아니다(Oranges Are Not the Only Fruit, 1985)』로 유명해졌으며, 기존 가치에 반항하는 민감한 십 대 소녀의 이야기를 썼습니다. 그는 16세의 나이에 레즈비언인 것을 깨달았습니다. 그는 대학을 졸업한 뒤 영화사와 출판사에서 일하며 다양한 글을 썼습니다. '1990년대 가장 위대한 나쁜 소설'이라는 평가를 얻은 그의 소설 『육체 위에 쓰다(Written on the

Body)』는 세계적인 베스트셀러입니다. 2015년에 그는 정신 분석 학자인 수지 오바크와 결혼했습니다.

쥘리 마로 Julie Maroh · 1985년 9월 1일

쥘리 마로는 프랑스 만화가입니다. 2010년에 벨기에 글레나 출판사에서 펴낸 레즈비언 성장 그래픽노블 『파란색은 따뜻하다(Le bleu est une couleur chaude)』로 유럽에서 가장 큰 만화제인 앙굴렘 국제 만화제에서 상을 받았습니다. 그의 작품은 〈가장 따뜻한 색, 블루〉로 영화화되었으며, 칸 영화제 만장일치로 황금종려상을 수상한 바 있습니다.

앨리슨 벡델 Alison Bechdel · 1960년 9월 10일

앨리슨 벡델은 미국의 만화가입니다. 커밍아웃한 레즈비언으로서 30년 가까이 연재한 코믹 스트립 『주목해야 할 레즈비언들(Dykes to Watch Out For)』로 알려졌고, 회고록 그래픽노블 『펀 홈(Fun Home)』, 『당신 엄마 맞아?(Are You My Mother?)』 등으로 큰 호평을 받았습니다. 현재는 동성 배우자이자 예술가인 홀리 래 테일러와 볼턴에 머물며 함께 작품 활동을 이어 가고 있습니다.

테건 앤드 세라 Tegan And Sara · 1980년 9월 19일

테건 앤드 세라는 캐나다의 인디 록 듀오입니다. 멤버 테건 퀸과 세라 퀸은 일란성 쌍둥이입니다. 쌍둥이는 둘 다 커밍아웃한 퀴어로서 LGBTQ 인권뿐 아니라 음악 교육과 문맹 퇴치, 암 연구 등 사회 활동에 적극적이지요. 잡지 『Under the Radar』의 〈저항(Protest)〉호에 "소수자의 권리는 절대 다수의 변덕에 종속되어서는 안 된다."는 피켓을 들고 표지 모델로 참여한 바 있습니다.

천칭자리
9.23 — 10.22

Libra

—

원소. 공기

유형. 활동형

지배 행성. 금성

성감대. 엉덩이, 등허리

강점. 미적 감각, 대인 관계 능력, 사교적 품위

약점. 대상의 양측 입장을 주장함, 괜한 거짓말,
혼자 있지 못함

—

**라이프
스타일
/
In Life**

매력적인 여성입니다. 세상 살아가는 데 자신의 매력을
이용할 줄 압니다. 천칭자리 여성은 지적이고 매력적이며 사람
들을 즐겁게 합니다. 항상 연인이 있다는 점이 놀랍지 않나요?
천칭자리는 사랑과 예술과 미의 행성인 금성이 지배하는 별자리
입니다. 다른 어느 누구보다 가장 미적 감각이 뛰어납니다.

그는 고급 가죽 구두와 싸구려 모조품을 구별하듯이
손쉽게 마티스 진품과 위작을 알아볼 수 있습니다. 운이 따르면
서 자신을 잘 안다면, 이미 예술과 미에 관련된 분야에서 일을
하거나 그러한 삶을 살고 있을 것입니다. 생활 사치품을 좋아하

는데 분명 당신이 그에게 선물하도록 만들 것입니다. 당신은 선물하면서 행복을 느끼고요. 최고가 아닌 것에 만족하는 모습을 참을 수 없으니까요. 분명히 이 사람은 퇴폐적이고 쾌락을 즐기는 성향이 있습니다.

하지만 물론 다른 면도 있습니다. 별자리의 상징인 저울이 나타내듯이 열렬한 정의의 수호자이며 사회적 신념이 강합니다. 그가 동전의 양면성을 들먹이며 당신을 몰아가더라도, 너무 화내지 마세요. 자신의 일을 하고 있을 뿐입니다. 자신이 믿는 바를 잘 알고 있고, 언제나 마음속이 공정합니다.

경력에 관해서라면, 좀 게으른 편입니다. 천칭자리 여성은 대체로 야망이 크지 않습니다. 이들이 큰 성공을 이뤘다면 열심히 일해서가 아니라 인간관계를 통해서일 것입니다. 다른 사람들은 이들이 목표에 다다르도록 이끌어 줍니다. 예술 분야와 법조계에서 창조적이고 아이디어가 돋보이는 천칭자리 여성들이 두각을 나타낼 수 있습니다.

침대에서
/
In Bed

마음이 내킬 때는 더할 나위 없이 로맨틱하고 놀라우리만치 열정적입니다. 이 사랑스러운 여성들은 기쁨을 주는 것이 몸에 뱄기 때문에, 그를 행복하게 한 건 당신뿐이라고 여기게 만들 거예요. 당신을 최고로 기쁘게 할 수 있으며, 반대로 당신이 그를 즐겁게 하도록 최선을 다하게 할 것입니다. 그래서 뭐가 잘못됐나요? 가식이라고요? 아닙니다. 그는 흥분되지 않으면 옆에 있지를 않습니다. 그러니까 자꾸 머리가 아프다고 할 땐, 문제가 생긴 것입니다.

지배 행성이 금성인 황소자리 여성들처럼, 천칭자리들도 분위기를 중시하며 준비가 잘 돼 있어야 합니다. 잘 숨겼지만 엄청나게 강한 원시적인 본능을 지니고 있습니다. 이런 그를 유혹하고자 한다면, 분명히 모든 감각을 활용해 매력을 어필해야 할 것입니다. 그렇지만 로맨틱한 감정이 들게 하는 것 또한 어느 정도 중요합니다. 그는 사랑은 물론, 사랑할 때 따라오는 모든 멋진 것들과 사랑에 빠집니다. 그러니까 순식간에 그를 사로잡으세요. 계속 반복해서요. 안 그러면 순순히 다른 사람 뒤를 따라갈 수도 있어요.

사랑을 나누고 나서는 숨 쉴 공간을 주세요. 다른 공기의 별자리들처럼 자신만의 공간을 중요하게 생각합니다. 야식을 가져다주고 그가 푹 빠질 만한 음악을 틀어 주세요. 같이 있되 귀찮게 하지 마세요. 명심할 것은 그가 균형의 별자리라는 점입니다. 그러니까 열정이 넘치면서도 냉철한 모습이 있다는 걸 보여 주세요. 마일스 데이비스의 음반처럼요. 가만히 눈을 감고 트럼펫 소리를 들어 보세요. 정력의 여왕은 아닐지라도, 그에게 있어 섹스는 마라톤이 아니라 예술입니다. 풀코스 정찬을 즐기듯 모든 행위 하나하나가 맛있어야 합니다. 디저트까지 다 먹은 후에 푹 잠을 청해야 한다고 하면, 그렇게 하세요. 지나치면 안 된다고 했지요. 모든 초점을 균형에 맞추세요. 아 참, 마지막으로 한 가지 더요. 그는 애널 섹스를 무척 좋아한답니다.

플러팅
/
**How to
Seduce Her**

천칭자리 여성은 부드러운 사람에게 관심과 애정을 쏟습니다. 모두 들어서 알고 있지만, 그래도 당신의 접근 방식이 말도 못하게 볼품없거나 지친다는 생각이 들면 너무 예의 바른 사람이라 말 안 해 줄 거예요. 그저 시시덕거리겠지요. 그에겐 그게 더 쉬워요. 웬만큼 강렬한 인상 아니면 그만두지 않을 걸요. 그를 데리고 아무도 없는 곳으로 가세요. 그는 친밀한 느낌을 좋아하지요. 둘 만의 조용한 장소로 데려가서 부드럽게 얘기를 하고 그의 눈을 바라볼 수 있다면, 당신은 이미 성공한 것입니다.

전통적인 방법을 쓸 수도 있는데, 놀랍게도 효과가 좋습니다. 그와 근사하고 로맨틱한 데이트를 하세요. 별빛이 반짝거리는 공원에서 콘서트를 즐기며 맛있는 음식과 함께 샴페인을 홀짝거리는 데이트를요. 자칫 진부하고 식상하게 들릴 수 있겠지만 그렇지 않습니다. 그를 원한다면, 반짝이는 갑옷을 두르고 백마 탄 부치가 되어 보세요. 저를 믿어 보세요. 더 고상한 구혼자가 나타나 당신을 밀어낼 거예요. 그는 오랫동안 혼자 지낸 적이 없으니 어서 움직이세요.

옷차림에 더 신경 쓰세요. 당신의 옷매무새가 깔끔하고, 반짝이는 눈까지 가졌다면 소프트 부치(soft butch) 스타일이든, 터프 펨(tough femme) 스타일이든 전혀 문제될 게 없어요. 그는 입에 발린 칭찬 듣는 것을 정말 좋아하고 반대로 칭찬해 주길 즐깁니다. 그는 말끔한 외모를 좋아하지만, 당신이 댄디해서 혹은 여성스럽게 시크해서 마음에 들 수 있어요. 다만 그를 깜짝 놀라게 하는 것은 중요합니다. 반드시 좋은 향기가 나도록, 좋은 느낌이 들도록, 멋져 보이도록 가꾸세요. 좀 더 힘쓰세요.

핫한 데이트
/
Doing Her and Dating Her

그와 함께 외출하는 일은 즐겁습니다. 특히 그에게 돈을 팍팍 쓰고 싶다면요. 천칭자리 사람들은 살면서 좋은 물건들을 선호하고, 단 몇 주 만에 분명 당신을 게으름뱅이에서 트렌드 리더로 바꿔 놓을 것입니다. 천칭자리들은 언제나 유행을 꿰고 있습니다. 당당하게 최신 유행을 따르면서, 유행을 선도하기까지 합니다. 예술과 음악을 사랑하는 여자니까, 볼링과 피자 데이트 같은 건 계획하지 마세요. 외출할 때는 잘 차려 입고 싶어 합니다. 당신의 옷장도 업그레이드하도록 하세요. 자신이 좀 더 섹시하고 자신감이 높아진 기분이 들 거예요. 데이트 끝에 그가 눈길로, 그다음 손길로 당신의 옷을 벗길 때 비로소 투자한 가치가 빛을 발하게 될 것입니다.

롱런하기
/
How to Last over the Long Haul

천칭자리 여성은 인생의 동반자를 만나기 위해서, 커플의 특권을 누리고 싶어서 연애하려 합니다. 하지만 당신은 그가 무엇에 행복을 느끼는지 온전히 이해하기는 어려울 것입니다. 아, 그렇습니다. 그는 수동 공격적인 성향이 있습니다.

그렇다면 멋진 신혼여행이 끝나고 어떻게 하면 집에서도 열렬하게 불타오를 수 있을까요? 음, 대부분의 관계처럼 대화가 중요한 열쇠입니다. 그렇지만 천칭자리들은 미러링(mirroring)에 능한데, 어떤 식으로 대화를 해야 할까요? 당신 기분이 어떨지 어떤 마음 상태인지 금방 알아채고, 자신도 모르는 사이에 당신에게 맞출 텐데요. 자신은 뭘 하는지 잘 모르지요. 그럼 어떻게 해야 할까요? 진짜 무슨 생각을 하는지, 어떤 마음을 갖고 있는지, 말로 표현할 수 있도록 도와주세요. 무엇보다 먼저 침착해지세요. 계속 앞뒤 안 맞는 말을 늘어놔서 당신을 머리끝까지 화가 나게 하더라도 화를 쏟아붓지 마세요.

싸우되, 정정당당하게 싸우세요. 당신은 그럴 기분이 아닌데, 하나의 콩깍지 안에 든 콩처럼 똑같이 행동하고 싶어 합니다. 둘 중 하나는 콩이 아닌 당근인데도요. 심각하게 들으세요! 그와 진지한 대화를 하기에 앞서 열 좀 먼저 식히고 차분하게 자초지종을 들으세요. 그가 무엇 때문에 속상한지 털어놓을 수 있도록 다독여 주세요. "너 때문에 내가 더 상처 받았어." 하는 식의 감정싸움에 말려들지만 않는다면, 이런 계기로 서로의 사랑을 더 분명히 확인할 수 있을 것입니다. 끝까지 로맨스의 불씨를 꺼트리지 마세요. 설령 싸구려라도 고상한 로맨스 소설을 쓰는 척하면서 서로를 유혹할, 신선하고 더 나은 시나리오를 계속 생각해 내세요.

끝장내기
/
How to Get Rid of Her

외모에 더 이상 신경 쓰지 마세요. 그에 대한 관심을 거두세요. 함께하는 문화생활을 접으세요. 영화 감상, 미술관 관람, 콘서트 참석 등을 말입니다. 텔레비전과 한 몸이 되는 일 말고는 아무것도 하지 마세요. 그에게 알랑거리는 것도 그만하세요. 천칭자리 여성들은 어마어마하게 민감하고, 자신을 그저 병풍처럼 대한다는 걸 바로 알아차리는 데다 이런 상황을 감당하기에는 아주 당당합니다. 어쩌면 당신이 먼저 떠나게끔 상황을 만들지도 모릅니다. 혹은 마사지를 받으러 가겠다며 외출해서 다시는 돌아오지 않을 수도 있습니다. 꼭 기억해야 할 것은 혼자 있는 걸 싫어하며 때로는 파트너가 애타게 그리워도 '배우자'가 아니라 사랑하는 사람을 원한다는 것입니다. 그래서 사랑이 끝나면 관계도 끝납니다.

천칭자리 여성 중에 우유부단하고 애정 결핍인 사람들이 있을 수 있습니다. 그들은 관계가 끝이 나도 당신을 스페어로 곁에 두려 할 것입니다. 깔끔하게 정리할 수 없을 수도 있습니다. 다음 애인과 사귀기 전까지 임시 데이트할 상대가 있어야 하기 때문이죠.

**천칭자리의
세 가지 얼굴**
/
**The Three
Faces of
Libra**

모든 별자리는 세 개의 데칸으로 나눌 수 있고, 각 데칸의 주인 행성은 태양 별자리에 독특한 분위기를 더합니다. 하지만 해마다 태양이 각 별자리 영역에 들어가고 나가는 날이 하루 정도 늦거나 빠르다는 점을 기억해야 합니다. 별자리의 커스프를 보고 알맞게 수정하세요. 커스프는 하나의 별자리가 끝나고 그다음 별자리가 시작되는 사이를 말합니다. 멍해지지 말고, 그냥 그렇게 알아 두세요. 잘했어요! 불평쟁이 언니들. 점성학 앱에 태어난 위치와 날짜, 시간을 넣으면 하늘의 천체 위치를 계산한 천체력 데이터를 계산해 줍니다. 이에 따라 당신과 당신 파트너의 정확한 태양 별자리를 찾을 수 있고, 세 개로 나누어진 정확한 데칸을 알아낼 수 있어요.

**천칭자리
첫 번째 주간**
9월 23일-
10월 02일
/
금성 데칸

첫 번째 주간 레즈비언은 가장 낭만적이고, 속기 쉽고, 예술적이며 매혹적입니다. 놀라우리만치 유혹하는 역을 잘 해내고, 진지한 관계의 연인이 항상 있습니다. 때로는 다른 무엇보다 연애를 제일 우선시합니다. 경력을 쌓는 데 있어 약간의 추가적인 동기가 필요할 수 있습니다. 다재다능하고 자신이 하는 모든 일에 예술적인 감각을 더합니다. 주변 환경에 가장 큰 영향을 받습니다. 고약한 환경에서 오랜 시간을 견뎌야 하는 상황에 놓인다면, 심각한 우울증을 겪을 수 있습니다. 이들은 결정을 어려워하는데, 모든 문제의 양면을 잘 볼 수 있기 때문입니다.

**천칭자리
두 번째 주간**
10월 03일-
10월 12일
／
**천왕성 데칸
과감한
행동주의자**

　　두 번째 주간 천칭자리 레즈비언은 세 데칸 중에서 가장 세속적입니다. 사회적 양심이 강하고 지역 사회 일에 깊이 관여합니다. 국제적으로 생각하고, 지역적으로 또 세계적으로 움직입니다. 진보적이고 획기적인 성향인 천왕성의 기운을 받아서, 가끔 거슬리기는 하지만 항상 매력이 넘칩니다. 다른 천칭자리 사람들보다 현재 상황을 뒤흔들기 좋아해서, 다른 사람을 불쾌하게 만들 때도 있습니다. 이들은 흔히 친구와 진정한 사랑에 빠집니다. 우정을 굉장히 중요하게 생각하는데, 결국에는 친구가 마음을 훔쳐갈 것입니다. 천칭자리 여성들은 새로운 기술에 열광하고, 그룹 섹스에 대한 숨겨진 욕망이 있습니다. 보기보다 과감합니다.

**천칭자리
세 번째 주간**
10월 13일-
10월 22일
／
**수성 데칸
비판적인
달변가**

　　천칭자리 세 번째 주간 여성들은 의사소통에 능수능란합니다. 언어를 일종의 최음제로 사용해서, 아무런 의심 없는 희생양들이 그 수려한 말솜씨에 놀아납니다. 이들은 읽고 쓰기를 즐깁니다. 재치 있고 아주 재미있습니다. 감정이 깊지가 못하다는 비난을 자주 받습니다. 그러나 감정이 부족한 것이 아니라, 자신의 느낌과 생각을 잘 표현하지 않을 뿐입니다. 미칠 지경으로 논리적입니다. 훌륭한 이론적 논쟁으로 오르가즘을 느낍니다. 이들이 직관력을 써먹기 위해서는 적어도 어느 정도 더 열심히 살아야 할 수도 있습니다. 재능 있는 작가와 예술가지만, 진정한 노력 없이는 비판적인 면이 창조성을 앞지를지도 모릅니다.

**차트를 갖고
있습니까?**

　　천칭자리 연인의 차트를 갖고 있다면, 그가 왜 그렇게 행동하는지를 파악할 수 있을 것입니다. 차트에 전갈자리나 양

자리가 많이 있으면, 다른 천칭자리보다 대결 구도를 형성하려
는 면을 보일 것입니다. 달이 염소자리에 위치해 있으면 금전에
집착하고, 사수자리 상승궁의 경우에 역마살이 있습니다. 금성
에 처녀자리가 있으면, 보통의 천칭자리에 비해 잠자리에서 더
헌신적이며, 실생활에서는 좀 더 검소한 편입니다.

**널리 알려진
천칭자리
퀴어 여성**
/
**Famous
Libra
Queer
Women**

애니 레보비츠 Annie Leibovitz · 1949년 10월 2일

애니 레보비츠는 미국의 사진가입니다. 1970년부터 『롤
링 스톤』, 『배너티 페어』, 『보그』 등에서 일했습니다. 암살 사건
몇 시간 전의 존 레넌과 오노 요코(1980), 그래피티 방식으로 작
업한 키스 해링 초상(1987), 임신한 데미 무어의 누드(1991) 등
많은 작업을 해왔으며 한국에서도 2013년 사진전으로 소개됐
습니다. 1989년 만나 2004년에 사별한 수전 손택과 연인이었고
요. 52세에 정자 기증으로 첫 아이를 낳고 이후 대리모를 통
해 두 쌍둥이를 얻었답니다.

테사 톰슨 Tessa Thompson · 1983년 10월 3일

테사 톰슨은 미국의 배우이자 가수입니다. 〈셀마〉, 〈캠
퍼스 오바마 전쟁〉 등에서 인종차별과 맞서는 배역을 맡았습니
다. 〈토르: 라그나로크〉 등 마블 시리즈에서 양성애자 전사 발키
리를 연기해 더 널리 알려졌는데, 실제로도 양성애자로 커밍아
웃하고 자넬 모네와 연애 중임을 밝혔습니다. 한편 미국의 미투
운동 단체인 '타임즈업(Time's Up)' 멤버로 2019년 "지난 10년
상업 영화 중 여성 감독 작품은 단 4%뿐"이라며 이후 18개월간
적어도 한 작품 이상은 여성 감독의 작품에 출연하겠다는 '4%
챌린지' 프로젝트를 선언했습니다.

수전 서랜든 Susan Sarandon · 1946년 10월 4일

수전 서랜든은 미국 배우입니다. 1991년 페미니즘 영화

의 아이콘이 된 〈델마와 루이스〉에서 남성 중심적인 문화에 총으로 맞서는 루이스 역을 연기했고, 1995년 〈데드 맨 워킹〉으로 아카데미 여우주연상을 수상했습니다. 2000년대 중반에 미국의 이라크 침공에 대한 꾸준한 문제 제기로 사회적 낙인과 위협을 받기도 했으며, 2018년에는 트럼프 정부의 무관용 정책에 항거하는 '여성 불복종' 집회 참석으로 500명의 시민과 함께 연행되는 등 활발한 정치적 행보를 보이고 있습니다.

마르티나 나브라틸로바 Martina Navratilova · 1956년 10월 18일

마르티나 나브라틸로바는 체코와 미국의 프로 테니스 선수입니다. 체코 프라하에서 태어나 1973년 프로로 데뷔했고 2년 뒤 미국으로 망명했습니다. 1981년에 레즈비언임을 커밍아웃했으며 58세인 2014년 중계방송을 맡은 US오픈에서 러시아 출신 사업가이자 모델인 줄리아 레미 고바에게 공개 청혼해 결혼했습니다. 보수 정부 비판 등 다양한 정치 활동에 적극 관여하며 자서전인 『Being Myself』등 책과 연설, 미디어 등에서 차별 반대와 자긍심 활동을 이어 왔고, 동물권 운동에도 적극 참여하고 있습니다.

전갈자리
10.23 — 11.21

Scorpio

———

원소. 물
유형. 고정형
지배 행성. 명왕성, 화성
성감대. 생식기
강점. 재치 만점, 진실 추구자, 확고한 삶
약점. 의심 많음, 비밀스러움, 매우 편의적인 윤리

———

**라이프
스타일
/
In Life**

전갈자리 사람은 극단적인 경향이 있습니다. 대부분의 전갈자리 여성들은 일식당에 걸어 들어가서 평범한 치킨 데리야끼 대신 치명적이지만 맛이 좋은 복어를 주문할 것입니다. 신비로운 것에 열광하며, 손가락 하나 잘리는 수가 있어도 판도라의 상자를 열어 무엇이 들어 있나 꼭 확인하고 넘어가는 부류입니다. 감정적이고 변덕스러우며 기분이 수시로 바뀝니다. 자신을 추종하는 청중 앞에서 시선을 한 몸에 받으며 야하면서도 흥미진진한 이야기들을 들려주는 것을 좋아합니다. 또 간절히 혼자가 되고 싶다고 느낄 땐, 자신의 길을 거스르는 누구에게든지 완

벽한 마녀로 변신할 수 있습니다. 자신의 감정을 잘 조율하지만, 모험적인 삶을 살아갑니다. 그가 방 안으로 걸어 들어오는 순간 주위의 모든 동물들은 강렬한 분위기를 감지하기 때문에 긴 말을 나눌 필요가 없습니다. 전갈자리와 사는 건, 이런 의미가 있습니다. 그는 자기 자신을 믿기 때문에 자신이 행복하면 당신도 응당 행복해야 합니다. 또 자신이 불행해지면 그 불행을 결코 혼자서 감당하지 않습니다. 당신을 사랑하고, 신뢰하고, 당신과 함께 있어 안정감을 느낀다면 놀라울 정도로 다정하고 감싸주며 충실한 모습을 끈질기게 유지할 것입니다. 그는 원형에 가까운 훌륭한 친구이자 철천지원수입니다.

전갈자리 여성의 직장 생활에 대해 얘기하자면, 대게 굉장히 야심차며 성공을 위해서라면 어떤 일도 서슴지 않고 해낼 것입니다. 온갖 역경에도 굴하지 않고 약자 역할을 잘 견딥니다. 인간에게 동기를 부여하는 직종에서 두각을 나타냅니다. 배우나 감독일 경우, 깊이 있는 작품을 완성해 낼 것입니다. 법조계나 의학계에서 종사하는 전통적인 경력을 쌓아가는 이들도 다른 사람들의 마음을 잘 헤아리기 때문에 성공할 것입니다. 이들은 탁월한 심리학자도 될 수 있습니다. 그렇지만 환자들은 이들이 얼마나 초자연적인 현상에 끌리는지 알지 못할 겁니다.

침대에서
/
In Bed

하고 싶은 것이 있으면서도 대체로 숨깁니다. 섹시하다고 명성이 자자한 전갈자리 레즈비언들이 잠자리에서 상대를 훅 쓰러뜨리고 싶어 하는 건 당연하겠지요. 호기심이 많고 정열적이며, 대게 섹스에 진지하게 임합니다. 무심코 던진 농담 한 마디가 전갈자리 상대에게 찬물을 끼얹는 격이 될 수 있으니 주의하세요. 성욕이 모든 힘의 원천이라 여기므로 쉽게 대충 해 버리지는 않습니다. 자기 방식대로의 섹스를 고집하지만, 가끔은 뜻밖의 놀라운 일도 감수합니다. 만족할 줄 모르는 미스터리 애호가라서, 시간을 들여 천천히 아주 완벽하게 당신이라는 세계를 탐험해 나가고 싶어 할 것입니다. 만일 당신이 벽을 쌓거나 더 이상 다가오지 말라는 신호를 보낸다면, 그는 이를 일종의 도전으로 받아들입니다. 당신을 뜨겁게 응시하며 서로를 절정으로 몰아가는 길고 오랜 섹스, 그런 드라마를 쓰고 싶어 합니다.

"뭐든 한 번 해 보지 뭐." 하는 화끈한 스타일이지만, 기분이 별로인 날에는 잠자리를 장악하려고도 합니다. 그가 자기 즐거움을 부드럽게 찾아갈 수 있도록 안내하세요. 안 그러면 당신의 전갈자리 연인은 괴팍한 서커스 단장처럼 굴기도 하고, 당신과의 섹스를 공식 행사인 냥 연출할 수도 있습니다. 그에게 섹스는 감정적인 자극입니다. 양쪽 모두의 고통과 환희가 조화를 이룰 때, 최상의 절정 상태에 이릅니다. 맛없는 피자를 먹었지만 "그럭저럭 괜찮았다."는 식으로 섹스를 대하지 않습니다. 만약 꼭 그래야 한다면, 그는 차라리 섹스 없이 지내기를 택할 것입니다.

플러팅
/
**How to
Seduce Her**

신비주의를 고수하세요. 전갈자리 사람들은 마음의 문을 열고 다가와 조심스레 한 꺼풀씩 벗기는 것에 기쁨을 느낍니다. 부디 첫 데이트에 구구절절 살아가는 이야기나 깊고 어두운 비밀을 털어 놓지 마세요. 안 그러면 두 번째 데이트는 영영 없을지도 몰라요. 그의 카리스마를 인정해 주세요. 이들은 자아가 상당히 강해서, 믿고 마음을 열어도 될 만큼 안심시키려면 더 노력해야 합니다. 둘만의 암호로 속삭일 게 아니라면 경쾌한 잡담은 잊으세요. 그는 깊이 있으면서도, 강렬한 이야기를 하고 싶어 합니다. 자꾸만 시선을 보내서 미묘한 신호에 신경 쓰는 예리한 사람임을 알리세요. 안 그러면 그는 언제 어떻게 신호를 보낼지 생각하는 데만 엄청난 시간과 노력을 들일 것입니다. 부디 신호를 알아차렸다는 걸 알리세요!

사생활을 존중해 주세요. 전갈자리 여성에게는 숨기고 싶은 것이 있습니다. 만일 잘못해서 선을 넘었다면 그와의 관계는 날아가 버릴 것입니다. 첫 키스를 할 때는 아주 굉장하게 하세요. 제 말 뜻은 엄청 대대적으로 하라는 것입니다. 당신의 전갈자리 연인은 성적으로 흥분할 때 생기가 넘치는 사람입니다. 제발, 부드럽고 차분하고 편안하게 하지 마세요! 두 눈으로 그 영혼 깊숙한 곳을 파고들면서, 반대로 당신 안을 똑같이 들여다보게 하세요. 어둡고 음울한 방식이 전갈자리에게 잘 맞습니다.

핫한 데이트
/
Doing Her and Dating Her

전갈자리 여성들은 연애 초기에 매력 발산하는 법을 잘 압니다. 당신이 그의 자극적이고 강한 성격과 음식 모두를 마음에 들어 했으면 좋겠어요. 대단한 힘을 가진 여성들이거든요. 성적인 면에서는, 아주 미묘한 방식으로 위반하면서 안전한 기분마저 전하려고 듭니다. 당신을 신뢰하기 시작하면, 당신이 그은 경계를 밀어낼 것이며 자기만의 깊고 숨겨진 곳까지 들어올 수 있도록 허락할 것입니다.

물론 이들은 겉으로 바람둥이처럼 행동할 것입니다. 전갈자리는 처음 경험하는 일에 가장 활기가 넘치지요. 그는 로맨틱하면서 허름한 장소를 좋아합니다. 미스터리와 짓궂은 장난기를 빼면 그를 논할 수 없어요. 당신이 얼마나 똑똑한지 보려고, 주의를 딴 데로 돌리려 할 수도 있습니다. 영리한 레즈비언은 잘 알아보겠지요.

통런하기
/
How to Last over the Long Haul

다툼이 생기면 낯을 두껍게 하고, 원래 그렇겠지 하고 생각하는 게 맘이 편해요. 전갈자리 연인과의 생활은 절대 조용하고 평화로울 수 없거든요. 전갈자리는 변화의 행성인 명왕성의 지배를 받으며 전갈, 독수리와 더불어 뱀이 상징 동물입니다. 때때로 허물을 벗어 던지고 새로 정비하려는 것이 당연해요. 현상 유지란 그에게 있을 수 없습니다. 사랑을 잘 지키려면 당신 안의 악마와 잘 마주하고, 반대로 그도 그 안의 악마와 마주할 수 있도록 도와야 해요.

잊지 마세요. 전갈자리 연인과 즐거운 시간을 보내세요. 하지만 너무 그가 하자는 대로 따르지 마세요. 서로의 영혼이 성장하는 가운데 사랑도 지킬 수 있습니다. 모험과 탐구 정신이야말로 관계를 존속시키는 힘이에요. 또 성적인 면에서는 매번 놀라움의 연속이어야 합니다.

끝장내기 / How to Get Rid of Her

당신은 이민을 가거나 성형해서 새 신분을 가져야 할지도 몰라요. 관계를 정리할 생각이라면, 당신 삶은 위험해질 거예요. 진짜 딱 한 가지 방법이 있는데요. 모든 책임을 당신 탓으로 돌리고, 그가 자비를 베풀게끔 온몸을 던지세요. 당신은 너무 부족한 사람이며, 절대 나아지지 않을 것이라고 피력하세요. 혹시라도 전갈자리 사람을 공격하면, 두 배로 맞받아칠 거예요.

제풀에 지치게 하는 전략을 쓰겠다고요. 눈물로 호소하며 질질 끌거나 화를 돋우어서 그가 먼저 떠나게 하려 한다면, 분명 둘이 커플 상담을 받자고 할 것입니다. 기억하세요? 전갈자리 사람들은 집요하게 파고드는 것을 좋아합니다. 또 과거 일을 재탕하는 것도 좋아해요. 당신과 미래가 없다는 생각이 들면, 절대 해피엔드는 없을 거예요. 그가 뭘 망설이겠어요? 제발 제정신이 아니라는 핑계를 대거나 바짓가랑이를 붙잡고 애원한 다음 좋은 변호사를 선임하고 경호원도 구하세요. 요단강을 건너지 않으려면 헤어진 다음 다른 사람한테 바로 건너가지 마세요.

전갈자리의 세 가지 얼굴 / The Three Faces of Scorpio

모든 별자리는 세 개의 데칸으로 나눌 수 있고, 각 데칸의 주인 행성은 태양 별자리에 독특한 분위기를 더합니다. 하지만 해마다 태양이 각 별자리 영역에 들어가고 나가는 날이 하루 정도 늦거나 빠르다는 점을 기억해야 합니다. 별자리의 커스프를 보고 알맞게 수정하세요. 커스프는 하나의 별자리가 끝나고 그다음 별자리가 시작되는 사이를 말합니다. 멍해지지 말고, 그냥 그렇게 알아 두세요. 잘했어요! 불평쟁이 언니들. 점성학 앱에 태어난 위치와 날짜, 시간을 넣으면 하늘의 천체 위치를 계산한 천체력 데이터를 계산해 줍니다. 이에 따라 당신과 당신 파트너의 정확한 태양 별자리를 찾을 수 있고, 세 개로 나누어진 정확한 데칸을 알아낼 수 있어요.

**전갈자리
첫 번째 주간**
10월 23일-
11월 01일
/
**명왕성 데칸
권력 지향
정력가**

첫 번째 주간 전갈자리 여성은 가장 전갈자리다워요. 카리스마가 넘치고 설득력이 뛰어나지요. 자신만의 매력으로 뭐든 잘 해내 왔습니다. 그렇다고 깊이가 없다는 뜻은 아니에요. 보통은 이번 생애에 큰일을 이루고자 해요. 굉장히 의욕 넘치고, 이따금 다른 사람들이 놀라운 일을 성취할 수 있게 동기를 부여합니다. 권력 지향적이지만, 대부분 목표를 달성하기 위한 움직임이에요. 자신의 길을 가로막는다면 그 사람이 누구라도 달가워하지 않아요. 변화의 행성 명왕성의 영향을 두 배로 받아 극한 지옥을 넘나드는 고생을 사서 합니다. 모든 것에 담긴 성적인 분위기를 감지해 냅니다. 평소에는 굉장히 재미있는 사람이지만, 이들은 자신뿐 아니라 다른 이들을 두렵게 하는 존재입니다.

**전갈자리
두 번째 주간**
11월 02일-
11월 11일
/
**달 데칸
가정 지향
대식가**

두 번째 주간 전갈자리 여성은 가정적입니다. 가족, 친지와 매우 친밀하게 지내고 안팎의 경계가 확실합니다. 어린아이를 좋아하고, 다른 사람들을 잘 돌보지요. 그중 아기를 가장 많이 챙깁니다. 분위기가 다채롭습니다. 이들의 이야기에 귀를 기울이면, 위대한 예술 작품에 대한 영감이 샘솟을 것입니다. 스포츠 활동, 그중에서도 수영이 이들의 상처받은 마음을 치유하는데 도움이 됩니다. 먹는 것을 정말 좋아합니다. 음식과 감정은 긴밀하게 연결되어 있지요.

**전갈자리
세 번째 주간**
11월 12일-
11월 21일

마지막 전갈자리 주간 태생은 가장 신비롭습니다. 상상의 물속 세상에서 살다가 아주 잠깐 수면 위로 올라옵니다. 초자연적이면서 굉장히 초현실주의적인 존재예요. 실제로 훌륭한 치유자이지만, 자신의 힘에 두려움을 느끼기도 합니다. 중독에 빠지기 쉬운 여성입니다. 설령 재활 치료를 받더라도 완치가 쉽지 않아요.

전갈자리 연인의 차트를 갖고 있다면, 탐정이 될 수 있어요. 어쩌면 지금 그가 하고 있는 것처럼 말이죠. 차트에 천칭자리나 황소자리가 있다면 여느 전갈자리들보다 주변 사람들을 더 즐겁게 해 줍니다. 달이나 상승궁에 쌍둥이자리가 있으면 신랄한 위트가 넘치고, 카리스마도 대단하지요. 차트에 처녀자리나 염소자리가 많이 보이면 상당히 진지한 사람이에요. 마음이 편안해지려면, 서로가 함께 노력해야 할 거예요!

**널리 알려진
전갈자리
퀴어 여성**
/
**Famous
Aries
Queer
Women**

클로드 카훈 Claude Cahun · 1894년 10월 25일

클로드 카훈은 유대인계 집안에서 태어난 프랑스 예술가입니다. 역시 예술가인 마르셀 무어와 평생의 연인이자 동료로 젠더와 인종의 경계를 허무는 자화상과 포토몽타주 작업을 함께 했습니다. 1937년 영국 저지 섬으로 이주해 작품 활동을 이어 가던 중 무어와 레지스탕스로 활동하며 섬을 점령한 독일군에 맞서다 감옥에 함께 갇히기도 했습니다. 사진, 그림, 디자인, 연극, 시, 패션 등 다양한 실험과 전위로 성/정체성에 대한 많은 작품을 제시하여 선구적 초현실주의, 참여 예술가로 평가받습니다.

케이디 랭 k. d. lang · 1961년 11월 2일

케이디 랭은 캐나다의 가수이자 음악가이며 〈연어알(salmonberry)〉등 몇 편의 영화에 출연한 배우입니다. 호소력 있는 음색으로 인기를 끌어 〈Constant Craving〉으로 그래미 최우수여성 팝 보컬 등을 수상하며 세계적인 호응을 얻었습니다. 2010년 밴쿠버 동계올림픽 개막식에서 〈Hallelujah〉를 불러 더욱 알려졌고요. 커밍아웃한 레즈비언으로 정치적 발언과 행동을 지속하며 성소수자 운동, 동물권, 티베트 인권 등 사회 운동에 활발히 참여합니다.

마리야 셰리포비치 Marija Serifovic · 1984년 11월 14일

마리야 셰리포비치는 유고슬라비아 세르비아 사회주의 공화국 출신의 가수입니다. 유명한 가수 베리차 셰리포비치의 딸로 태어났으며, 세르비아가 독립국으로 처음 참여한 2007년 유로 비전 송 콘테스트에서 〈기도(Molitva)〉라는 곡으로 우승 하여 널리 알려졌습니다. 2013년에 텔레비전 방영 다큐멘터리 를 통해 레즈비언으로 커밍아웃했으며, 세르비아 내 LGBTQ 커 뮤니티에 대한 열린 태도를 요구하는 자긍심 활동을 이어 가고 있습니다.

조디 포스터 Jodie Foster · 1962년 11월 19일

조디 포스터는 미국의 배우, 영화감독, 영화 제작자입니 다. 세 살 때 광고 출연으로 연예 생활을 시작해 열세 살 때 영화 〈택시 드라이버〉를 통해 아역배우로 성장했습니다. 왕성한 활동 으로 아카데미 여우주연상 2관왕 등 많은 상을 받았고, 첫 연출 작 〈꼬마 천재 테이트〉로 영화감독으로 데뷔했습니다. 공공연히 알려진 레즈비언이며 2013년 골든글로브상 시상식 자리에서 한 커밍아웃 연설이 유명합니다. 당시 2008년까지 연인으로 지냈 던 시드니 버나드에게 "영웅적 공동 양육자, 과거의 동반자, 지 금은 진정한 자매"라는 말로 감사를 표했습니다.

사수자리
11.22 — 12.21

Sagittarius

원소. 불

유형. 변화형

지배 행성. 목성

성감대. 엉덩이, 허벅지

강점. 재미있음,
자기 자신과 인생을 비웃을 수 있음, 낙천적임

약점. 독선적, 쉬운 길만 골라 감, 냉정함

**라이프
스타일
/
In Life**

　　재미있고, 재미있고, 또 재미있는 사람입니다. 파티에서 가장 늦게까지 남아 있지만, 끝나서 정리할 때는 보이지 않아요. 심성이 착하고 주변을 웃음꽃이 피게 해요. 상당히 중독성 있을 걸요. 하지만 책임감이나 일을 마무리하는 능력은 떨어져요. 특히 어릴수록 상황이 어려워지면 바로 벗어나려고 합니다. 나이 들어 감에 따라 강한 인생관을 정립하려 할 거예요. 이는 살아가는 의미를 찾는 데 도움됩니다. 이렇게 성장한 사수자리들은 어린 시절의 실수를 통해 배워 나가지요. 그 자신과 세상을 씁쓸하면서도 관대하게 바라볼 수 있는 법을 찾아내면서 말입니다.

단연코 후한 사람입니다. 당신이 룸메이트와 심각하게 다퉜을 때, 푹 파묻힐 이불을 가장 먼저 챙겨 줄 사람이에요. 돈이나 필요한 게 무엇이든 묻지 않고 빌려줍니다. 반대로, 당신 돈을 야금야금 써서 빈털터리로 만들어 놓고 본인은 놀러 나갈 수도 있어요. 당신의 신용카드로요. 심지어 그 자리에 나온 모두에게 공짜로 음료를 베풀고, 잘나가는 레스토랑에 데려가서 번듯한 식사를 살지도 모르겠군요.

그럼에도 뒤에서 험담하는 사람들보다 그를 좋아하는 사람들이 더 많아요. 훌륭한 자세를 지니고 있기 때문인데요. 삶은 살만한 가치가 있으며, 사랑은 줄 때 가치를 발한다고 여기며 행동하거든요. 본인도 자신이 달콤한 선행자로 위장한 지독한 속물이란 것을 인정합니다. 그래도 이론은 훌륭하지요! 여행의 동반자로 최고로 꼽힙니다. 대강 어수룩하게 사는데도 매우 친절하고 세상 물정에 밝기 때문입니다. 당신도 그 없이는 여행 안 간다고 할걸요. 운동 능력도 탁월합니다. 열두 별자리 중에서 가장 체력이 뛰어나요. 스포츠 활동이라면 사족을 못 씁니다. 득점골을 넣기 위해 뼈가 부러질 정도로 부상이 잦더라도 그를 막을 수 없어요.

침대에서
/
In Bed

사수자리 사람의 취미는 도전과 정복입니다. 그러니까 자신한테 관심이 있다는 걸 바로 알게 하면 절대 안 됩니다. 그럼 끝이거든요. 이 귀여운 우리 사수자리 부치 씨는 말이죠. 여성 퀴어 황도 12궁 안에서 가장 마초 같은 기질을 지녔어요. 아무리 립스틱으로 위장해도 숨길 수 없습니다. 성생활에서는 활기 넘치는 모험가예요. 돌발적인 것에는 잘 안 끌리지만, 섹스를 소재로 한 유머 감각은 넘쳐나요. 웃는 걸 좋아하고, 당신이 웃고 소리치면 기뻐해요. 때론 운동광입니다. 섹스도 또 다른 운동이라고 보지요. 아니, 운동 중 최고로 칩니다. 비록 지는 것처럼 이기려 들지만, 이 게임을 진지하게 받아들입니다. 걱정하지 마세요.

야외 섹스를 즐깁니다. 고무줄처럼 유연한 몸으로 놀라운 묘기를 연출할 수도 있어요. "아니, 어떻게 저런 포즈를 취하지? 어떻게 저런 자세로 한참을 있을 수 있어?"하면서 눈이 휘둥그레질 거예요. 당신이 채 질문에 답을 찾기도 전에, 당신을 잡아채서 재미있고도 기이한 자세로 몰아갈 것입니다. 하지만 자신과 몸이 덜 친해서 발달이 더딘 사수자리가 있을 수 있어요. 딱딱한 역할극 같은 걸 같이하자고 할지도 몰라요. 그에게 끌려가지 마세요! 그가 긴장을 풀고 자유로워진다면, 몸도 함께 자유로워질 것입니다.

플러팅
/
How to Seduce Her

사수자리가 목표라면 두 가지 방법이 있습니다. 첫 번째는 굳이 따지자면 직접 접근하는 방법인데요. 그가 무척이나 둔하다는 점을 염두에 두세요. 같이 데이트하고 싶어서 넌지시 흘리고 다닌들 허탕 치기 십상입니다. 그러니 그에게 직접 답을 들으세요. "5일 목요일 저녁 9시에 홍대 낮잠 식당에서 같이 저녁 먹을까?"하고요. 하지만 자꾸 묻지는 마세요. 데이트 스케줄을 기록하지 않을 뿐더러 바람이 이끄는 대로 향하기 때문이에요. 즉흥적인데, 과하게 즉흥적입니다. 이 점이 당신에게 좋을 땐 좋지만, 때론 안 좋기도 해요. 갑자기 절친한 친구 여섯 명을 초대하기도 합니다. 그런데 그 친구들이 이성애자에 호기심으로 가득한 클럽 보안 요원이거나 당신과 데이트하는 날을 위해 머리를 손질해 줬던 미용사군요! 그에 대한 마음도 아직은 확실치 않은데 말입니다. 어쩌면 단순한 장난일지도 몰라요. 그의 대표적인 기질이니까요. 당신이 얼마나 깜짝 놀랄지 잔뜩 기대에 차 있겠지요. 그러니 침착하게 적절한 순간을 찾으세요. "나, 자기한테만 보여줄게 있는데……."라고 하면 바로 따라올 것입니다. 그다음에 내숭을 떨며 당신한테 덤벼들게 유혹하세요. 타오르는 열정을 눈 깜짝할 사이에 "에라, 모르겠다!"로 바꿔 놓을 수 있습니다. 이렇게만 하면 사수자리를 사로잡는 건 시간문제입니다.

핫한 데이트
/
**Doing Her
and Dating
Her**

첫 데이트는 그에게 맡기세요. 사수자리 여성은 리더 기질이 있답니다. 어디가 재미있는 곳인지 누구보다 잘 알기도 하고요. 물론 '쉴 새 없이 날마다 파티'인 생활에 익숙해지려면 시간이 좀 걸리겠지요. 술이 깨도 집에 가면 안 돼요. 그는 만인의 친구입니다. 데이트는 둘만의 것이라야 한다는 예의는 안중에도 없어요. 오늘밤에 좀 더 가까워질 수 있겠다 기대했건만, 그는 여지없이 수많은 사람을 끌고 나타나지요. 당신이 자신에게 푹 빠져 있다고 판단하면, 막 대하기 때문에 자존심을 눌러 줄 필요가 있어요. 그는 짐승이지만, 아주 매력적인 짐승입니다.

롱런하기
/
**How to Last
over the
Long Haul**

정말 어렵습니다. 성숙하고 진화한 사수자리는 잘 없어요. 그래도 드문 경우로 자아와 가치관이 확실한 진짜 반쪽을 찾을 수 있을 것입니다. 그런 사수자리 연인을 만났다면 관계를 지속시킬 수 있는 몇 가지 팁을 알려 줄게요.

그처럼 활동적으로 지내는 게 우선입니다. 운동과 레크리에이션에 흥미를 가져 보세요. 하지만 당신이 너무 게으르다든가, 그가 뛰는 축구 경기에 하다못해 응원마저 별 관심이 없다면 말이죠. 골키퍼와 엄청 바람을 피워댈 게 확실합니다. 진짜입니다. 그가 별 의미 없이 던지는 추파에, 당신을 제치고 다른 누군가가 그의 옆자리를 차지하게 될 것입니다.

사수자리 여성은 여행을 하거나 세상을 배울 때 두각을 나타냅니다. 여러 곳을 돌아다니는 걸 좋아하므로, 항상 주머니에 여권을 소지하고 다니세요. 호기심을 북돋아 주세요. 다니는 직장에 발목 잡힌 것 같은데, 이제는 마야 문명 멸망에 대한 연구를 하기 위해 학교로 돌아가고 싶다고 하면 그렇게 하라고 하세요. 잘한 결정이라고 격려해 주면 더 좋아요. 그가 자신만의 흥분과 성취감에 가득 차 있다면, 둘 사이의 기분 좋은 떨림을 피부로 느낄 거니까요.

버릇처럼 개인적인 책임을 회피하거나 자신이 스물한 살

싱글인 것처럼 파티 생활에 빠져서 당신을 실망시키는 경우가 있을 겁니다. 이럴 땐 바로 전화하는 게 좋아요. 그는 고삐를 좀 풀어 주길 바라겠지만, 당겨 주는 누군가가 있어야 합니다. 안 그러면 자신이나 다른 사람 모두에게 위험 요소가 될 거예요. 당신이 맡은 역할이 어쩌다 잠깐씩 즐기는 정부는 아니잖아요?

끝장내기
How to Get Rid of Her

무엇보다 자유를 가장 소중히 여깁니다. 당신 덕분에 세상이 점점 좁아지고 있다는 생각이 들면, 바로 벗어나려고 할 것입니다. "우리 친구로 지낼까?"의 '우'자를 꺼내기도 전에 말입니다. 물론 친구 관계를 유지하고 싶어 합니다. 하지만 작별 인사가 채 끝나기도 전에 새로움을 찾아 뛰어들 수 있다는 것, 잘 알잖아요. 둘 다 친구로 남길 원한다면 문제가 없어요. 원한을 품기에는 너무나 자유로운 영혼의 소유자라서요. 하지만 주의는 기울여야 해요. 사적으로 담아 둘 법한 둘만의 창피한 일들을 사람들 앞에서 떠벌이는 습관이 있거든요. 그러니까 놀라지 마세요. 당신이 여드름 크림을 잔뜩 바르고, 굵직한 허벅지가 드러나는 반바지를 입고 잠자리에 든다는 사실을 모르는 사람이 없게 될 거예요. 이 상황에서 당신의 쿨함을 지키려면 어떻게 해야 할까요? 절대 악의가 있어서 한 행동은 아니겠지요. 그저 무의식 중에 전 애인의 덜 우아한 모습을 골라 이야기한 것뿐이에요. 저 독설은 전갈자리와 비슷한가요? 순진한 말투로 "그냥 농담한 건데, 왜 그래? 나는 화 안 나는데!"라고 하는 걸 들으면 영락없는 천칭자리 같기도 합니다. 맞아요. 그러니까 이제 조심하세요. 사수자리 여성에게 비밀이란 없습니다. 끝난 사이라면 더더욱 말이에요.

사수자리의 세 가지 얼굴

모든 별자리는 세 개의 데칸으로 나눌 수 있고, 각 데칸의 주인 행성은 태양 별자리에 독특한 분위기를 더합니다. 하지만 해마다 태양이 각 별자리 영역에 들어가고 나가는 날이 하루 정도 늦거나 빠르다는 점을 기억해야 합니다. 별자리의 커스프를 보고 알맞게 수정하세요. 커스프는 하나의 별자리가 끝나고 그다음 별자리가 시작되는 사이를 말합니다. 멍해지지 말고, 그냥 그렇게 알아 두세요. 잘했어요! 불평쟁이 언니들. 점성학 앱에 태어난 위치와 날짜, 시간을 넣으면 하늘의 천체 위치를 계산한 천체력 데이터를 계산해 줍니다. 이에 따라 당신과 당신 파트너의 정확한 태양 별자리를 찾을 수 있고, 세 개로 나누어진 정확한 데칸을 알아낼 수 있어요.

**사수자리
첫 번째 주간**
11월 22일-
12월 01일
／
**목성 데칸
밝히는
철학자**

사수자리 첫 번째 주간 여성들은 거침없고 사나워요. 몽상가이자 철학가이며 위대한 모험가이기도 합니다. 이 세상 누구보다도 여행을 좋아해요. 할 수만 있다면, 전 세계 모든 나라를 여행하고 싶어 합니다. 다른 문화권의 사람들과 교류하는 걸 좋아해요. 어떤 사람들은 이들이 촌스럽고 자꾸 실언을 한다고 평할 거예요. 하지만 다른 문화권에서는 이들을 뛰어나고 재미있는 사람이라고 여길 수 있어요. 어린 시절에는 무엇에 대해 떠드는지 정확히 알지도 못하면서 설교하고 거들먹거려요. 그러다 나이가 들면 진정한 철학을 확립하고 세상에서 훌륭한 일들을 할 수 있어요. 광신도적인 기질도 엿보입니다. 하지만 가슴속에는 진정으로 소외된 사람들과 사회적 약자들을 돕고자 하는 마음이 있지요. 살면서 아주 많이, 정말 많은 로맨스를 경험해요. 네, 이들은 굉장히 밝힙니다!

**사수자리
두 번째 주간**
12월 02일-
12월 11일
／
**화성 데칸
마이 웨이
탐험가**

사수자리 두 번째 주간 여성들은 가장 행동적이고 주도적이며 집중력이 뛰어납니다. 삶의 방향을 찾아 나가는 데 있어 다른 이들의 도움은 필요 없습니다. 답은 내면에 있어요. 어떤 인생을 살아도 유명세를 떨칠 거예요. 개척 정신이 강하고 모두가 아니라고 할 때 홀로 "맞다!"고 할 정도로 깡이 있어요. 이들의 신념은 강하면서도 내밀합니다. 홀로 사는 것에 행복을 느끼거든요. 다른 사수자리들은 원하겠지만, 이들은 집단이 주는 따스함을 필요로 하지 않아요. 몸을 사리지 않는, 배짱 두둑한 탐험가들이에요. 결혼 상대자로는 꼴찌로 꼽히지요.

사수자리 중에 가장 안정된 그룹일 것입니다. 다른 사수자리 사람들에 비해 덜 충동적이면서 큰 그림을 잘 그리는 편이에요. 태양의 기운을 받아 낙천적이고 자신감이 있습니다. 좀 더 보수적이기도 하고요. 널리 존경받고 싶어 하는 욕구가 있는데, 아마 성공할 것입니다. 사람들을 사랑하며, 무리를 이끌고 싶어 합니다. 허영심이 아킬레스건입니다. 장기간 연애를 위해 최선을 다합니다. 밝히는 다른 사수자리들보다는 바람을 덜 피웁니다. 동물과 아이들에게 애정이 넘치는데, 양쪽 모두를 위해 좋은 사람입니다.

사수자리 연인의 차트를 갖고 있다면, 그가 어떤 사람인지 더 자세히 알 수 있어요. 달이 황소자리나 사자자리에 위치한다면, 퇴폐적이고 쾌락적인 기질입니다. 사수자리 평균보다 훨씬 더 말이에요! 반전 매력으로 돈 버는 재주가 뛰어납니다. 염소자리에 금성이 자리해 있으면, 당신의 근면 성실한 면에 반할 것입니다. 사드 마조히즘 성향도 높습니다. 차트에 물고기자리가 많으면, 신비주의에 빠지게 될 거예요. 자신도 소스라치게 놀랄 정도로 위대한 초능력의 소유자일지도 몰라요. 달이나 상승궁에 전갈자리가 있으면, 여느 사수자리들보다 말수가 적고 진중한 성향을 보입니다.

빌리 진 킹 Billie Jean King · 1943년 11월 22일

빌리 진 킹은 미국의 테니스 선수로 총 39개의 그랜드슬램 우승이라는 대단한 기록을 냈습니다. 성별 상금 격차에 항의하며 여성테니스협회(WTA)를 설립했고, 테니스 대회에서 여성과 남성의 상금 규모가 동등해지는 데 큰 역할을 했습니다. 결혼 생활 3년 만에 자신이 레즈비언임을 깨닫게 되었고, 1981년 비서 매릴린 바넷이 사실혼 관계를 정리하면서 낸 소송으로 성 정체성이 대중에 알려졌습니다. 성적 지향을 일찍 깨달았다면 결혼하지 않았을 것이라며 전남편 래리 킹에게 사과한 일화도 전해집니다.

자넬 모네 Janelle Monae · 1985년 12월 1일

자넬 모네는 미국 가수이며 배우입니다. 가상의 미래 세계를 담은 앨범 〈The ArchAndroid〉로 반향을 일으켰습니다. 영화 〈문 라이트〉, 〈히든 피겨스〉 등에도 출연한 그는 2016년에 아카데미상이 백인 위주로 결정된 데 반발하여 흑인 배우들과 함께 다른 행사에 가기도 했습니다. 범성애자로 커밍아웃하면서 "섹슈얼리티 문제로 힘든 소녀, 소년, 논바이너리(non-binary), 게이, 이성애자, 퀴어, 외면받는 기분이 들거나 그저 자기 자신이라는 이유로 괴롭힘을 당하는 사람들을 사랑한다는 걸 알아주길 바란다."며 밝힌 바 있습니다. 2018년에 배우 테사 톰슨과 열애 사실을 밝혔습니다.

에밀리 디킨슨 Emily Dickinson · 1830년 12월 10일

에밀리 디킨슨은 미국의 시인입니다. 1,800여 편의 시를 썼으나 생전에는 거의 소개되지 않았습니다. 사후 여동생 라비니아 노크로스 디킨슨이 그의 시를 모아 시집을 낸 뒤 작품성과 천재성이 널리 알려졌습니다. 디킨슨은 외출을 극도로 자제한 은둔 시인으로 알려져 있으나, 어릴 때는 매우 활기찬 성격이었습니다. 오랜 친구이자 오빠의 아내가 된 수전 길버트를 향한 열렬한 편지와 시에서 엿보이는 레즈비언 관계는 사후 편집자에 의해 철저히 지워졌습니다.

애슐리 벤슨 Ashley Victoria Benson · 1989년 12월 18일

애슐리 벤슨은 미국의 배우이자 모델입니다. 미국 틴 미
스터리 TV 시리즈 〈Pretty Little Liars〉에서 주요 배역을 연기
했으며, 〈브링 잇 온〉 등 다수 영화에도 출연했습니다. 2019년에
LA 근교의 예배당에서 커밍아웃한 양성애자인 카라 델레바인
과 결혼식을 올렸습니다.

염소자리
12.22 — 1.20

원소. 흙

유형. 활동형

지배 행성. 토성

성감대. 무릎

강점. 은근히 웃김, 책임감, 야망

약점. 기회주의, 금욕, 희생하는 척함

**라이프
스타일
/
In Life**

염소자리 여성들은 삶을 진지하게 대합니다. 이들은 토성의 영향을 받습니다. 토성은 제약, 현명, 냉철함을 대변하지요. 유리잔이 반쯤 찬 것이 아니라 반쯤 비어 있다는 관점으로 바라봅니다. 차트에 사수자리나 물병자리가 많이 있으면 예외입니다. 흙의 별자리로서 인생에 실질적인 것들에 특히 관심이 많습니다. 이를테면 섹스나 돈 같은 것에 말이죠. 집착이 강한 성향은 다른 흙 별자리들의 특징이기도 합니다. 안전하고 행복하게 살기 위해 경비를 철저히 하고 보안과 행복에 돈을 많이 들입니다. 이런 점은 황소자리와 닮았어요. 다른 무엇보다 일을 우선시하는 점은 처녀자리와 비슷합니다.

노골적인 유머 감각의 소유자입니다. 고도의 반어법을 사용하여 연륜을 뽐내는데, 세상살이에 지쳐 세계를 비판하며 얻은 깨달음이에요. 운이 거의 없어서 행운을 바라기보다 자기 자신에게 의지해야만 합니다. 그래서 조금 강인한 면이 있습니다. 당신에게 매정하게 굴 때면, 그 자신에게는 이보다 열 배는 더 매정하게 대하겠구나 하고 생각하면 돼요. 나이가 들수록 무표정한 이 여성들의 삶이 수월해지는 건 참 다행입니다. 하지만 기적을 바라며 어린 시절을 보내지는 않을 거예요. 자신의 목표를 이뤄 내려 최선을 다해 일하고자 하지요. 그의 두 번째 약점은 절대 만족하지 않는다는 것입니다.

일에 있어서는 돈과 명예를 좇는 일을 합니다. 힘을 쥘 수 있는 분야를 선택하기 쉬워요. 마리오네트 인형극을 하듯 군중을 조종하고 싶어 해요. 그나마 믿을 수 있는 실력자라는 것은 다행이지요. 책임감 있고 현명하고 상식이 풍부합니다. 어떻게 하면 천 원을 만 원으로, 만 원을 십만 원으로 불릴 수 있는지 알고 있어요. 너도나도 그에게 투자하겠다고 하는 이유랍니다. 어떻게 해서든 정상에 오를 것입니다.

침대에서
/
In Bed

주고받는 법을 잘 아는, 섹시하면서도 소박한 연인입니다. 섹스가 가장 큰 안도감을 줄 수 있다고 생각합니다. 얌전한 고양이가 얼마나 저돌적일 수 있을지 깜짝 놀랄걸요. 성실한 사람인지라, 당연히 파트너를 만족시키려 열심히 공을 들일 것입니다. 하지만 한창 불타오르는 연애 초기가 지나면, 일상적인 행위 정도로 돌아갈 수도 있어요. 매일, 매번 똑같이요. 말이 많은 타입이 아니지만요, 원하는 게 있으면 당신이 직접 말해 주는 게 좋아요. 염소자리 사람들은 사랑을 나눌 때도 너무 윗사람처럼 굴 거예요. 하지만 염소자리가 가장 최고로 꼽는 판타지는 과묵한 상사가 자신을 벌주는 것입니다. 토성의 영향 아래 놓인 이런 사람들은 세상의 원죄를 짊어지고 처벌받고 싶어 합니다. 그러니까 실망시키지 말아야겠지요. 그에게 말해 주세요. 이사회 때 했던 지나친 행동 때문에 평생 잊지 못할 퇴직 면담을 해야 할 거라고 말입니다. 당신은 사수자리 레즈비언만 이성애자 마초랑 비슷하다고 생각했지요! 아닐걸요.

적극적인 것도 좋아해요. 보통은 막중한 책임감이 따르는 높은 자리에서 일할 것입니다. 그래서 뭔가 주문이 생기면 바로 응답해 주는 게 좋을 거예요. 빨리, 어서요!

플러팅
/
How to Seduce Her

일을 도와주세요. 자신이 상사가 되어 일을 맡기는 걸 좋아합니다. 그렇다 하더라도 양자리나 황소자리처럼 이래라저래라 참견하지는 않아요. 어떤 분야를 택했든 간에, 모든 수단을 동원해서 정상을 찍는 것이 목표입니다. 염소자리 레즈비언은 당신을 자기 직원인 양 부릴 것입니다. 당신을 위해 기꺼이 시중을 드는 처녀자리와는 달라요. 그러니까 염소자리의 연인이 되는 게 최종 목표라면 이런 일을 맡아야 해요. 사업상 업무 전화를 돌리고, 드라이 맡긴 세탁물을 찾아오고, 일 관련된 용무에 수없이 동행해야 합니다.

사치나 쾌락에 관련된 모든 행위는 꺼립니다. 그래도 남몰래 인생에 좋은 것들을 맘껏 즐기고 싶어 하지요. 그러니까 그를 감동시키고 싶다면, 최선을 다해야 합니다. 고급 와인에 캐비어를 곁들여 사로잡아 버리세요. 유명한 거라면 껌뻑 죽어요. 아마 고급 브랜드일수록 더 감동할 것입니다. 하지만 극단적인 면도 있어요. 중요한 일 때문에 혹은 아픈 이모를 병원에 모시고 치료를 받으러 가야 해서 약속을 취소해야 한다고 하면, 오히려 감동을 받습니다. 이렇게 귀하거나 희생이 따르는 것들에 약하지요.

인내심은 염소자리의 연인으로서 꼭 갖춰야 할 덕목입니다. 자신의 상징인 염소같이 행동이 느리지만, 천천히 끈기 있게 언덕을 오를 거예요. 하루아침에 무슨 일이 일어날 거라는 기대는 하지 마세요. 성실하게 행동하세요. 염소자리 사람들은 노력 없이 무언가를 얻으려고 하는 사람들에게는 가차 없어요. 특히 사랑에 관해서는요.

핫한 데이트
/
Doing Her and Dating Her

경쟁은 염소자리와 만남을 시작하는 데 있어 가장 큰 도전 과제입니다. 당신의 아름다운 다른 경쟁자들을 얘기하는 게 아니에요. 일 얘기를 하는 것입니다. 오로지 일만을 생각하고 당신과 데이트하는 중에도 머릿속에서 일이 떠나지 않을 거예요. 당신이 그만큼 일 욕심이 있거나 백 퍼센트 뒤에서 그를 돕고자 한다면, 멋진 출발을 위해 잠시 떨어져 지내야 할 것입니다.

성적인 면에서는 가슴 속에 다른 생각을 품고 있는 억눌린 야생의 기질을 보입니다. 특히 사람들 앞에서는 애정 표현을 잘 못할 수 있어요. 하지만 둘만 있을 때에는 관능미가 넘치면서도, 아주 포근하답니다. 당신의 품에 안기면 그는 어지럼증을 호소하고, 울며, 말도 못하게 흥분합니다. 영화 〈차이나타운〉에서의 페이 더너웨이*처럼요. 페이도 염소자리예요! 흔히들 "엄마! 언니! 엄마! 언니!"를 외치며 울부짖지요. 섹스는 그만큼 그에게 강력합니다.

당신은 그가 진지함을 덜고 균형감을 찾도록 도와줄 수 있습니다. 즐거운 시간을 보내고 새로운 것들을 경험하게 해 주세요. 염소자리 여성들은 차분한 편이지만, 시야를 넓히는 것을 좋아합니다.

롱런하기

연인에게서 존경을 받아야만 계속 관심과 사랑을 차지

★   **Faye Dunaway.** 1970년대 가장 인기 있는 배우 중 한 명으로, 성적 매력을 지닌 신경질적이고 강한 여성 캐릭터를 연기해 페미니스트와 LGBTQ 사회의 상징적인 존재로 각인되었습니다. 대표작으로 영화 〈우리에게 내일은 없다(1967)〉, 〈차이나타운(1974)〉, 〈존경하는 어머니(1981)〉 등이 있습니다.

할 수 있습니다. 그가 품위에 어긋나는 행동을 하는 건 절대 볼 수 없을 것입니다. 당신도 그 규칙을 따르는 게 좋습니다. 진정한 자신으로 살아가세요. 하라는 대로 하지 마시고요. 염소자리 여성들은 등이 꼿꼿한 사람을 존중하거든요. 같은 미래를 꿈꾸고 있다는 걸 확실히 하세요. 아시다시피 당신의 연인은 의욕 넘치고 목표에 집중하며 미래 지향적인 사람이니까요. 당신이 다람쥐 쳇바퀴 돌듯 제자리걸음만 하거나 아예 다른 방향으로 나아간다면 정말 그 곁에 머물 수 없게 될 것입니다. 가령 당신은 시골에 정착해 낙농업을 시작하고 싶어 합니다. 그 와중에 그는 도시에서 경력을 쌓을 좋은 기회를 제안받습니다. 이 제안을 거절하기는 어려울 거예요. 결국에는 당신과 헤어지게 될 거라고 깨닫게 되겠지요. 그러니까 현실적으로 생각하고 자기 자신과 그에게 솔직해지세요. 미래에 대해 진지하게 생각해 보세요. 그는 항상 미래를 설계하거든요. 사실, 그와 함께하는 일에 집착하는 것처럼 사세요.

숙지하세요. 이 아가씨와 오래 만나려면 당신이 집에 있는 습관을 들이고, 야망을 가져야 하며, 각자의 일에 몰두해야 합니다. 너무 과도하게 몰입하라는 뜻은 아닙니다. 그는 셀러브리티가 되어야 하지만, 차트에 처녀자리 거대 행성 무리가 있거나 당신의 대리자로 살아가는 데 만족한다면 예외일 수 있어요.

끝장내기
/
**How to Get
Rid of Her**

끝낼 수 있지만, 꽤 어렵습니다. 그가 지닌 성격 그대로예요. 당신에게 매달려 자신의 품위를 떨어트리지는 않을 것입니다. 아무리 비참하고 화가 나도 속내를 드러내지 않겠지요. 하지만 저를 믿어 보세요. 지금 어디선가 조용히 부글부글 끓고 있을 테니까요. 당신이 해결해야 할 문제는 이것입니다. 어떻게 하면 아름답게 헤어지고, 그를 확실히 더 있어 보이게 하는 모양새로 끝맺을 수 있을까요?

염소자리 사람들이 절제심이 강하다는 걸 기억하세요.

깊은 감정의 골은 유달리 더 억제합니다. 화가 날수록 더 감추려 들 것입니다. 그러니까 당신이 직접 그의 수많은 감정들을 끄집 어내야 할지도 모릅니다. 당신이 얼마나 재수 없는 사람인지 인정하고, 그가 좋은 사람으로 남을 수 있도록 설정해 주세요. 그는 희생자인 척하고 싶어 해요. 희생양 의식에 사랑보다 더 큰 명분은 없어요.

하지만 알아 두세요. 모든 과정이 끝났을 때, 당신은 그와 어떤 의미에서든 친구로 남을 수는 없어요. 전부 이해하기는 힘들지만, 그에게는 자신만의 원칙이 있어요. 중요한 건 그가 일방적인 짝사랑의 기억을 잊고 싶어 한다는 거예요. 게다가 그는 예리한 사업가라서 언제 손실을 줄여야 할지 잘 알고 있어요.

염소자리의 세 가지 얼굴 / The Three Faces of Capricorn

모든 별자리는 세 개의 데칸으로 나눌 수 있고, 각 데칸의 주인 행성은 태양 별자리에 독특한 분위기를 더합니다. 하지만 해마다 태양이 각 별자리 영역에 들어가고 나가는 날이 하루 정도 늦거나 빠르다는 점을 기억해야 합니다. 별자리의 커스프를 보고 알맞게 수정하세요. 커스프는 하나의 별자리가 끝나고 그다음 별자리가 시작되는 사이를 말합니다. 멍해지지 말고, 그냥 그렇게 알아 두세요. 잘했어요! 불평쟁이 언니들. 점성학 앱에 태어난 위치와 날짜, 시간을 넣으면 하늘의 천체 위치를 계산한 천체력 데이터를 계산해 줍니다. 이에 따라 당신과 당신 파트너의 정확한 태양 별자리를 찾을 수 있고, 세 개로 나누어진 정확한 데칸을 알아낼 수 있어요.

염소자리 첫 번째 주간 12월 22일- 12월 31일 / 토성 데칸 풍부한 인생

염소자리 첫 번째 주간 여성들은 가장 진지합니다. 두려움이 엄청나게 많고 세상은 혹독한 곳이라고 여겨요. 몹시 사려 깊은 성향인데, 토성의 영향을 두 배로 받았기 때문입니다. 자존감이 세상을 살아가는 데 가장 중요하다고 생각해요. 다른 사람들이 어떻게 생각할지 신경을 많이 씁니다. 근심이 가득한 이 여성은 자신을 절망의 구렁텅이로 몰아가는 습성이 있어요. 자기가 설정한 기준이 매우 높기 때문이에요. 일과 사랑 둘 다에 대단히 진실합니다. 나이가 들수록 더 재미있는 사람이 되어 가요. 삶은 고통스럽거나 남에게 뒤처지지 않으려 발버둥 치는 것이 아니라 그저 살아가는 것임을 깨닫기 시작합니다. 그래도 나중에는 아마도 아주 부유하게 은퇴할 것입니다.

**염소자리
두 번째 주간**
1월 01일-
1월 10일
/
**금성 데칸
로맨틱한
재주꾼**

가운데 낀 염소자리 여성에게는 다른 어떤 것보다도 인생의 달콤한 것들이 중요합니다. 인생은 돈으로 살 수 있는 것도, 꿈 자체인 것도 아닙니다. 가장 로맨틱하고 예술가 기질이 뛰어납니다. 다정한 금성의 영향을 받아서, 사랑이 전부라고 생각하지요. 그래도 예술가로서의 성공에는 큰 의미를 둡니다. 완벽한 여자를 만났거나 훌륭한 일자리를 얻고자 할 때, 섬세하고 매력적인 방식으로 접근할 거예요. 자신이 하는 모든 일에 부드러운 목소리를 내지만, 놀라울 정도로 끈기를 보입니다. 손재주가 뛰어납니다. 아름다운 것들을 손으로 직접 만들어 낼 수 있습니다.

**염소자리
세 번째 주간**
1월 11일-
1월 13일
/
**수성 데칸
진보 인사**

마지막 주간 염소자리들은 염소자리 중에서 빨리 움직입니다. 느린 별자리로 악명 높지만, 감사하게도 수성의 영향을 받았어요. '무종지문(run-on sentence)*'처럼 빠르달까요. 이해하셨죠? 대화를 잘 이끌고 다른 염소자리들에 비해 재치도 뛰어납니다. 이해받는 것에 매우 신경을 씁니다. 글 쓰는 사람도 있고, 대중 앞에서 연설하는 일과 관련된 사람도 있어요. 자신들의 생각이 잘 전달되도록 노력합니다. 앞의 염소자리들보다 진보적이고 시대를 앞서는 성향이 있어요. 연인으로는 똑똑하고 말

★ **run-on sentence.** 무종지문은 영문법 용어로 두 개 이상의 문장이나 독립된 절을 접속사 없이 콤마로 연결한 오문 등을 뜻함.

을 잘하는 사람이 적합해요. 인생의 대부분은 행동하는 사람이 아닌 말만 하는 사람으로 살지도 모릅니다. 그저 자신의 생각을 정리하고자 말하는 것이라 그렇습니다. 행동하고자 마음먹으면, 상상을 초월할 정도로 빨리 만회할 수 있습니다.

차트를 갖고 있습니까?
/
If you have Her Chart?

염소자리 연인의 차트가 있다면, 그의 모든 것에 대해 더 잘 알 수 있을 거예요. 게자리 상승궁이면 그의 인생 전체가 가족의 영향을 많이 받습니다. 대부분의 염소자리보다 더 예민하고 수줍음이 많습니다. 달이 황소자리에 있으면 생계를 책임집니다. 이들에게 돈은 정말 중요합니다. 사수자리 상승궁이면, 여행가와 모험가 기질이 더해집니다. 이들은 전형적인 염소자리보다 융통성이 있는 편입니다. 금성이나 화성이 전갈자리에 있으면, 강렬한 성적 환상을 갖고 있습니다. 아마도 비밀스러운 성생활을 즐기고 있을 것입니다.

널리 알려진 염소자리 퀴어 여성
/
Famous Capricorn Queer Women

케이트 모에닉 Katherine Moennig · 1977년 12월 29일

케이트 모에닉은 미국의 배우입니다. 2000년 TV 시리즈 〈Young Americans〉로 데뷔해 활동해 왔으며, 〈엘워드 The L Word〉의 셰인 역으로 널리 알려졌습니다. 성적 지향을 묻는 질문에는 늘 "노코멘트(No comment)!"라면서도 당당히 데이트를 해 왔지요. 2017년에 영화감독이자 키보드·기타 연주자 아나 르젠드(Ana Rezende)와 결혼했습니다.

릴리 워쇼스키 Lilly Wachowski · 1967년 12월 29일

릴리 워쇼스키는 미국의 영화감독이자 작가입니다. 〈매트릭스〉 시리즈로 유명하지요. '워쇼스키 형제'중 한 사람으로 널리 알려졌으나, 현재는 '워쇼스키 남매' 시절을 거쳐 '워쇼스키 자매'로 살고 있습니다. 2012년에 언니인 라나(구, 래리 워쇼스키)가 자신이 여성임을 밝힌 바 있고, 2016년에 여동생 릴리(구,

앤디 워쇼스키) 역시 자신이 MTF (Male To Female), 트랜스
여성이며 성전환 수술을 받았다고 밝혔습니다.

수전 손택 Susan Sontag · 1933년 1월 16일

수전 손택은 미국의 평론가, 작가입니다. 저서 『타인의
고통』, 『해석에 반대한다』 등으로 주목을 받았습니다. 평론 외에
도 소설, 희곡, 시나리오 등 여러 문학 작품을 창작했으며, 베트
남 전쟁과 이라크 전쟁 반대 등 사회 운동에도 적극 참여했습니
다. 25세에 철학 박사 학위를 받았습니다. 2004년에 백혈병으
로 작고하기까지 사진가 애니 레보비츠와 여성 퀴어로서 공개 연
인 관계를 맺었습니다.

패트리샤 하이스미스 Patricia Highsmith ·
1921년 1월 19일

패트리샤 하이스미스는 미국의 작가입니다. 주목받은
데뷔작 『열차 안의 낯선 자들』은 앨프리드 히치콕 감독의 〈태양
은 가득히〉로 만들어졌습니다. 특히 아카데미상 6개 후보에 오
른 영화 〈캐롤〉의 원작 『소금의 값(The Price of Salt)』은 범죄
소설의 대가로 알려진 하이스미스가 쓴 유일한 자전적 로맨스 소
설입니다.

물병자리
1.21 — 2.18

원소. 공기

유형. 고정형

지배 행성. 천왕성

성감대. 발목, 종아리

강점. 우수한 지적 능력, 이상주의, 이타심

약점. 인간 본연의 특성에 대한 무지, 까칠함, 초합리화

**라이프
스타일
/
In Life**

물병자리 여성들은 깊이 있게 사고합니다. 생각 자체를 그냥 허비해서는 안 된다고 생각하지요. 그러니까 그가 지적 도전 과제를 좇으며 활발히 움직이고 있다면, 제대로 살고 있는 것입니다. 시간이 많거나 지적 활동을 게을리하는 물병자리는 자신이나 다른 사람들에게 상당히 위험합니다. 그는 의로운 사람이지만, 그 의로움은 애써 얻어지는 것이지요.

그는 자기 주변 세상을 이해해야 하고, 그러다 보니 깊게 생각하는 경향이 있어요. 물의 별자리가 지닌 깊이와는 다른 식으로요. 인간이 느끼는 복잡한 감정의 이유 같은 것에는 별 관심이 없어요. 관심은 우리 정신이 불러일으키는 특이한 방식들에 쏠려 있습니다. 남편인 존 에프 케네디가 불륜을 저지르는 동안 재키 케네디가 왜 입을 다물고 있었는지는 별로 중요하게 여기지 않아요. 그보다 더 관심을 두는 건 재키가 미국의 한 세대를 위한 고급문화를 더욱 발전시키는 데 '어떤 기여를 했는가?'이지요. 그가 한 선택, 그것이 사회에 미친 영향을 분석하는 것에 더 흥미를 느낍니다. 전 영부인의 과거를 캐는 일보다요. 물병자리들은 과거를 지루하게 여깁니다. 현재는 간신히 깨어 있고요. 집중하는 것은 미래입니다.

물병자리 씨가 직업이 있거나 부업을 겸해 자신의 모든 지적 능력을 한 곳으로 모을 수 있도록 했으면 좋겠습니다. 어쨌든 고정형 별자리인 데다, 다른 고정형 별자리인 황소자리, 사자자리, 전갈자리처럼 한 방향으로 모든 에너지를 쏟을 때 최고가 되거든요.

재주가 아주 많은 사람입니다. 천부적인 과학적 사고력을 지니고 있어요. 자신에게 유리하게 최신 과학 기술을 이용하는 소질이 있습니다. 앞서 말했듯이 물병자리는 미래와 가장 밀접합니다. 그래서 우리네보다 어김없이 한 걸음 앞서 있어요. 자기 시간을 주도적으로 통제할 수 있습니다. 영원히 유행의 첨단을 걷기 때문에 언제까지나 젊게 삽니다.

하지만 물병자리 여성들에게 정말 짜증나는 버릇이 하나 있습니다. 이들은 반대를 위한 반대를 해요. 당신이 만일 평소 즐겨 듣는 음반의 어느 래퍼를 극찬한다면, 독설로 응수할 거예요. 래퍼 누구든 간에 그의 음악이 폭력을 조장하고 선동한다면 음반 발매를 완전히 중지해야만 한다고 말이죠. 몇 달 뒤 그가 그렇게 독설을 쏟아붓던 곡들을 신나게 틀어 놓은 소리가 들리겠지만요. 그와 마주치게 되면, 자기가 했던 일장연설이 얼마나 불쾌했는지는 상관없이 표현의 자유가 얼마나 보장되어야 하는지에 관해서만 통렬히 비판할 것입니다.

위선적으로 들리나요? 어느 정도는 그래요. 그래도 자신의 위선을 깨달을 줄 아는 물병자리들이 있어요. 다른 사람들도 각자의 그런 점들을 인정하도록 만들면서 세상에 이바지하고 있고요. 이 아가씨들의 존재 이유는…… 세상을 바꾸는 것입니다.

침대에서 / In Bed

섹시하고도 대담합니다. 어떤 때는 오럴 섹스에 돌입하기보다 자기 머릿속에만 빠져 있다니까요*. 진심으로 말하건대, 이들은 대단한 사상가입니다. 그래서 그에게 술잔**을 내려놓고 황홀한 섹스로 옮겨 가게 하기가 만만치 않아요.

하지만 그가 한번 하자고 할 땐, 더없이 짜릿하고 귀여운 연인으로 변신합니다. 물병자리는 싸움꾼이자 연인이에요. 다툼이 정력제로 작용하지요. 학술적인 논쟁을 일종의 전희로 여겨요. 그에게 동의하지 않을수록, 논쟁에 더 많은 열정을 쏟을수록 좋지요.

성적으로 이 분은 실험정신이 아주 뛰어납니다. 평범한 방식이라면 질색을 하지요. 어떤 것도…… 특히 당신이요. 당신을 마치 한 번도 안 해 본 사람 다루듯이 할 거예요. 어떤 때는 당신에게 대체 어떤 것을 했는지 도저히 모를걸요! 섹스 토이와 음담패설을 좋아합니다. 그가 아직 발을 들이기 전이라면, 사실인지 아닌지 확인해 보세요. 섹스 토이를 쓰기 시작하면 절대 멈출 수 없어요.

한 명 이상과의 관계에도 몹시 흥분합니다. 그룹섹스는 그에게 뜻깊은 일이에요. 모든 사람을 똑같이 사랑한다고 믿기 때문입니다. 하지만 그건 단지 그의 해명이고, 실제로는 가장 에로틱하게 야성을 자극할 뿐이지요.

★ **give head.** 입으로 하는 애무보다 자기 머리(head)에만 빠져 있다는 말장난.

★★ **noggin.** 술잔. 구어로 '머리'라는 뜻도 있음.

한 번에 세 명 내지 네 명이서 하는 것처럼 해야 할 거예요. 한 사람과의 섹스에 매번 만족하는 건 아니거든요. 일부일처제에 대해 직접 토론해 보는 것도 좋을 것입니다. 문제적 소지가 다분하거든요. 자유를 갈망하며 삽니다. 오해하지는 마세요. 정신적으로는 충실하지만, 이따금 다른 나무에 열린 사과를 맛봐야 하는 사람이에요. 대부분이 일부일처를 따를 수 있지만, 그의 취향도 그럴 거라고 단정해서는 안 돼요. 말로 설명할 수 없는 문제입니다.

잠자리에서 당신의 몸짓이 자극적일수록 당연히 다른 여자에게 시선을 덜 주겠지요. 그를 놀라게 해 주세요! 자신이 주도하는 걸 더 좋아한다는 말은 꼭 하겠지만, 무엇이든 한 번은 해보려고 드니까요. 어떤 역할을 맡을지 고를 수 있는 한, 당신 의견에 따를 거예요. 어쨌든 적절한 순간에 비명을 지르고 상황에 맞는 액세서리를 착용하고 싶어 합니다. 가장 훌륭한 물병자리는 주도권을 완벽하게 넘겨주는 연인이지만 찾기 힘들어요. 이들은 태어나는 것이 아니라 만들어집니다.

플러팅
/
How to
Seduce Her

막힘없이 대화를 이어 가거나 음악적 재능이나 수학의 천재성 등 총명함을 드러낼 수 있으면 최고입니다. 마음에서 먼저 동해야 몸도 꼴리기 때문입니다. 당신의 마음을 흠모하게 되었다면, 몸도 당연히 사랑하게 될 거예요. 그러니 말을 걸어 보세요. 당신이 급진주의적인 의견으로 무장하거나 그와 비슷한 맥락으로 세상을 바라본다고 가정해 봅시다. 그가 지닌 세계관과 완전히 다르다면, 잘된 일입니다. 물병자리들은 논란을 일으키길 좋아하거든요. 그 친구 중에 당신을 아끼는 사람이 있거나 싫어하는 사람이 있거나 해도, 역시 잘됐습니다. 그 상황이 마치 진짜 반항아인 것처럼 이미지를 심어 준답니다. 이 아가씨가 바라는 게 바로 이런 것이거든요. 사귀고 나서 안정을 찾으면, 등 돌렸던 그의 친구들과 다 지난 일이라고 털어 버리고 잘 지내는 게 좋을 거예요. 물병자리는 우정을 인생에서 제일로 치거든요.

물병자리 여성에게 푹 빠져 있다면, 거울을 보고 자신에게 질문을 던져 봐야 합니다. 내가 다른 사람과 뭐가 다르고 뭐가 특별할까? 아마 아름답고 풍성한 금빛 머릿결, 또는 가슴 뭉클한 피아노 연주를 들려줄 수 있는 타고난 재능을 꼽겠지요. 글쎄요, 그런 자산은 나중에 눈에 들어올걸요. 그를 그토록 안달하게 만드는 것은 바로 당신의 가장 수치스러운 부분입니다. 당신의 가족이 술주정뱅이에 사기꾼, 동물 혐오자이면서 가난하기까지 한가요? 그런데 어른이 된 지금은 가족이라는 비밀 옷장을 단단히 걸어 잠그고 있지 않나요? 중산층 친구들과 스스럼없이 어울릴 수 있도록 말이에요. 흠, 제가 장담하는데 당신의 연인은 어두운 과거에 감동받아 끌렸을 것입니다. 약자에 대해 관심이 많거든요. 단순히 어떤 우월감에 사로잡히거나, 동정심이 들어서라고 생각하나요. 계속해 보죠. 다른 이들을 돕는 훌륭하고 존경받는 일을 하면서, 그 일로 생계를 꾸리지 않는다고 해 봐요. 실제로는 남부러울 것 없는 부유한 집 자녀라면 이 또한 가난을 숨기는 경우처럼 똑같이 매력 포인트가 될 것입니다. 당신이 별종이라고 느끼는 게 코가 커다랗고 울퉁불퉁해서든 아니면 남다른 성적 판타지가 있어서든 어느 쪽이라도 상관없어요. 물병자리 씨는 당신이 가장 부끄럽게 여기는 치부에 홀딱 반할 거니까요. 그러니 비밀의 문을 열어 주세요.

핫한 데이트
/
Doing Her and Dating Her

데이트하기 즐거운 상대예요. 특히 연애 초기에는 이지적인 사람에게 열정을 쏟아붓습니다. 물병자리들은 원래 상상도 못할 거대한 꿈을 꿉니다. 걸핏하면 모든 꿈과 희망을 당신에게 걸 테고요. 높은 이상과 끝내주는 섹스가 있다면 둘이서 전 세계를 바꿀 수 있다고 생각할 거예요. 시간이 지나면서 희망에 대한 진실이 드러나겠지만, 처음 몇 달 동안은 진짜 마법 같은 일이 일어난 느낌이 들어요. 아이디어로 가득 찬 세상에서 살기 때문에, 그 수준에 맞춰 대화하는 게 더 좋습니다. 그가 무척이나 똑똑해서 많은 것을 알려 줄텐데, 당신은 무엇을 가르쳐 줄래요? 많이 가르쳐 줬으면 좋겠습니다. 안 그러면 당신을 너무 지루하고 빤한 내용만 가득 실린 과학 잡지 취급하듯 가차 없이 버릴 거예요. 계속해서 그의 마음을 얻고자 도전하고 새로운 세계로 이끌 수 있다면, 당신도 꿈은 이루어진다는 말을 믿게 될 겁니다.

롱런하기

/

How to Last over the Long Haul

진정한 도전이 될 것입니다. 의심의 여지가 없지요. 하지만 애초에 그래서 그와 사랑에 빠지게 된 거 아닌가요? 결코 쉽다고 할 수는 없지만, 절대 지루하지는 않습니다. 규칙적인 자극이 필요한 사람이라면 물병자리 연인과의 생활이 행복할 것입니다. 가끔씩 당신을 돌아 버리게 만들거든요. 어느 순간은 굉장히 합리적이었다가 그다음에는 말도 못하게 비이성적으로 구니까요. 그래도 그에게 공감해 주려 하다 보면 평생을 함께할 수 있습니다.

첫째로 그에게 공감하는 법에 대해 알아봅시다. 이상주의가 그를 이끄는 견인차 역할을 한다고 했지요. 이 세상 어딘가 반드시 유토피아가 존재한다고 믿고, 낙원 입성에 대한 열망을 항상 가슴에 품고 있습니다. 세상이 자신의 이상에 따라주지 않기 때문에 가끔씩 미칠 듯이 화가 나기도 하고 속이 타 들어가기도 해요. 그렇다고 그를 탓할 수 있나요? 때로는 전혀 아무런 내색 안 하고 실망을 표하기도 합니다. 인간관계를 단절한 지식인으로 회귀하지요. 그렇다고 너무 차갑게 비방하기보다는, 잘난 척 좀 그만하고 그가 감정을 부드럽게 끌어내도록 도와주는 게 어때요? 결국은 사랑하는 사람끼리 도와야 하는 거 아닌가요? 어떻게 해야 그를 더 사랑하고 많이 이해한다는 걸 표현할 수 있을까요? 가끔은 이런 식으로 상세히 설명해 주세요. "내 기분이 어떨까 알아주지도 않고 자기만의 세계로 없어져 버리는 느낌이 들 때면 나는 상처받아요. 우리가 왜 싸웠는지는 잠시 잊고 내 얘기를 들어줄 수 있나요?" 하고요. 부드럽고 위협적이지 않게 접근하는 것이 '이 멍청아!' 하고 소리치는 것보다 훨씬 더 효과적입니다. 정확신이 서지 않으면 두 방법을 다 써 보고 어느 게 더 나은지 알아보세요, 이 멍청아!

끝장내기
/
How to Get Rid of Her

대개 둘의 관계에서 벗어나기 시작하면 쉽게 끝낼 수 있지만요. 더 빨리 정리할 수 있는 방법도 알려 드릴게요. 그만의 사적인 공간을 자꾸 침입해서 비이성적이고 비논리적인 감정의 구렁텅이에 허덕이게 만드는 거죠. 그러면 바로 짐 싸서 떠날 거예요. 아니면 구속당하는 걸 싫어하므로, 천천히 자유를 앗아 가 보세요. 뒤도 안 돌아보고 문밖을 걸어 나가는 걸 보게 될 것입니다.

친구들과 보내는 시간이 너무 많다고 당신만 만나야 된다고 얘기해 보세요. 그러고 나서 둘이 있을 때, 그의 모든 의견에 맞장구만 치는 것입니다. 아니면 당신의 엉터리 견해를 펼쳐서 꽉 막힌 의견만 늘어놓으세요. 지루해 죽으려고 할 거예요. 정신적인 공간과 물리적인 공간을 침범하세요. 공기의 별자리들은 하나같이 자기만의 공간을 가장 좋아하거든요. 완전히 빤한 섹스만을 고집하세요.

가장 쉬운 출구는 그냥 친구로 돌아가는 것입니다. 무엇보다 우정을 소중하게 여기는 사람이니까요. 사랑보다도 더요. 당신이 끝이라고 선언하자마자 사이가 더 좋아질지도 몰라요. 이것이 이상적인 플라토닉 러브입니다.

물병자리의 세 가지 얼굴
/
The Three Faces of Aquarius

모든 별자리는 세 개의 데칸으로 나눌 수 있고, 각 데칸의 주인 행성은 태양 별자리에 독특한 분위기를 더합니다. 하지만 해마다 태양이 각 별자리 영역에 들어가고 나가는 날이 하루 정도 늦거나 빠르다는 점을 기억해야 합니다. 별자리의 커스프를 보고 알맞게 수정하세요. 커스프는 하나의 별자리가 끝나고 그다음 별자리가 시작되는 사이를 말합니다. 멍해지지 말고, 그냥 그렇게 알아 두세요. 잘했어요! 불평쟁이 언니들. 점성학 앱에 태어난 위치와 날짜, 시간을 넣으면 하늘의 천체 위치를 계산한 천체력 데이터를 계산해 줍니다. 이에 따라 당신과 당신 파트너의 정확한 태양 별자리를 찾을 수 있고, 세 개로 나누어진 정확한 데칸을 알아낼 수 있어요.

물병자리
첫 번째 주간
1월 21일-
1월 30일
/
천왕성 데칸
까칠한
반항아

첫 번째 주간 물병자리 여성은 까칠합니다. 그의 매력 중 하나지요. 자기주장이 강하며 개인적인 방식을 써서 표현하지 않습니다. 속 좁은 사람들을 곧잘 놀려 먹고 사회적 행동 양식을 익히는 데 있어 한계가 없습니다. 말썽꾸러기예요. 이들 자신도 잘 알고 있지요. 쓸데없고 때론 바보 같은 짓을 하는데, 에너지를 낭비하지 않도록 지켜 줘야 해요. 파괴적인 천왕성의 영향을 두 배로 많이 받기 때문에 그렇답니다. 싸움을 선택하면서 도전을 펼칩니다.

낭만적이게도 완벽한 친구이자 연인을 찾아 헤매고 있어요. 마음 맞는 사람이 존재하지만, 찾기 쉽지 않을 거란 걸 잘 알고 있습니다. 사랑에 있어서 자기 자신이 최악의 적이기 때문이에요. 친구들이 어떻게 하면 좋은 연인과 좋은 사람이 되는지, 잘 가르쳐 줄 거예요.

물병자리
두 번째 주간
1월 31일-
2월 09일
/
수성 데칸
호기심 천국

생각이 빠른 사람이라 빠른 두뇌 회전을 몸이 못 따라가곤 합니다. 다재다능함의 저주를 받고 태어났습니다. 그에게는 많은 것들이 수월해요. 하지만 이 때문에 인생에서 방향을 설정하기가 어렵습니다. 두 번째 주간 물병자리에게 인생은 결말이 아니라 과정이에요. 목적 달성을 위해 걷는 그 길에 진정한 의미가 있지요. 가끔씩 받는 포상과 성공은 부산물일 뿐입니다. 마음이 이끄는 대로 살면서, 배울 수 있을 만큼 모든 것을 배우는 게 이들의 도전 과제예요. 여러 언어를 배우고 말하는 데 재능이 뛰어납니다. 공부를 좀 더 하면 당연히 더 잘하겠지요. 수성의 예민하고 변화무쌍한 에너지 때문에, 프로젝트를 마무리하기보다는 시작하는 걸 더 쉽게 여깁니다. 연인으로서의 그는 유머 감각과 호기심이 충만합니다. 가슴 깊이 사랑하는 사람을 만났다면, 상대를 즐겁게 하고 흥미진진하게 해 주려 노력합니다. 진짜 좋은 사람이에요. 하지만 그에게 까불지 마세요. 당신을 바로 바보로 만들 수 있거든요. 뭐, 최후의 수단이겠지만요.

물병자리
세 번째 주간
2월 10일-
2월 18일
/
금성 데칸
움직이는 시인

물병자리 사람들 중 가장 로맨틱합니다. 그리고 가장 유물론자예요. 어쩔 수 없습니다. 아름답고 예쁜 것을 좋아하거든요. 다정한 금성의 영향을 받아서, 버튼 눌린 사람들과도 심하게 척지지 않게끔 논쟁할 수 있어요. 그를 움직이게 하는 힘은 사랑에 대한 탐색과 인생이 주는 시적 의미입니다. 영혼의 단짝, 높은 권력, 끝내주는 섹스가 삶에 미치는 영향을 믿습니다. 다른 한편으로 게으를 수 있어요. 신체적인 면, 지식적인 면 모두에서요. 다른 물병자리들처럼 스스로를 밀어붙이지는 않아요. 하지만 살면서 자신이 진정으로 원하는 걸 발견했을 때에는 더 집중해서 발전해 나갑니다. 예술적인 것이나 지적인 영역에서요. 이론을 이해하고 글을 쓰는 능력만큼이나 그림을 그리는 능력도 타고났어요. 일단 자신을 발견하면, 다른 사람들에게도 귀감이 될 것입니다.

물병자리 연인의 차트가 있다면, 왜 그렇게 행동하는지 더 잘 알 수 있을 거예요. 차트에 게자리나 천칭자리가 많이 보이면 전형적인 물병자리 아가씨들보다 일부일처제를 선호하기 마련입니다. 전갈자리와 사자자리가 많으면 몹시 혈기왕성하고, 배로 똑똑하고, 카리스마 넘치며 까다롭습니다. 금성에 물고기자리가 위치한다면, 쉽게 이용당할 수도 있지만 훌륭하게 베푸는 연인이지요. 금성에 물병자리가 있다면 친구들을 사랑하게 하고요. 금성에 염소자리가 있다면 그의 연인들이 그를 위해 일로 헌신하게 만듭니다. 사수자리가 달에 있거나 상승궁이라면 시도 때도 없이 발가벗고 싶어 합니다.

널리 알려진
물병자리
퀴어 여성
/
Famous
Aquarius
Queer
Women

버지니아 울프 Adeline Virginia Woolf · 1882년 1월 25일

버지니아 20세기 영국 모더니즘 문학을 대표하는 작가입니다. 페미니스트 에세이『자기만의 방』과 소설『등대로』, 『댈러웨이 부인』, 평론, 내면 풍경을 솔직하게 담은 여러 권의 일기를 남겼습니다. 울프는 남성 작가들이 전통적으로 구사해온 소설 작법에서 벗어나 이성적 언어 이전의 '의식의 흐름(stream of consciousness)' 기법을 통해 깊고 다양한 문학 세계를 창조했으며, 성별 이분법을 뛰어넘어 여성해방, 인간해방의 문학을 지향했습니다.

엘런 드제네러스 Ellen DeGeneres · 1958년 1월 26일

엘런 드제네러스는 미국의 희극인, 방송인, 배우입니다. 〈엘런 드제너러스 쇼〉 진행으로 알려져 있으며 1978년부터 뮤지컬과 배우로 데뷔, 스탠드업 코미디로 경력을 쌓았습니다. 1997년에 〈오프라 윈프리 쇼〉에서 레즈비언으로 커밍아웃했으며, 같은 해 시트콤 〈엘런〉에서 주인공 엘런이 커밍아웃하는 에피소드를 다루면서 에미상을 받았습니다. 2008년에 배우 포셔 드 로시와 결혼했습니다.

거트루드 스타인 Gertrude Stein · 1874년 2월 3일

거트루드 스타인은 미국의 작가이자 시인입니다. 당시 무명 예술가였던 피카소, 마티스, 세잔, 헤밍웨이 등의 천재성을 발굴했으며, 그들의 후견인이자 멘토로 나서 20세기 현대 예술에 기여했습니다. 프랑스로 건너가 이른바 '길 잃은 세대(lost generation)'의 사랑방이 된 스타인 살롱을 운영했습니다. 그가 쓴『앨리스 B. 토클라스 자서전』의 앨리스 B. 토클라스는 연인이자 동업자로, 그들은 파리에서 25년간 플레인 에디션이라는 출판사를 이끌었습니다.

오드리 로드 Audre Lorde · 1934년 2월 18일

오드리 로드는 미국의 시인, 작가, 운동가입니다. 서인도 제도 출신 이민자 집안에서 태어나 뉴욕 할렘에서 자랐습니다. 문학과 철학을 공부했고, 사서로 일하며 게이 남성과 결혼해 두 아이를 낳았습니다. 흑인, 여성, 페미니스트, 엄마, 레즈비언, 암 투병 생존자, 활동가, 시인으로서 정체성을 드러내며 숱한 작업과 활동을 펼쳤습니다. 대표작으로『블랙 유니콘(black unicorn)』이 있습니다. 페미니즘 에세이『시스터 아웃사이더』에서는 자기 정체성과 관련한 고투와 부정의에 대한 분노를 다뤘습니다.

물고기자리
2.19 — 3.20

원소. 물

유형. 변화형

지배 행성. 해왕성

성감대. 발

강점. 친절함, 후함, 모든 것에 에로틱한 반응

약점. 뒤에서 조종, 애매모호, 선이 없음

라이프 스타일
/
In Life

　　섹시하고 초현실적인 삶을 삽니다. 물고기자리 여성은 속이 깊고 성숙합니다. 치유와 환상의 행성으로 알려진, 안개 자욱한 해왕성이 이들을 여러 다른 길로 안내합니다. 기적을 일으킬 정도로 사랑과 영감이 넘쳐흐릅니다. 하지만 물의 별자리 특성을 좇아 변화무쌍하게 일생을 살다 갈 수도 있습니다. 예민하고 주변 환경의 영향을 많이 받아서 너무나 연약한 존재라고밖에 생각할 수 없어요. 슬픔에 찬 눈을 하고 우스꽝스러운 수다를 떨면서 사랑하는 것들을 지켜 내고자 하는 강한 면모를 보여도 그렇습니다.

　　물고기자리는 이런 것들을 어려워합니다. 자신의 꿈과

열망을 이루기 위해 어떻게 살아야 할까? 아마 예술 분야나 치료 분야와 관련된 일일 거예요. 세상 살면서 큰 시련은 언제 닥쳐올까? 하는 의문들이요. 모든 물고기자리가 마더 테레사 같은 성인이라는 뜻은 아닙니다. 어쨌든 마더 테레사는 처녀자리예요. 그렇지만 그는 다른 이들의 고통을 공감하고 나눈다는 걸 알아줬으면 좋겠어요. 가족이나 동아리 친구 중 아프거나 도움이 필요한 사람이 있을 거예요. 그를 위해 자신의 욕구와 목표는 뒤로 제쳐 둔답니다. 수많은 물고기자리 레즈비언이 보여준 뚜렷한 행동 양식이에요.

물론 해왕성의 나른 덫에 빠지는 여성들도 있습니다. 태양궁의 가장 마지막 별자리에 태어나서 염세적인 성향을 지니고, 대자연과 인간 본성이 얼마나 잔인한지 잘 알고 있어요. 병 속에 빠지기 쉬운 건 일반적인 물의 별자리 특징입니다. 물고기자리는 좀 더해요. 양주병에 빠지든 약병에 빠지든 마취제든 뭐든 말이에요. 이것이 덫인지, 자신이 좋아해서 하는 짓인지 신중히 잘 살펴봐야 합니다. 속 깊고 아름답고 똑똑한 물고기자리 여성들이 자신의 삶을 수년간 허비하는 게 참 안타까워요. 그의 두려움과 슬픔이 모두를 치유하기보다는 자신을 망치는 길로 이끌지요.

살면서 남이 선택해 주길 기다리지 말고 본인이 적극적으로 선택할 수 있다면 어떨까요? 폭력을 일삼는 사람보다는 사랑할 가치가 있는 사람을 사랑하고, 훌륭한 예술 작품을 창조해 내거나, 소극적으로 안정된 곳에 안주하지 말고 사회에 큰 공헌을 하고, 문제라고 느끼면 술을 자제하거나 하는 방식으로 말이에요. 자신의 삶이 사라져 버리는 걸 보고만 있지 말고요. 이렇게 한다면, 진정한 행복과 만족에 다다를 수 있지 않을까요? 그는 난해한 사람이 아니에요. 그저 물고기자리일 뿐이랍니다.

침대에서
/
In Bed

물고기자리는 타락 기술의 전문가입니다. 그가 가진 가장 큰 매력인데요. 매번 각각의 스타일로 변화를 줘 가며, 당신을 즐겁게 하는 일은 뭐든 하려고 할 것입니다. 그것들이 금기시된 것이든, 충격적이거나 완전히 혐오스러운 것이든 개의치 않아요! 혐오스럽다는 부분은 물론 각자 의견차가 있지요. 정말 심하다 싶을 정도로 흐트러지거나 더러운 건 아닐 거예요. 그의 섹시한 자태는 영화의 한 장면 같고, 엄선된 문학 작품의 한 페이지를 읽는 듯합니다. 그에겐 이 모든 게 꿈 같은 일입니다. 당신이 그와 함께 뒹굴 행운의 주인공이라면, 당신에게도 역시 꿈 같은 일이겠죠?

당신에게 집착할 수도 있습니다. 그의 침대에서 나오거나 당신의 침대에서 그를 내보내는 게 쉽지 않은 이유예요. 일하러는 물론 바람 쐬러도 못 갑니다. 한 사람으로서 연인으로서 아주 잘 베푸는 사람이지만, 분명 결핍이 있어요. 선뜻 인정하지 않겠지요. 그래도 이 세상 최고의 마약 같은 죽여주는 섹스가 기다리고 있으니, 당분간은 그 옆에 누워 있어요.

그의 발은 온통 성감대입니다. 그러니까 사랑을 담아 부드럽게 탐해야 합니다. 물고기자리와 사랑을 나눌 때는 언제든 판타지 세계로 뛰어들어도 괜찮다는 대담한 자세를 취하면, 서로의 즐거움은 배가 될 것입니다. 그의 비밀스러운 욕망을 끄집어내 보세요. 많답니다. 꽤 맘에 들 거예요. 쏙쏙 잘 빠져나가는 아가씨라, 틀림없이 당신의 판타지부터 먼저 공개하게 되겠지요. 그래도 어쨌든 그의 시나리오대로 움직일 거예요. 양극단 사이에서 왔다 갔다 합니다. 하나는 매우 부드럽고 로맨틱해요. 다른 하나는 거칠고, 선정적이고 굶주린 듯합니다.

대다수 물고기자리 여성들은 점잖은 외모를 하고 있습니다. 그런데 당신조차 발을 들여놓기 무서운 그런 화끈한 장소에 가려고도 해요. '제발 부드럽게 다뤄 주세요!' 하고 속삭일 땐, 더할 나위 없는 포르노 배우 같습니다. 네, 그래요. 이국적인 댄서 그룹에게서 섹스의 기술을 전수 받았거든요. 그들의 나라는 지도에도 표시돼 있지 않은 오지 중의 오지예요. 잠자리에 들 때 매번 X등급 영화를 찍는 기분이 드는 건 그 때문일 거예요. 그래서 뭐가 문제인가요, 바보가 아닌 담엔? 음, 한 가지 진짜 문제가 있는데, 이 아가씨가 섹스를 마약처럼 사용한다는 것입니다. 당신을 유혹하고 중독시킨 다음 의존하게 만드는 것이지요. 제가 경고했어요! 그냥 싫다고 해요… 할 수 있으면요.

플러팅
/
**How to
Seduce Her**

당신 생각엔 당신이 그를 유혹하고 있는 거 같죠? 아니에요. 그가 당신을 유혹하고 있는 겁니다. 물고기자리가 거의 다 갖고 있는 강력한 초능력이 있습니다. 모두가 쓰지는 않아요. 그래서 그가 당신의 게임을 천천히 알아내도록 하는 재미가 쏠쏠합니다. 마침내 둘이 사귀게 될 때 "난 우리가 연인 사이가 될 거라는 걸 이미 알고 있었어." 라고 말할 수 있는 근사한 경험을 그에게 선물해 주세요.

당신의 목표는 미묘함과 명백함 사이에 완벽한 균형을 찾는 것입니다. 그의 행동을 따라하세요. 심각할 때는 적당히 차갑게 대하고, 장난칠 때는 어마무시하게 끼를 부려 보세요. 스킨십을 많이 하되, 절대 의도를 밝혀서는 안 됩니다. 긴장감에 한껏 달아오를 거예요.

당신이 어떤 감성을 갖고 있는지 단서를 주세요. 고통받는 영혼들에게 치명적으로 끌리기 때문에, 당신의 고통을 나눠 주세요. 그는 자신이 사랑하게 될 사람이 천박하다는 소리를 듣는 걸 싫어합니다. 하지만 전에 만났던 사람들을 쭉 살펴보면, 생각 없어 보이는 사람들이 꽤 많군요. 기분 나쁘게 하려는 건 아니지만, 이 여자 안목이 없어요. 자신보다 못한 사람과 만나고 일단 자요. 당신이, 제발, 이 패턴을 영원히 바꿔 주길 바랍니다.

핫한 데이트
/
**Doing Her
and Dating
Her**

물고기자리 아가씨는 변덕스러워서, 무엇을 기대해야 감이 안 잡혀요. 그는 흥미진진하고 정열적인 애인이자 짜릿한 영감을 주는 사람이에요. 수요일쯤에요. 목요일이 되자 침울해하고 무기력함의 끝을 보여주고요. 누가 "기분이 어때요?" 하고 물어 온

129

다면, 현재 자신의 기분이 어떤 것인지 표현하기는커녕 왜 그런지조차 정확히 알 수 없답니다. 종잡을 수 없어서 속이 타지만, 진짜 섹시하고 다정하기까지 한 그를 놓칠 수가 없어요. 이들은 연인에게서 최고의 모습을 끄집어내고 싶어 합니다. 당신이 혼신의 노력을 기울이는 기타리스트라면, 아무리 듣기 지루한 곡을 반복해서 연습해도 몇 번이고 들어줄 거예요. 그러고는 연주가 끝날 때마다 장미꽃을 선사할 것입니다. 물고기자리 연인과 오래 사귀고 싶으면, 상대방과 똑같이 과한 관심과 충실함을 보여 주세요. 살면서 현실적인 문제에 부딪혔을 때 겁먹고 허둥대기 쉽기 때문에, 결국은 당신의 친절한 손길이 필요하게 돼 있습니다. 발전 가능성이 없는 일에 매달려 있으면 당신의 컴퓨터로 새 이력서를 타이핑해 줄 수 있는 그런 좋은 사람이 되어 주세요. 공연하고 싶다고 하나요? 딱 맞는 강의를 찾아 주고 오디션을 보러 누구에게 가면 될지 힌트를 주세요.

인생의 커다란 정서적 위기는 잘 극복해 냅니다. 그가 기겁하는 건 작고 사소한 것들이에요. 맞은편 별자리인 처녀자리와 완전 딱 반대예요. 처녀자리도 물론 세세함의 여왕이지만, 큰 그림을 그리는 건 어려워하지요. 왜 그가 손이 많이 가는 스타일이라고 하는지 이제 알겠죠? 자신은 절대 그런 사람이 아니라고 할걸요. 하지만 그는 손이 많이 가요. 같이 시간을 보내고 데이트를 하고 싶으면 위티스 시리얼*을 드세요. 그에게는 힘과 재력이 있는 사람이 필요하거든요.

롱런하기

/

How to Last

over the

물고기자리는 연애하기 좋아하고 장기적인 베팅을 합니다. 모든 것을 다 바쳐 사랑하지만 때론 가장 건강하지 못한 방법을 쓰기도 해요. 자기를 희생하는 성향이 강해서 자신이 필요로

★　**Wheaties.** 위티스 사 시리얼 제품. 아침식사의 제왕이라는 슬로건을 내걸고 광고함

하는 것들과 소망하는 것들은 제쳐 두고 모든 삶을 다 당신에게 바칠 것입니다. 그게 나중에 어떤 단어로 귀결될지 당신은 알고 있어요. 그렇죠? 맞아요. 억울함이에요.

둘이 알콩달콩 사랑하며 지낼 수 있는 행복의 열쇠가 있습니다. 그가 자신이 원하고 바라는 것들을 당신의 것과 혼동하지 않도록 계속 되새겨 주세요. 물고기자리는 혼란의 대명사이기 때문에 쉬운 일은 아닙니다. 그는 주변 환경에 너무 민감합니다. 당신의 감정, 그의 감정, 그의 할머니의 감정까지 모두 뭉뚱그려 한꺼번에 느끼고 있어요. 뒤죽박죽한 정서의 여왕이지요.

상처받거나 오해할 일이 생기면, 가장 먼저 섹스를 그만둘 것입니다. 같이 잠을 자긴 하지만, 있어도 있는 게 아닌 것 같은 느낌 알죠? 그가 진짜 당신과의 관계에 기대어 지내고, 함께 존재하고 있는 것인가 하는 문제 모두 당신이 결정하는 거예요. 그는 가끔씩 요동치는 감정과 짙은 우울증에 휩싸여 허우적거립니다. 신혼 생활을 지나고 오래도록 함께할 미래를 계획 중이라면 삶이 그를 흔들고 휘저을 때 흩어지지 않도록 도와주세요. 하지만 그 불안을 진정시키려 도대체 얼마나 많은 마티니 잔을 흔들고 저어야 하는지도 보세요.

끝장내기
/
**How to Get
Rid of Her**

물고기자리 연인과 끝내기는 쉽지 않습니다. 그는 추종자거든요. 한 번 정이 들면 다른 사람에게 빠지지 않는 한 오래 갑니다. 아, 이게 바로 진짜 헤어지는 법인데요. 다른 놈과 바람이 나면 그가 먼저 끝내려 할걸요. 배신하라는 걸 얘기하려는 게 아닙니다. 서로의 관계가 정리됐거나 정리 중일 때에만 그렇습니다. 다른 아가씨들에게 실연의 상처로 가슴 아파하고 있음을 넌지시 흘리겠지요.

그의 사정거리 안에 다른 아가씨가 없다면 당연히 이 관계에서 멀리 벗어나야만 할 것입니다. 상담을 받으러 가세요. 가서 모두 털어놓으세요. 의심의 눈초리로 보지 말고 그냥 좀 그렇게 해요! 어쨌든 물고기자리들은 평생을 걸쳐 상처를 안고 살아갑니다. 또 다른 상처를 주고 싶지는 않잖아요, 안 그래요? 헤어짐에 올바른 방법과 잘못된 방법이 있습니다. 물고기자리에게는 상처받지 않도록 조심스럽게 연민을 담아 그가 잘못한 게 없다는 걸 알려 줘야만 해요. 자학적인 성향이 강해서 수년간 조용히 자기 자신을 비난할 수도 있어요. 그래도 길고 긴 시간 홀로 눈물의 밤을 보낼 거라는 걱정은 붙들어 매세요. 절대 혼자 오래 있는 법이 없습니다. 얼마나 쉽게 그에게 빠졌는지 기억하죠?

물고기자리의 세 가지 얼굴
/
The Three Faces of Pieces

모든 별자리는 세 개의 데칸으로 나눌 수 있고, 각 데칸의 주인 행성은 태양 별자리에 독특한 분위기를 더합니다. 하지만 해마다 태양이 각 별자리 영역에 들어가고 나가는 날이 하루 정도 늦거나 빠르다는 점을 기억해야 합니다. 별자리의 커스프를 보고 알맞게 수정하세요. 커스프는 하나의 별자리가 끝나고 그다음 별자리가 시작되는 사이를 말합니다. 멍해지지 말고, 그냥 그렇게 알아 두세요. 잘했어요! 불평쟁이 언니들. 점성학 앱에 태어난 위치와 날짜, 시간을 넣으면 하늘의 천체 위치를 계산한 천체력 데이터를 계산해 줍니다. 이에 따라 당신과 당신 파트너의 정확한 태양 별자리를 찾을 수 있고, 세 개로 나누어진 정확한 데칸을 알아낼 수 있어요.

물고기자리 첫 번째 주간
2월 19일–
2월 29일
/
해왕성 데칸 충동적인 초능력자

물고기자리 중 물고기자리입니다. 이들의 초능력은 너무나 강해서 무시무시하고, 선명하게 발휘됩니다. 마치 아이들처럼 말이죠. 많은 시간을 두려움에 시달립니다. 징조를 찾아 사방 도처를 헤매고, 마침내 찾아냅니다. 직관력을 건설적인 방식으로 전환해야 합니다. 수동 공격적인 미치광이가 아니라 치유의 힘이 될 수 있도록요. 아마 모든 물고기자리 여성 중 예술적 재능이 가장 출중할 것입니다. 뿐만 아니라 너무나도 파악하기 어렵고 휘어잡기도 힘듭니다. 바뀔 수 있다고요? 그만둬요! 당신이 문단을 읽기 시작한 이후에도 스무 번이나 마음이 바뀌었어요. 중독되기 쉬운 기질? 틀림없어요. 하지만 사랑에 있어서라면, 절대 놓칠 리 없고 아마 잘 될 것입니다.

물고기자리 두 번째 주간 3월 01일- 3월 10일 / **달 데칸 안온한 행복**

물고기자리 세 주간 중 가장 각별한 보살핌을 받고 자라나며, 최고의 요리사입니다. 어떻게 하면 당신이 사랑받는다고 느끼는지 잘 알고 있습니다. 죄책감을 갖게 하는 법 또한 아주 잘 알고 있어요. 달의 영향을 받아 엄청 변덕스럽습니다. 하지만 머지 않아 이런 감정 기복을 이해할 거예요. 집 혹은 물 가까이 있을 때 가장 평화롭습니다. 궁극적으로 일 년 내내 물 근처에서 생활하는 게 좋아요. 물고기자리 중 가장 안정돼 있어요! 큰 의미는 없지만요! 오래 연애가 지속될 때, 가족끼리 화목할 때 가장 행복해합니다. 아마 사람 진을 쏙 빼는 어머니에게 큰 영향을 받고 휘둘리는 성향입니다.

물고기자리 세 번째 주간 3월 11일- 3월 20일 / **명왕성 데칸 비밀스러운 열정**

물고기자리 세 번째 주간 여성들은 비밀로 가득 차 있고 열정이 넘칩니다. 때로는 자기 자신의 이익을 위해서 아주 진지하지만, 착한 것과는 거리가 멀어요. 살면서 그리고 사랑을 나눌 때 나쁜 것들에 끌립니다. 물고기자리 레즈비언 중 가장 부치스러워요. 적어도 내면은요. 자신의 일에 집착하고, 연애 생활에 집착하고, 일반적으로 대부분에 집착하는 기질이 있습니다. 에너지를 쏟아부을 거대한 프로젝트나 목표가 없으면 무섭고 파괴적인 행동에 빠질 수 있습니다. 감정과 재능을 잘 활용하면, 인생에서 아주 위대한 일을 해낼 수 있는 사람입니다.

차트를 갖고 있습니까? / **If you have Her Chart?**

물고기자리 연인의 차트를 갖고 있다면, 그기 진짜 어떤 사람인지 더 잘 알 수 있어요. 차트에 불의 별자리인 양자리, 사자자리, 사수자리가 많으면, 영혼이나 약의 도움 없이도 다른 물고기자리들보다 요란스럽고 거친 태도로 살아갈 거예요. 물병자리가 상승궁이면, 붙잡아 두기 어렵고 성격이 좀 차갑습니다. 차트에 처녀자리나 염소자리의 영향이 강하면 정서적인 광기를 일에 쏟기 쉬워요.

널리 알려진
물고기자리
퀴어 여성
／
**Famous
Pieces
Queer
Women**

엘런 페이지 Ellen Page · 1987년 2월 21일

엘런 페이지는 캐나다의 배우입니다. 영화 〈인셉션〉과 〈엑스맨〉 시리즈 등 흥행작에 출연했고 〈주노〉로 25개의 상을 수상했습니다. 어린 시절 불교 학교에서 명상과 요가를 익혔고 채식을 즐기는 것으로 알려졌습니다. 2014년 라스베이거스에서 열린 인권 캠페인에 참석해 연설 중 커밍아웃하며 "지난 몇 년간 동성애자라는 사실이 알려질까 두려워 고통을 겪었는데, 이제 고통받지 않겠다. 나는 스스로 이 자리에 섰다"고 밝혔습니다.

주디스 버틀러 Judith Butler · 1956년 2월 24일

주디스 버틀러는 미국의 철학자로, 푸코·들뢰즈 등 프랑스 후기구조주의 철학자들 영향을 받은 이른바 포스트모던 페미니즘의 대표 주자이기도 합니다. 그의 저작은 정치 철학, 윤리학, 여성주의, 퀴어 이론, 문학 이론에 영향을 주었습니다. 젠더 수행성(gender performativity) 이론을 발전시킨 저서 『젠더 트러블』로 잘 알려져 있으며 이 이론은 현재 여성, 퀴어 연구에서 중심적인 역할을 하고 있습니다. 사람들이 그를 여성이라고 지칭하며 그렇게 행동하도록 한 요구에 고통받다가, 마침내 자신이 동성애자임을 밝혔다는 일화도 위 저서에서 소개하고 있습니다.

비타 색빌웨스트 Vita Sackville-West · 1892년 3월 9일

비타 색빌웨스트는 영국의 시인, 소설가, 정원 예술가입니다. 12편이 넘는 시집과 13편의 소설을 썼고, 『옵저버』에도 오랫동안 칼럼을 기고했습니다. 그가 만들고 가꾼 시싱허스트 캐슬(Sissinghurst Castle) 정원은 영국에서 가장 아름다운 정

원 중 하나로 꼽힙니다. 버지니아 울프의 대표작에 속하는 『올란
도』가 바로 색빌웨스트를 모델로 했다는 이야기는 널리 알려졌
지요.

루비 로즈 Ruby Rose · 1986년 3월 20일

루비 로즈는 오스트레일리아의 배우, 모델, 방송인입니
다. 여러 패션 브랜드와 잡지의 모델이자 TV 쇼 호스트로 활동
한 그는 특유의 중성적인 이미지로 최근의 패션 트렌드인 '앤드
로지니(Androgyny)'의 기수가 되었지요. 실제로 열두 살 무렵
레즈비언 정체성을 밝혀 주위에서 괴롭힘을 당하기도 했어요.
그가 최근 밝힌 성별 정체성은 젠더플루이드(Genderfluid)인
데요. 넷플릭스 드라마 〈오렌지 이즈 더 뉴 블랙〉을 통해 유명세
를 탄 그는 2014년 성 정체성의 유동성을 표현한 단편 〈Break
Free〉를 직접 제작해 큰 호응을 이끌어 내기도 했습니다.

IV

78가지 관계

78 Compatibility

양자리와
양자리

Aries and
Aries

몸으로 시작해요

양자리 커플은 다재다능합니다. 열정으로 꽉 차 있고, 서로의 숨겨진 재주를 끌어냅니다. 이런 잠재력은 다른 이들한테 잘 안 보이지만요. 두 람세스들한테는 잘 보여요. 둘의 테마 송은 올리비아 뉴튼 존의 〈몸으로 해요(Let's get physical)〉입니다. 못 말리는 아가씨들이지요. 양자리 여성들은 원만한 관계를 위해서 서로에게 굽힐 줄 알아야 해요. 한 사람이 굽히고 들어간다면, 그 즉시 섹슈얼한 그녀들만의 역사가 시작될 것입니다.

그렇다면 둘의 성생활은 어떨까요? 흠, 잠시 뒤로 물러서서 어디서부터 어떻게 시작해야 할지부터 생각해 봅시다. 잠깐 욕실로 가 볼까요. 양자리 여성들은 보통 샤워를 할 때 자신이 더 부치답고 멋지다고 생각합니다. 퀴어 성향의 발현이지요. 그래서 붐비는 클럽 안 화장실이나 체육관 락커 룸에 두 사람을 넣어 두면 꼭 무슨 일이 일어나기 마련이에요. 양자리 여성들은 화끈하고 속전속결이기 때문에 둘 중 한 명이 분명히 이렇게 말할 것입니다. "저기, 나 이미 바지 벗었거든. 그러니까……."

맞아요. 귀엽지만, 상대에 대한 배려는 부족한 편이지요.

둘도 없는 댄스 파트너이기도 합니다. 몸이 서로를 이해하지요. 이들이 좀처럼 다른 사람의 이야기를 경청할 줄 모른다는 것을 고려하면 좋은 일입니다. 대신에 육체적인 방식으로의 의사소통은 언제나 가능하답니다. 이 양자리들을 잠시만 관찰해보면 금방 알 수 있어요. 한시도 가만히 있지를 않고, 서로를 계속 만지작대는 것을 볼 수 있을 거예요. 말 한 마디 없이요. 그래도 만일 모임 안에 있다면, 가끔 이래라저래라 지시하는 둘의 목소리를 들을 수 있을 거예요.

시간이 흐를수록 둘은 서로가 진정한 천생연분인지, 아닌지를 깨닫게 될 텐데요. 한 예쁘장한 훼방꾼이 깨우쳐 줄 수도 있습니다. 살금살금 접근해서 삐진다거나 꽁한 감정을 내세워 둘 사이를 갈라놓는 거죠. 둘 중 한 명이 미끼를 덥석 문다면요? 그런 일이 일어나면 그냥 게임 끝입니다. 양자리 사람들은 질투심이 많고 골치 아픈 일이라면 딱 질색이죠. 낌새라도 느꼈다면, 그 즉시 끝입니다. 1번 양자리가 화장실에서 새 여자와 더듬다가 딱 걸렸어도, 2번 양자리는 속으로 몰래 안도할 걸요. 어쨌든 만나는 동안 즐거웠어도, 모든 양자리에게는 시작이 가장 큰 기쁨이에요. 물론 제가 언급한 시나리오는 미성숙한 양자리들에게나 해당하는 이야기일 것입니다. 경험이 많지 않고 생각 없이 사는 양들 말이에요. 좀 더 성숙한 양자리 여성들은 평생을 함께할 수도 있습니다. 이리저리 재지 않고 둘 사이의 열정을 유지하겠다고 맹세한다면 말이죠. 어서 욕실로 돌아가세요. 둘이 같이요.

02

양자리와 황소자리

Aries and Taurus

맹수들

두 사람 모두 강인하고 거친 만큼, 함께하면 강력한 조합입니다. 마치 감칠맛이 풍부한 레드와인 양자리와 살짝 익힌 서로인* 스테이크 같은 황소자리가 만났다고 할까요. 아주 어울리는데요! 희한하게도 저는 레드 와인을 마시면 눈물이 핑 돌고, 스테이크를 먹으면 행복하지만 둔해집니다. 이 책을 읽고 계신 모든 비건 분들, 재활 치료 중이거나 바른 식생활을 지향하는 레즈비언들에게 먼저 사과의 말씀을 드릴게요. 비유일 뿐이지만, 양자리와 황소자리의 관계는 확실히 위장에 부담을 주는 육식 체질에 더 가깝습니다.

원시적이고 동물적인 감각은 필수입니다. 그래야 서로를 알아보고 첫 만남을 즐길 수 있으니까요. 모든 것은 처음 만난 짧은 순간 안에 결정될 거예요. 아시다시피 이들 커플에게는 뭔가가 있습니다. 서로의 내면에 잠자고 있는 동물적인 본능을 깨워주지요. 아, 물론 양자리와 황소자리 아가씨가 학교에서 만났다면 이런저런 다양한 이론들을 주제로 삼아 길고 진지한 대화를 나누는 것도 가능해요. 하지만 각자의 차트에 쌍둥이자리와 물병자리가 많이 보인다면 별종일 거예요. 양자리와 황소자리의 만남은 정글에 사는 맹수끼리의 만남과 비슷해요.

둘은 충분히 잘 맞아요. 양쪽 다 사납고 독립적인 성향이지요. 감정적인 문제에 파고드는 전갈자리나 일을 망쳐 놓는 사수자리와는 달라요. 단순함을 즐긴다는 공통점이 있어요. 하지만 몇 가지 중요한 면에서는 확실히 다른데요. 우선 지배 행성이 반대편에 있습니다. 황소자리는 금성이고, 양자리는 화성이잖아요! 이 자체로 극이 다른 두 개의 자석처럼 서로를 끌어당길 수 있지요. 사랑스럽게 딱 붙어 있는 하양 까망 강아지 마그넷처럼 말입니다. 아니면 냉장고 반대편으로 밀어낼 수도 있어요. 그런데 그 경우에는 눈에 띄길 좋아하는 양자리가 냉장고 위 칸을 차지하고, 먹는 걸 좋아하고 먹기 위해 사는 황소자리가 중심 칸에 자리할 것입니다. 그러니 얼마나 실용적인가요?

두 아가씨가 함께 뒹구는 침대 위는 불꽃으로 가득할 것입니다. 하지만 잠자리 스타일은 완전 달라요. 양자리는 환한 조명 아래 라디오를 컨 채로 강하고 격렬하게 치르는 섹스를 좋아합니다. 클리토리스가 달아오르면, 딴 건 눈에 보이지도 않아요. 그냥 직진만 있을 뿐! 하지만 황소자리는 분위기를 탑니다. 은은한 조명이 되어 줄 향초, 긴장을 풀게 할 아로마 오일, 세련된 음악 같은 장치가 필요해요. 물론 둘 중 상대적으로 융통성 있는 양자리를 구슬려 불 끄고 섹시한 음악을 틀게끔 할 수 있겠지요. 중간 합의점을 잘 찾아야 할 것입니다. 양자리 아가씨는 급하고 뜨겁게 돌진하는 반면, 황소자리 아가씨는 지나치게 느릿하고 관능미가 넘치거든요. 처음 잠자리를 하고 난 몇 주 안에 그 합의점이 결정될 거예요. 양자리 여성의 차트에 물고기자리가 더러 보인다면, 더 육감적이고 몽환적인 성향을 지녀요. 황소자리 여성의 차트에 활기를 불어넣어 주는 사수자리가 많이 보인다면, 정말 최고일 거예요.

일단 연애의 불꽃이 튀면, 뜨거운 사이로 발전할 수 있습니다. 양쪽 모두 각자 금성과 화성이 대단한 행성이라는 데에 이견이 없다면요. 둘은 함께여야 사랑에 빠지는 마법의 물약을 만들 수 있답니다. 그러면 이제, 감자를 사랑하는 황소자리 언니들을 대표해서 한 가지 묻겠습니다. 그 스테이크 말고 감자튀김도 있습니까?

★　**Sirloin.** 서로인은 쇠고기 중심에서 꼬리에 가까운 부분을 가리키는데, 허릿살을 지칭하는 로인(Loin)에 존칭어 Sir을 붙인 것. 서로인 스테이크는 가장 대표적인 서양의 메인 요리임. 서양 문화권은 육식 중심이기에 고기 요리에 여러 이름을 붙여 칭송했으나, 비건 입장에서는 동물 사체로 만든 요리일 뿐임.

141

03

양자리와
쌍둥이자리

Aries and
Gemini

침대 위 라라랜드

자연스레 죽이 잘 맞는 커플입니다. 변화형인 쌍둥이자리 아가씨는 어떻게 하면 활동형인 양자리 아가씨의 리드를 대할지 단박에 알아챕니다. 공기의 별자리인 쌍둥이자리가 불의 별자리인 양자리와 친해지기 쉽다는 사실은 두말하면 잔소리입니다. 이들 커플은 헤어지면 대부분 친구 관계로 남습니다. 두 별자리가 순조로운 섹스타일(Sextile, 60°) 각을 이루기 때문에 가능합니다. 두 사람 모두 좀처럼 예측할 수 없는 면을 지녔지만, 확실한 것은 연인이 될 만한 자질이 충분하다는 겁니다. 겉만 봐도 쉽게 알 수 있겠지만, 이들 짝은 정말 경이로워요.

쌍둥이자리 아가씨는 극도로 정신적인 부분이 섹시합니다. 몇 주간 뜨거운 사랑과 열정을 쏟으면서 새로운 양자리 연인과 공통점이 얼마나 많은지 찾아내며 계속 난리칠 거예요. "당신 바흐 좋아해요? 나도 바흐 좋아하거든요! 인생 영화가 〈가장 따뜻한 색 블루〉라고요? 제 인생 영화예요! 〈라라랜드〉 주인공들이 달빛 아래 췄던 스윙 댄스를 좋아한다고요? 어쩜! 저도 그렇거든요." 여기서 쌍둥이자리 아가씨의 비밀스러운 중독이 쇼처럼 펼쳐질 거예요.

이제부터 지읒으로 시작되는 단어 이야기를 할게요. 욕 아니에요! 지랄 말고, 지루함에 대한 이야기랍니다. 이미 내적으로 충만하고 여유가 넘치는데도, 왜 그렇게 배우고 탐험하고 영역을 넓히는 데에 혈안이 되어 있을까요. 바로 지루함 때문이지요. 이런 성향 때문에 연인과 동료와 주변 사람들이 환장하곤 해요. 이 아가씨들은 정신적인 자극에 광적으로 흥분합니다. 그러니까 양자리 여성은 자기 길을 꿋꿋이 걸어가는 데에 만족하는 반면, 쌍둥이 여성은 매일 먹는 밥이 아닌 여러 지적인 애피타이저에 한눈팔며 사는 것이 낙입니다.

파트너가 지적 욕구를 채우는 동안 양자리 연인이 오히려 좀 지루할 수 있겠는데요. 쌍둥이자리와 달리 양자리 아가씨는 자신에게 많은 관심을 쏟아 주길 바라는 데다 무시당하는 것을 못 견딥니다. 만일 양자리 여성에게 섬세한 면이 있거나 그런 면을 더 발전시킬 수 있다면, 장기 연애에도 다소간 희망이 있을 것입니다.

아시죠. 양자리 여성은 자신이 가진 가장 큰 자산인 독립적인 기질을 잘 활용해야 해요. 쌍둥이 연인의 산만한 성격을 얼마간 무시하는 거예요. 쌍둥이자리 아가씨가 당신 자신만 바라봤으면 좋겠고, 그의 온몸을 원한다면 말이죠. 그런 다음 이들 공기 별자리 사람이 있는 곳이 도서관이든, 카페든, 어디든 당장 달려가서 수다를 떠는지 공부를 하는지 상관 말고 당장 침대 위로 끌고 와야 합니다.

침대 얘기가 나와서 하는 말인데, 이 장소는 두 사람이 꽤 대등해지는 곳입니다. 양자리 사람의 열정이 쌍둥이자리 사람의 상상력을 최고로 빛나게 하거든요. 쌍둥이자리가 "자기야, 잠깐만."을 외칠지도 몰라요. 그는 침대 위에서의 대화를 상당히 좋아해요. 심지어 굳이 말로 하지 않아도, 마음으로 대화를 계속 나눌 수 있을걸요. "나 아직 절정에 이르고 싶지 않거든. 실내 자전거에 나를 태워 줘. 그래, 그렇게 허리를 굽히고, 그렇게." 그러면 당신 생각에 양자리는 "이렇게 말이야?"하며 따라줄 것 같나요? 절대 안 그렇겠죠. 아마 자전거에 태워 줄 순 있을 거예요. 하지만 그러고서는 자기 멋대로 하겠지요. 쌍둥이자리 아가씨는 자기 말을 그저 따르는 사람들과 만나는 자리가 지루해서 죽을 지경이에요. 그는 머릿속에 자전거를 타던 그 짧은 순간만 반복 재생하고 있을 거예요. 그게 바로 이들 커플의 성공 비결입니다.

04

양자리와
게자리

Aries and
Cancer

위험한 게임

요점만 말할게요. 두 여성이 태어난 별자리는 서로의 위치가 스퀘어 (Square, 90°) 각을 이루기 때문에 어려움이 많아요. 좋은 점이요? 서로에게 끔찍하게 충실하고 상대를 보호한다는 점이지요. 두 사람의 작은 가족을 위협하는 어떤 악한 존재에 대해서도 충분히 대적할 만한 힘이 있습니다. 나쁜 점은 뭐냐고요? 어떻게 하면 서로의 감정을 상하게 할지 본능적으로 아주 잘 안다는 점입니다. 가장 악랄한 방법을 자주 써먹어요. 불의 별자리인 양자리는 신속하고 강력하면서도 기계적으로 공격해요. "도넛은 그만 좀 드시죠! 굴러가기 전에요!" 물의 별자리인 게자리는 미묘하게 감정적으로 고문하는 분위기를 조성하는데 고수입니다. "나 건드리지 않았으면 좋겠어요. 아뇨. 혼자 있는 건 싫어요. 우리 그냥 같은 방에 앉아서 서로 말 섞지 말고 건드리지도 말고 일을 크게 만들지 말자고요!"

네, 맞아요. 단언컨대 이 커플은 제대로 붙어 보는 부류입니다. 물론 이들이 이토록 감정적으로 잔인하게 되는 것은 서로를 이상화하기 때문인데요. 양자리 아가씨는 게자리 아가씨를 처음 본 순간 드디어 아름답고 관능적이며 모든 것을 포용할 것 같은 어머니 상을 만났다고 생각합니다. 게자리 아가씨는 양자리 아가씨를 만나자마자 믿을 수 없을 정도로 후끈 달아오르는 걸 느끼면서도 사납고 다혈질인 아버지 상에 주눅이 들 것입니다. 이들 관계를 연구하려면 열여덟 명의 정신과 의사가 하루 날을 잡아도 모자랄 지경이에요.

하지만 이거 아시잖아요? 되려면 될 거예요. 우리 좀 살아보고 사랑해 봐서 알잖아요. 그 어떤 대단한 사랑도 시험에 든다는 것을요. 이 커플은 도전에 맞서 극복하는데 익숙해서 회복력이 상당히 빠를 거예요. 양자리 아가씨는 자기 길을 고집하면서, 게자리 아가씨는 억지로 버티면서 잘 극복해 냅니다. 양자리·게자리 커플과 쌍둥이자리·천칭자리 커플이 모두 새해 첫날에 사귀기 시작했다고 가정해 봅시다. 당장 현충일쯤 되면 공기 별자리 커플들에게 첫 번째 심각한 사건이 발생하게 될 것입니다. 아마 쌍둥이 아가씨가 권태로운 나머지, 같이 라틴어 고급반 수업을 듣는 친구와 좀 진지하게 만났을 수 있어요. 좀 더 심각한 것을 예로 들자면, 천칭자리 아가씨가 본의 아니게 쌍둥이자리 연인의 은행 계좌에서 돈을 좀 빼 갔을 수 있지요. 이 이야기를 듣던 양자리·게자리 커플은 웃으면서 "그건 아무것도 아니에요. 그럼요. 아무것도 아니고말고요!" 라고 맞장구를 칠 게 뻔해요. 게자리 왈 "우리 둘이 만난 지 한 달 만에 벌어진 일이에요. 양자리 애인의 오빠가 교도소에 있어서 면회를 갔거든요. 거기서 부모님 얘기를 하다가 굉장히 심하게 싸웠거든요. 그래서 일주일이나 독방에 감금됐지 뭐예요. 풀려 난 후 일주일은 서로 말 한마디 안 했어요!"

모든 시련에도 불구하고, 둘 사이를 끈끈하게 이어주는 건 무엇일까요? 그래요. 당연히 성적으로 넘치게 끌리기 때문입니다. 잠자리에서 불이 물과 마주치면 위험한 게임이겠지만요. 바다를 끓어오르게 할 만큼 충분히 뜨겁습니다.

05

양자리와
사자자리

Aries and
Leo

강력한 에너지

불의 별자리인 둘은 훌륭한 짝입니다. 두 사람의 에너지는 광장의 초대형 크리스마스트리를 환하게 밝힐 정도로 강력합니다. 일단 트리에 불이 켜지면, 사자자리 아가씨는 손을 맞잡고 촉촉해진 눈으로 아름다운 풍경을 함께 보고 싶어 하지요. 하지만 양자리 아가씨는 춤추러 가거나 집에 가서 당장 하고 싶은 마음뿐일 거예요. 하지만 뭐, 이건 지나치게 파고들었을 때 이야기고요. 실제로 양자리 아가씨는 다정하게 사자자리 아가씨의 팔짱을 끼고 있겠지요. 자신이 사랑하는 낭만적인 연인을 마음껏 만질 생각을 하면서, 커다랗고 유치한 트리를 함께 보는 척할 거예요. 당신의 크고 부치다운 눈동자에 진짜 눈물도 그렁그렁 맺힐 거고요! 한편 사자자리 아가씨는 천사로 분장한 합창단 아이들이 코러스 넣는 〈오! 크리스마스!〉 같은 캐럴 송부터 완전 힙(hip)한 클럽 믹스까지 자유자재로 장르를 넘나들며 노래하고 춤출 수 있습니다. 그는 동요하지 않고 흐름을 이어 가는 일에 천부적인 재능이 있지요.

두 사람이 캐럴 메들리를 불렀든, 클럽 댄스를 췄든, 아마도 방으로 들어가면 짜릿한 밤이 시작될 거예요. 둘 다 화끈하고 소란스러우며 '관종'이라는 공통점이 있습니다. 사자자리 아가씨는 소리를 지르고, 양자리 아가씨는 그 신음 하나하나를 흐뭇하게 여깁니다. 뜨거운 숨을 몰아쉬며 온몸을 비튼다 해도, 두 사람이 주고받는 섹슈얼한 플레이들은 더할 나위 없이 깔끔하고 장난기로 가득하며 재미있지요. 양자리 사람은 "네 걸 보여 주면 내 것도 보여 줄게." 같은 장난을 즐기고요, 사자자리 사람은 "우리는 단짝 친구지." 같은 역할 놀이를 즐깁니다. 알 만한, 하지만 거부할 수 없는 자극적인 판타지가 부드럽게 어우러집니다. 한바탕 격정이 지나고 나면 둘은 후희*까지 즐기면서 양자리의 경우 자아도취적 발언을, 사자자리의 경우 자부심이 깃든 나지막한 속삭임을 쏟아 내겠지요.

공통 관심사가 많다는 점은 연애 감정을 단단하게 하는데 분명 도움이 될 것입니다. 둘 다 불의 별자리라서 몸 쓰는 걸 좋아합니다. 하지만 양자리 사람과 비교하면 사자자리 사람이 좀 더 가정적이고 보금자리를 꾸미는 유형이지요. 장담컨대 둘이 동거하면, 종종 가정 관리사를 고용하게 될 것입니다. 아마도 여유가 좀 없더라도, 이건 사자자리가 유일하게 고집하는 사치일 거예요. 사자자리 사람은 돈방석에 앉는 게 중요합니다. 럭셔리하게 살고 싶어 하거든요. 반면 양자리 사람은 자신이 살아있는 매 순간을 소중하게 여기며, 모든 살림살이를 사자자리에게 넘길 수도 있습니다.

그렇지만 금전적인 것과 불안정한 미래를 놓고 갈등을 빚을 수 있어요. 대체로 사자자리들이 양자리들보다 훨씬 더 관습적입니다. 머지않아 생계를 위해 지금보다 더 안정적인 일을 찾아보라고 잔소리를 해댈 것입니다. 양자리는 항의 시위를 하겠지만, 이내 연인이 주는 안정감에 고마움을 느낄 것입니다. 그래도 양자리 안에 살아 숨 쉬는 개척자와 반항아 정신을 잊지 마세요. 이따금 솔로 기질이 불쑥불쑥 튀어나와 늦은 밤에 클럽 물품 보관소 직원들과 어울려 노닥거릴 수도 있어요. 자존심 강한 사자자리 사람은 그 꼴을 절대 가만 놔두지 않을 것입니다. 둘이 오래 만나려면 상대의 사소한 약점쯤은 눈감아 줘야 할 걸요. 사자자리의 허영심과 양자리의 가벼운 바람기 말이에요. 각자 이것만큼은 꼭 기억해야 해요. 크고 담대한 성격은 이 커플이 가진 가장 큰 공통점입니다. 둘이 싸우면 두 사람 다 나가떨어지는 거예요!

★　　**post-coital.** 섹스 후에 주고받는 애무

06

양자리와
처녀자리

Aries and
Virgo

엑조티카

　　두 사람은 일하면서 가까워질 확률이 높습니다. 각자 자기만의 방식을 고집하는 경향이 있지만요. 일터에서 만나거나 강의를 듣다가 마주친다면, 분명 스타일은 다르겠지만 머지않아 서로 감탄과 존경을 표하게 될 것입니다.

　　두 명의 리포터가 있다고 상상해 봅시다. 한 사람은 양자리, 다른 한 사람은 처녀자리라고요. 둘에게 주어진 임무는 남편 살인죄로 유죄 판결을 받은 피의자와의 인터뷰입니다. 양자리 리포터는 두 자녀의 엄마인 도끼 살인범에게 묻겠지요. "당신 남편을 죽을 때까지 잘게 토막 내면서 어땠습니까? 피가 낭자할 때 다급해지던가요? 여생을 교도소에서 보내게 될 텐데 지금 심정은 어떠십니까? 옥바라지를 해 줄 사람은 있나요?" 양자리 리포터는 직설적이고 단도직입적이며 명료합니다. 큰 그림을 떠올린 다음 사건에서 물리적인 힘에 관한 요소에 초점을 맞추어 질의할 것입니다. 반면에 처녀자리 리포터는 이렇게 인터뷰를 진행할 거예요. "살해 당일에 아침으로 무엇을 드셨나요? 어떻게 생긴 도끼로 남편을 살해했습니까? 죽음의 냄새라는 건, 말 그대로 어떻습니까? 교도소에서의 일과를 이야기해 주세요." 질문들이 상세하고 실질적이며 대단히 심각하고 현실적입니다. 광활한 숲에 관심이 없으며, 나뭇가지에서도 잔가지를 보려 합니다. 이것이 바로 처녀자리예요. 퀴어 로맨스가 주제인데, 살인 사건을 예로 들어 섬뜩하겠지만요. 나름 적절한 비유일 거예요. 두 사람은 모두 진실을 갈망하고 육체적인 것들에 매력을 느끼지요. 여러분 중에 이 관계를 맺고 계신 커플이 있다면, 정말 대단하신 거예요.

두 별자리의 공통점이 하나 더 있습니다. 변화에 취약하다는 점이지요. 갑작스럽겠지만, 지금 당장 현실적이고 육체적인 주제인 섹스로 넘어가 봅시다. 처녀자리 아가씨는 겉으로 순수하고 순결한 것처럼 행동하고 싶어 합니다. 하지만 실은 이국적인 춤을 추고, 상스러운 말을 내뱉으며, 음부가 흠뻑 젖은 여자의 면모를 내면 깊은 곳에서 끌어내 주기만 바랄 뿐이에요. 양자리는 그런 그를 자신이 리드하는 상황을 즐기겠죠. 하지만 총명하고 꼼꼼하며 환상을 좇는 처녀자리 연인에게는 그들이 나눈 모든 격정적인 섹스 신의 대본을 쓰게끔 놔두고요. 감독 모자를 쓰고 메가폰을 잡는 영광을 누리는 사람은 당연히 양자리입니다. 오직 "액션!"과 "컷!"만 외칠 수 있으면 충분해요. 그 외에는 모두 처녀자리가 주관합니다. 둘의 섹스는 이상하고 항상 색다르며, 대체로 껄끄러워요. 이따금 로맨틱한 순간도 있겠지만, 성생활만큼은 촛불이나 밸런타인데이와 거리가 멉니다.

침실을 벗어나면 각자의 일에 몰두해 멀어지는 경향이 있습니다. 둘 다 직업이 리포터라든가, 한 명은 극본을 쓰고 한 명은 감독이라면 관계에 도움이 되지요. 두 별자리는 어색한 인컨정트(Inconjunct, 150°) 각을 이루고 있습니다. 그렇기에 일상 대화 외에 또 다른 공통의 언어가 필요해요. 컷! 촬영은 끝났습니다.

07

양자리와
천칭자리

Aries and
Libra

완벽한 조화

두 별자리는 서로 마주 보고 있어요. 둘 다 활동형 별자리라서 어떤 불꽃이 튀면, 분명 동시에 느낄 거예요. 사랑이든 증오든 간에요. 그래서 둘 사이 끌림은 금세 티가 나지요.

천칭자리는 사랑과 미의 행성인 금성의 수호를 받습니다. 그래서인지 화성의 수호를 받는 공격적인 성향의 양자리에게 가랑비에 옷 젖듯이 은근하게 구애하며 다가갑니다. 천칭자리는 비행기를 태우는 능력이 탁월합니다. 어디서도 들어본 적 없는 칭찬에 양자리는 홀딱 넘어갈 것입니다. 그냥 눈을 깜빡깜빡 예쁘게 뜨는 애교만으로, 양자리를 움직일 수 있어요. 이 애교 한 방이 당신의 양자리를 싸움꾼에서 사랑스러운 연인으로, 사나운 산양에서 순한 어린양으로 바꿀 수 있습니다. 바이크 장비를 완벽하게 착용한 천칭자리와 살랑거리는 미니 드레스를 입은 양자리의 겉모습에 속지 마세요. 이 커플의 관계성을 들여다보면, 양자리는 올탑 온깁 부치이고 천칭자리는 올바텀 온텍 팸입니다. 와우! 이렇게 확실히 못 박는 거 너무 좋지 않나요? 당연히 우리는 다 알고 있잖아요. 누가 이 관계를 리드할지를요. 바로 예쁜 드레스를 입은 그 사람이죠.

침대 위에서 둘은 강력한 연결감을 공유합니다. 천칭자리는 열정에 휩싸이고 싶어 하고, 양자리는 휩쓸고 싶어 하죠. 둘은 다방면에서 최고의 궁합을 자랑합니다. 역할 놀이에 너무 갇히다 보면 갈등이 생길 수도 있어요. 천칭자리는 성모 마리아, 섹스 심벌, 주부 역할에 과도하게 빠져 있을 거고요. 양자리는 매 순간 센 캐릭터를 담당하느라 질려 버렸을지도 몰라요.

두 사람이 새로운 역할을 자연스레 터득하도록 독려할 수 있다면, 좋은 관계를 유지할 수 있을 것입니다. 상호보완적인 둘의 본성은 음과 양의 완벽한 조화를 이룹니다. 또 때로는 걷잡을 수 없는 좌절감을 안겨 주기도 하지요. 둘의 기질은 정반대거든요. 천칭자리는 타고난 평화주의자예요. 무슨 일이 있더라도 분쟁만은 원치 않습니다. 우회적이고 수동적인 방식으로 문제가 되면 일단 피하고 봅니다. 반면에 양자리는 사회성이 없나 싶을 정도로 직설적이지만, 자신의 진정한 속내를 털어놓을 줄 압니다. 상대의 약점을 조금씩만 배워 간다면, 극과 극의 두 사람은 환상의 커플이 될 수 있습니다.

08

양자리와
전갈자리

Aries and
Scorpio

맹렬한 화성인

화성에 생물체가 살까요?

두 별자리는 맹렬하고 강력한 행성인 화성의 영향 아래에 있습니다. 화성은 양자리의 지배 행성이자 전갈자리의 보조 지배 행성입니다. 직설적이며 공격성이 짙습니다. 열정 넘치는 화성인 커플은 진짜 불꽃놀이를 벌일 수 있는 능력이 있습니다. 서로를 죽도록 사랑할 수도, 죽이려고 달려들 수도 있어요. 이 둘 사이에 큰 차이는 없습니다.

아마 처음에는 전갈자리가 양자리를 그리 진지하게 생각하지 않을 것입니다. 양자리는 에둘러서 말하는 법을 모르거든요. 그런데 전갈자리는 이중적인 의미를 지닌 말장난에서도 삼중 의미를 찾으려고 하고 심지어 즐기는 사람이거든요. 게다가 대개의 전갈자리는 자신이 속한 인간관계 안에서 높은 수준의 번뇌와 혼란을 경험합니다. 하지만 양자리는 자신만만하고 비교적 밝은 에너지를 갖고 있어 어떻게 대해야 할지 혼란스러울걸요. 양자리는 열정적일 수 있지만, 참을성 있는 편은 아니라서 마냥 기다려주지 않아요.

둘의 속궁합이 괜찮은지 한번 맞춰 볼 수도 있습니다. 잠자리에서의 양자리 아가씨는 임무 수행 중인 전투기 조종사처럼 투지가 넘칩니다. 무슨 대가를 치르더라도 절정을 사수하라는 명을 받들지요. 절대 타협은 없어요. 전갈자리 아가씨는 스텔스 폭격 같은 기습 공격을 선호합니다. 문밖으로 "안 돼! 좋아! 안 돼! 좋아!"하고 울부짖는 소리가 새어 나올 지도 몰라요.

성적인 측면에서 서로에게 많은 것을 전수할 수 있어요. 양자리는 전갈자리에게서 더 어둡지만, 오래 쾌락을 유지할 수 있는 비법을 배울 수 있지요. 용맹한 양자리들은 대게 마음을 열고 다리를 벌려 도전에 나섭니다. 이로써 전갈자리 연인에게 어떻게 조이고 풀지를, 정신적인 소통뿐 아니라 어떻게 몸으로 대화하는지 보여줄 수 있습니다. 시간이 지나 둘 사이가 격정으로 요동칠 때, 비밀주의자이면서 음모론자인 전갈자리는 양자리를 꼼짝 못하게 굴복시킬 만한 새 기술을 발휘해야 할 것입니다. 양자리는 호기심이 일면 언제든 상대를 덮칠 준비가 되어 있어요. 흘러넘치는 자신의 신체 에너지를 미꾸라지처럼 빠져나가는 전갈자리를 정복하는 데 쏟겠지요.

둘의 사랑이 전갈자리 영향으로 야하면서도 양자리 방향을 받아 생기 넘칠 수 있다면, 이들 커플은 오랫동안 제대로 즐길 수 있을 것입니다. 물론 섹스를 안 할 때도 있겠지요. 그때는 뭘 할까요? 둘 다 행동 지향적이라서 스릴을 만끽하고 싶어 해요. 신념을 지키기 위해서 대항하며, 정상을 향해 고군분투한다는 공통점이 있습니다.

불과 물의 만남이라 다툼이 일어나기 쉬워요. 다름을 인정하기보다 서로 괴롭히려고 들 것입니다. 특히 전갈자리의 경우, 양자리에게 심리적인 고통을 줘서 괴롭히는데요. 그 효과를 극대화하기 위해 자신의 어두운 면을 내보이기도 합니다. 반면에 양자리는 독립적인 성격을 무기로 휘둘러요. 다른 누구도 필요 없다는 식이에요. 그렇죠? 그래서 화가 나면 혼자여도 상관없다고 암시하거나 못을 박습니다.

화성인 커플에게는 공통의 목표와 공동의 적이 있어야 해요. 안 그랬다가는 서로를 못살게 굴거나 각자의 길로 찢어지는데 온 힘을 다 쏟을 테니까요. 열렬히 사랑하거나 증오하거나! 중도는 없습니다. 만일 둘이 한편이라면 필사적으로 싸워서 모든 승리를 쟁취하고야 마는 팀을 이룰 것입니다. 경쟁심이 강한 사람들이에요. 볼링 경기나 정치, 예술 분야에서 상대편에서 서로를 발견했다면 인연이 아니니까 잊으세요.

09

양자리와
사수자리

Aries and
Sagittarius

타오르는 연인의 초상

양자리와 사수자리 커플은 그냥 잘 안 맞아요. 둘은 비슷하거든요. 서로 자신에게 더 잘하고, 더 다정하게 해 줄 사람을 찾고 있을걸요. 하지만 지금까지 겪어 온 많은 커플의 사례를 참고하자면, 두 불의 별자리는 악명 높고 기막힌 조합을 이룹니다. 둘 다 자신이 얼마나 열정적이며 위험을 감수하는지 과시하면서, 자기가 더 우위에 서려고 하지요. 연애 초기에는 최선을 다합니다. 두 사람 모두 새롭고 흥분되는 것들, 특히 뜨거운 사랑에 빠지는 걸 즐깁니다.

성적인 면에서 멋진 한 쌍이에요. 양쪽 다 관계를 장악하려고 들지만, 왕좌를 차지할 수 있는 사람은 어차피 한 사람이지요. 만일 어쩌다 사수자리가 양자리와 잠자리를 한 번 한다면, 자기 안의 부치를 내던질 거예요. 운명과 싸워서 뭐하게요? 양자리는 개척자이며 리드하려고 태어난 사람인걸요. 결국엔 변화형 별자리인 사수자리가 바꾸게 되지요.

사수자리 아가씨는 결코 수동적이지 않습니다. 온갖 독창적인 방법을 동원해서 박력 있는 모습을 뽐내려고 해요. 사람으로 꽉 찬 레스토랑에서 사랑하는 양자리 연인을 훅 가게 만들 환상의 기술을 선보일 거라고요. 물론 최고급 레스토랑에서만이요! 사수자리는 살면서 누릴 수 있는 모든 것들을 즐길 줄 압니다. 사수자리는 하룻밤 상대로 모르는 사람을 골라 셋이서 자자고 할 수도 있어요. 저돌적인 두 사람은 함께 나락으로 떨어질지도 몰라요.

결국에는 진지한 관계로 만남을 이어갈지, 단순 쾌락과 유희만을 좇는 관계가 될지 갈림길에 서게 되겠지요. 불의 별자리인 두 여인이 불같이 타오르는 사랑에 빠지면, 충동적으로 라스베이거스로 달려가 드랙킹 엘비스의 주례사를 들으면서 결혼식을 올릴 수 있습니다. 하지만 달콤한 신혼여행을 다녀온 직후로는 관계를 어떻게 꾸려나가야 할까 걱정이 앞서겠지요.

다행스럽게도 양자리 여성과 사수자리 여성은 공통점이 많습니다. 자극과 활력이 있는 곳을 선호하고요. 춤을 좋아하고 스포츠를 즐기며 위험한 일들에 끌리지요. 최대의 난관이라면 가정을 꾸리는 일입니다. 둘 다 집안일에 재능이 없으니까요. 그래서 만일 동거를 시작한다면 귀염성 있고 세심한 가정 관리사를 고용해 각종 수납부터 가스레인지 청소, 그 밖의 집안일을 도움받길 권해 드려요.

배우자의 유머 감각에 치가 떨리지만 않으면, 행복하게 살 수 있어요. 좀처럼 정착하지 못하는 사수자리의 성향이 문제가 될 수는 있는데요. 그래도 사수자리가 더 나이를 먹었다든가, 나이에 비해 성숙하다면 장기간의 연애에 좋은 영향을 줄 수 있어요. 하지만 둘 다 철없고 어리석다면, 여전히 자신의 삶을 즐기겠지요!

10

양자리와 염소자리

Aries and Capricorn

낯설지만 매혹적인

양자리와 염소자리 커플은 강인하고 자발적이며 야망이 넘칩니다. 애당초 업무에 대한 공통 관심사가 두 사람을 하나로 모을 것 같은데요. 하지만 양자리와 염소자리는 90°, 스퀘어 각을 이루고 있어요. 점성학에서 스퀘어 각은 서로 잘 들어맞지 않는 두 개의 장비 같은 거예요. 바라옵건대 서로 맞춰가려면 부드러운 면을 잘 부각해 타협점을 찾기 위해 애써야 할 것입니다. 둘 사이에 불꽃이 오가고 분위기가 좋은 방향으로 흐른 뒤에도 온전한 사랑을 이어 가기 위해서는 노력을 많이 기울여야 할 거예요.

연애 시작부터 뜨거운 건 좋은 징조입니다. 둘 중 비교적 더 충동적이고 공격적인 성향인 양자리가 염소자리에게 집적댈 것 같은데요. 처음에는 말이죠! 일과 관련된 것을 핑계 삼게 될 것입니다. 염소자리는 일에 빠져 살기로 유명하지요. 먼저 칵테일을 곁들인 저녁 식사 자리에서 만나 일 얘기로 운을 뗍니다. 양자리 아가씨는 자기를 어떻게 생각하는지 확인해 보려고, 염소자리 아가씨의 보금자리에 방문한 것입니다.

단둘이 있게 되면 생각보다 빨리 섹스를 하게 될 것입니다. 염소자리가 흠의 별자리인 데다가 천성적으로 조심성이 많지만요. 음, 그래도 원래 염소자리 아가씨는 품위하고 거리가 멀기도 하고요. 활기 넘치는 양자리 아가씨와 뜨겁게 뒹굴 기회가 왔는데 놓칠 리 없잖아요. 아, 물론 몇 년이 흐른 뒤에 여러분은 염소자리가 이렇게 이야기하는 걸 듣게 될 것입니다. "당신 무슨 말을 하는 거예요. 난 정말 그날 자게 될지 몰랐어요! 어쩌다 보니 그렇게 된 거죠." 양자리는 당연히 이렇게 묻겠지요. "그렇다면 당신은 그때 왜 그렇게 섹시한 보사노바 음악을 틀었죠? 자기, 무슨 생각으로 그랬어요?" 염소자리는 극구 부인하겠지요.

하지만 중요한 건 둘이 일단 한 번 잤다 하면, 서로에게 사로잡힌 감정에서 헤어 나기 힘들 것이라는 점이죠. 그러다 갑자기 깨닫게 될 거예요. "어머! 우리는 정말 비슷한 점이 하나도 없군요. 그래도 내 여자여야만 해요." 단순한 성적 집착 그 이상이죠. 아닌가요? 수년간 사이가 좋아졌다 나빠지길 되풀이하면서, 계속 풀리지 않을 문제입니다. 섹스할 때는 활동형 별자리 사이에 어떤 마법 같은 것이 존재합니다. 염소자리는 불같은 성질의 양자리에게 자신을 싹 다 바치고 싶어 합니다. 하지만 텍이면서 동시에 깁으로 리드할 수 있는 깁텍 고수이기도 해요. 만족을 억제함으로써 성적 쾌락을 오래 지속하는 법도 확실하게 전수할 것입니다. 언제는 사디스트였다가 다른 순간에는 마조히스트가 됩니다. 옷을 벗어 던지는 순간에는 섹스할 상대가 어느 쪽일지 양자리는 절대 알 수 없을 거예요. 낯설지만 매혹적인 성적 동력이 두 사람의 정서적인 관계까지 규정합니다. 혼란스럽고 신비로워요. 와, 너무 강렬해요.

11

양자리와
물병자리

Aries and
Aquarius

무결한 당신

양자리와 처녀자리는 일반적으로 원래 사이좋은 별자리예요. 불의 별자리 양자리와 공기의 별자리 물병자리가 만났습니다. 완만한 60°, 섹스타일 각을 이루고 있어요. 하지만 애정 전선이 마냥 순탄치만은 않습니다. 기이하고 매력 넘치는 퀴어 둘이 만났을 때는 더더욱 그렇죠. 두 연인의 만남과 이별에 영향을 주는 근본적인 원인이 따로 있습니다. 성경의 정신과 비슷한 맥락인데요. 바로 도덕성(Morality)입니다. 둘을 갈라놓는 건 죽음이 아니라 도덕성이에요!

맞아요. 이 섹시한 아가씨들은 진정성에 대해 설교를 늘어놓고, 무결한 삶을 살고 싶어 합니다. 둘 다 진심이에요. 양자리의 주제곡은 〈마이 웨이(My Way)〉예요. 프랭크 시나트라의 곡 말고 어셔(Usher)의 곡 말입니다. 양자리는 항상 새로운 것을 추구하거든요. 양자리는 자신이 감수해야 할 일이 생기면 인내하고 받아들이는 편이에요. 이런 태도로 큰 성공을 이룰 수 있을 거예요. 본인이 원하는 진정한 삶을 살아가려고 하기 때문이지요. 한편 자기주장이 강하며 옳고 그름을 단순하게 판단해서 대가를 치르는 편입니다. 물병자리는 높은 이상을 지녔으며 진실을 추구합니다. 어렸을 때부터 세상이 좀 더 나은 곳이 될 수 있다고 생각해 왔고, 더 나은 세상을 만들기 위해 맡은 역할에 열과 성의를 다하고 있지요. 이런 올바른 아가씨 둘이 만나면 틀림없이 세상을 바꿀 수 있을 것입니다.

그렇지만 원숭이도 나무에서 떨어질 수 있지요. 특히 나무 타기 전문가가 아닌 평범한 인간일 때는요. 두 사람 관계의 무언가가 서로를 극단으로 몰아갑니다. 서로 솔직하고 충실하며 순수하게 사랑하자는 아주 많은 맹세를 하지요. 양자리는 꽉 끼는 푸른 드레스를 입었는지 안 입었는지 모를, 그 악마의 꾀임에 넘어가고픈 충동을 느낄지도 모르겠어요. 물병자리는 한 인간이자 연인으로서 양자리에게 자신의 진실함을 증명하려고 윤리 서약을 합니다. 그런 뒤에 적지 않은 거짓말과 도덕적인 실수를 합리화하는 자신을 발견하게 될 거예요. 아마도 둘은 애초부터 최고로 대단한 사람이 되려 하기보다 최고로 도덕적인 사람이 되는 법을 배우려고 뭉친 듯합니다.

침대 위의 둘은 그저 인간입니다. 그곳은 진실, 모든 진실, 오로지 진실만이 존재하는 장소이지요. 이들 커플의 섹스는 꽹장히 개방적이며 자유분방합니다. 침대에서 어느 쪽도 상대방을 판단하거나 기죽이지 않는 점이 이들의 최고 강점이에요. 물병자리 아가씨는 실험 정신이 투철하고, 양자리 아가씨는 무엇이든 일단 해 보려고 합니다. 다음은 얼마나 퇴폐적인가에 달려 있어요. 아, 미안해요. 단어가 너무 도덕적이죠? 물병자리는 잠자리에서 자신을 이리저리 거칠게 대해 줄 사람을 찾는데요, 양자리는 딱 그런 사람입니다. 난교 파티는 물병자리 최대의 관심사예요. 하지만 양자리는 겁에 질릴지도 모릅니다. 이 커플에게는 너무 부담될 수 있어요.

연애 기간이 어느 정도 지속되면, 소위 말해 진짜 제대로 해야 합니다. 함께 행복하게 만족하며 살기 위해서는 프랑스 격언대로 서운한 것이 있으면 참지 말고 솔직하게 얘기해서 풀어 나가야 합니다. 정직과 무결함만이 관계를 유지하기 위한 열쇠입니다. 매우 부담스러운 단어들이긴 하지만요!

12

양자리와
물고기자리

Aries and
Pisces

매혹의 낮과 밤

섹시함, 오해, 용기로 꽉 찬 이상야릇하면서도 매혹적인 커플입니다. 특이할 만한 점이라면, 두 사람의 감정이 반대로 흐를지도 모른다는 것이고요. 혹할 만한 점이라면, 어쩌다 운이 좋을 때 평생의 짝으로 맺어질지도 모른다는 겁니다.

자, 우리 이제 시작해 볼까요? 양자리와 물고기자리는 '무리 사이에서 서로에게 시선을 떼지 못하는 것'이 관계의 출발일 것입니다. 말 한마디 섞기도 전에 서로에게 빠져들 거예요. 양자리 여성은 물고기자리 근처에 있으면 부치 성향이 나옵니다. 물고기자리가 팜 파탈 역할을 선호하거든요. 여성 퀴어 영화 〈바운드(Bound)〉에서의 두 주인공 이야기를 하자면요. 거친 배관공인 코키는 양자리이고, 매혹적인 마피아의 여자 바이올렛은 물고기자리가 확실해요.

일단 신체적으로 가까워지고 불꽃이 튄다면, 불은 삽시간에 번질 거예요. 성적 환상 속에서 양자리는 물고기자리가 창조의 화신이라고 생각하며 흥분을 감추지 못하고요. 물고기자리는 진격하는 군대 같은 양자리의 강력하고 저돌적인 스타일에 매료되겠지요.

하지만 다음 날 아침 풍경은 어떨까요? 이때부터 문제가 좀 생깁니다. 양자리는 낮의 여인이고, 물고기자리는 밤의 여인이라 낮이 밤으로 바뀌는 마법의 시간대에만 말이 통할지도 몰라요. 양자리는 물고기자리 연인에게서 약간 그늘지고 기만적인 모습을 발견하게 될 것입니다. 물고기자리는 양자리 연인에게서 상당히 둔감한 모습을 보게 될 거고요. 서로를 진정으로 이해하려거든, 차트 안에 공통적으로 운행하는 행성이 얼마간 있어야 합니다. 물고기자리에게는 달에 양자리가, 양자리에게는 금성에 물고기자리가 있으면 좋겠지요.

그 경우 사랑에 빠질 가능성이 큽니다. 두 사람 모두 상대에게 느끼는 감정의 미스터리 속으로 언제든 뛰어들 준비가 되어 있거든요. 물고기자리 아가씨가 도대체 무슨 생각을 하는지 몹시 궁금할 때가 종종 있겠지요. 가끔 자신이 어디에 있는지도 모를 정도로 내면 깊숙이 빠져들기도 하니까요. 그 모습을 지켜보던 양자리는 좌절하고 떠날 수 있어요. 아니면 밖에 나가 놀자고 옷을 뜯든지, 잡아끌든지 해서 속세로 돌아오게 할 수 있지요. 반면 물고기자리는 행동주의 세계에 질린 양자리 여성을 깊은 감성과 꿈으로 가득한 조용하면서도 뜨거운 세계로 들어오도록 구슬릴 것입니다. 물론 양자리는 비현실적인 분위기를 잘 받아들이지 않겠지만, 지속적이고도 유의미한 인상을 남길 거예요.

황도 12궁의 첫 번째 별자리인 양자리는 순수함과 유아기를 상징합니다. 마지막이자 열두 번째 별자리인 물고기자리는 지혜와 성숙함을 나타내지요. 마치 소녀와 노부인 같은 이 커플은 세계 안에서 자신들이 얼마나 약한 존재인지를 알고 있다는 연결감을 공유합니다. 동시에 실질적으로 많은 차이가 있다는 것도 잘 알고 있어요. 둘은 교차점에서 만날 수 있고 서로의 차이를 존중할 수도 있을 거예요. 또한 삶과 죽음의 신비를 함께 누릴 수 있습니다.

13

황소자리와 황소자리

Taurus and Taurus

일곱 가지 쾌락 코스 요리

섹시하고 고집 세고 현실적인 여성 둘이 만났는데 서로 끌린다면 과연 무슨 일이 일어날까요? 글쎄요. 황소자리와 황소자리가 만난 경우라면, 이 커플을 압축하는 문장은 따로 있습니다. 더 많은 섹스. 더 많은 음식. 더 많은 돈. 더 많은 로큰롤. 흙의 별자리들은 물질적인 세계에서 쾌락을 마음껏 즐깁니다. 물질적인 욕구를 빼앗기면 극심한 정서적 공포로 고통을 받습니다. 모든 흙의 별자리 중에서 황소자리는 가장 흙답습니다.

황소자리 퀴어 둘이 만나면 서로 공통점이 많다는 걸 분명 알게 될 것입니다. 첫 번째로 음악에 대한 열정이 남달라요. 아마 서로가 전에 몰랐던 밴드나 가수를 소개해 줄 것입니다. 황소자리만 할 수 있는 방식으로 연애의 첫 단계를 채울 수 있지요. 서두르지 않고, 섹시하고 맛깔스러운 방식으로 함께 음악을 듣고 사랑을 나누면서요. 좋은 음식은 둘 사이를 더욱더 가깝게 합니다. 뛰어난 미식가인 황소자리는 별자리들 중에서 가장 섬세한 미각의 소유자입니다. 함께 식사하는 것은 마치 사랑을 나누는 것과 같은데요. 식사에 일곱 가지 음식이 코스 요리로 나와도 충분치 않습니다. 두 여성은 계속 속살과 음식에 허기를 느낍니다.

갈등이 생기면 위기가 찾아올 거예요. 황소자리는 평화와 조화의 상징인 금성의 수호를 받기에 어느 정도 사귀고 난 뒤의 일이 되겠지요. 하지만 첫 싸움이 아주 커질 수 있어요. 미리 말해 두는데요. 화를 내기까지 시간이 걸리지만, 화났다 하면 정말 무섭습니다. 둘이 같은 공간에 있으면 두 배로 무서워요. 자신의 분노에다 연인의 분노까지 더해지는 거죠. 보통 고집불통들이 아니거든요. 여기서 의문점이 드는데요. 조금씩 서로 양보해서 이런 것은 잘못했고, 이런 것은 옳았다고 타협할 수 있을까요? 설마요(Fat chance). 황소자리 앞에서 뚱뚱하다(fat)는 단어는 절대 사용하지 마세요. 황소자리 아가씨들 대부분이 완전 멋지지만, 체중에 관해서는 말도 못 하게 민감하답니다. 가장 늘씬한 별자리인데도 그래요.

서로를 괴롭히지 않고 어떻게 대화할지 알아가는 것이 관계의 핵심입니다. 황소자리에게는 협박 전술이 곧잘 먹힙니다. 사람들은 그럴 때 물러서는 경향이 있지요. 하지만 이런 방식은 둘 사이를 악화시킬 뿐입니다. 진화한 황소자리 여성들은 좀 더 발전적인 관계로 내실을 다져 공정하게 싸우는 법을 모색합니다. 적어도 건설적인 싸움을 하려고 합니다.

한편 모든 악감정의 근원은 무엇이며, 언제 나타날까요? 문제는 두려움입니다. 한 황소자리는 사랑하는 사람이 자신을 떠나 버릴까 두려워요. 다른 황소자리는 연인이 자기 아닌 다른 사람과 잘까 두렵지요. 두 사람 모두 금전적으로 불확실한 미래가 두렵고요. 하지만 만일 각자 진심 어린 마음과 감정을 표현할 수 있다면, 흔들리는 순간이 오더라도 "도대체 뭐가 두려운데?" 하며 가볍게 치부할 수 있겠지요. 그렇게만 할 수 있다면 오래오래 행복을 함께하는 굉장한 커플이 될 수 있을 것입니다.

14

황소자리와 쌍둥이자리

Taurus and Gemini

구강기 커플

두 아가씨의 공통점은 무엇일까요? 바로 입을 사용하는 걸 좋아한다는 점이에요. 황소자리는 먹고 노래하는 걸 좋아하지요. 쌍둥이자리는 쉴 새 없이 이야기하는 걸 좋아해요. 또 두 사람 모두 좋아하는 것은……

네, 저는 이제 알아요. 이 아가씨들 사이에는 분명 귀엽고 아기자기하고 섹시한 연결고리가 있어요. 바로 소녀 감수성이지요. 황소자리 여성이 쌍둥이자리한테 끌리는 건요. 살아오면서 지금껏 가벼운 감각을 갈망해 온 탓이죠. 쌍둥이자리 아가씨는 플라톤에서 버지니아 울프 등 온갖 고전부터 재미있는 것, 역대 본드 걸의 신상 정보처럼 쓸데없고 잡다한 덕질 정보를 최대한 들려줄 거예요. 황소자리 아가씨는 연인에 대한 답례로 쌍둥이자리에게 깊은 안정감과 불쑥불쑥 솟아오르는 성욕을 선사할 수 있습니다.

생일이 몇 주 차이 나지 않잖아요. 그래서 서로의 차트에 쌍둥이자리의 지배 행성이자 소통의 행성인 수성과 황소자리의 지배 행성이자 사랑과 미의 행성인 금성이 같이, 또는 하나씩 있을 거예요. 이 영향으로 두 사람의 연애는 훨씬 더 수월하게 풀려갈 거예요. 잠깐만 살펴도 관계가 어떻게 진행될지 쉽게 알 수 있어요.

서로 상대를 아주 잘 보완해 줄 테지요. 황소자리 여성은 안전한 삶을 꾸려갈 수 있는 자질이 있고, 쌍둥이자리 여성은 자유로운 생활을 만끽하는 능력이 있습니다.

　　문제는 이것입니다. 어떤 황소자리가 가장 중요한 관계에서 자유로워지고 싶을까요? 어떤 쌍둥이자리가 평생 사랑의 감옥에 안전하게 갇히고 싶을까요? 아, 제 말은 구속당하고 싶겠냐는 뜻입니다. 아니에요. 아닌 건 아니에요. 대다수 커플이 괜찮을 수 있어도, 이 둘에게는 정말 원할 때만 가끔 허용될 것입니다.

　　성적인 면에서는 서로의 다른 점이 굉장한 매력으로 작용할 것입니다. 황소자리는 서두르지 않고 천천히 젖어 드는, 감각적인 소울 뮤지션 배리 화이트(Barry White) 같은 연인이고요. 쌍둥이자리는 빠른 템포로 통통 튀는 록 밴드 체리 밤(Cherry Bomb) 같은 연인이지요. 이 둘이 만들어 내는 신나고 장난기 가득한 화음은 경이롭기까지 합니다.

　　감성적인 면에서는 애를 좀 먹겠어요. 하지만 침대 위에서처럼 신나게 대화하고 서로의 감정을 이해하려고 충분히 시도한다면, 두 사람은 정말 재미있고 충만한 일상을 즐길 수 있을 것입니다.

15

황소자리와
게자리

Taurus and
Cancer

안온한 삶

두 사람은 첫 데이트를 한 지 며칠 만에 사랑을 하고 같이 살기 시작할 것입니다. 둘 다 가정을 꾸리는데 혈안이 되어 있거든요. 하지만 혀를 놀리기 전에 서로의 직업이 확실한지 꼭 짚고 넘어가야 해요. 두 별자리는 환상적인 궁합을 자랑합니다. 흙의 별자리인 황소자리와 물의 별자리인 게자리는 아주 잘 어울리는 조합이에요. 게다가 가치관마저 소름 끼칠 정도로 비슷합니다. 두 사람 모두 관능적이고 사생활을 중시하며 음식과 가정을 중요하게 생각합니다.

섹스와 예술로 승화시킨 로맨스는 절대 이 둘과 떼려야 뗄 수 없습니다. 케케묵은 스타일이나마 달콤하고 로맨틱한 장면을 연출하길 좋아해요. 향기로운 와인과 환상적인 저녁 식사, 서로 디저트 떠먹이기, 나이와 취향에 따라 엄선한 자넷 잭슨(Janet Jackson)이나 존 콜트레인(John Coltrane)의 음악 같은 것을요. 뜨거운 밤으로 상대를 초대할 전희를 천천히 시작하는 거죠. 최고로 달콤하지 않나요? 당장 레즈비언이 되고 싶군요! 이 아가씨들의 겉모습만 보고 보수적일 것 같다고 속단하는 우를 범하지 마세요. 서로에 대한 탐색이 끝나면, 좀 과감한 플레이를 시작할 수 있습니다. 황소자리는 종종 거칠게 놀고 싶어 하죠. 게자리는 융과 프로

이트 둘 다 신나서 분석할 법한 비틀린 판타지를 넘치게 갖고 있습니다.

황소자리·게자리 커플이 넘어서야 할 산은 여느 이성애자 커플이 직면하게 되는 것과 닮았습니다. 혼인 서약을 하고, 집을 사고, 귀여운 아이들을 집으로 데려온 뒤의 이야기가 될 것입니다. 그다음엔 뭐가 있을까요? 성장하길 멈출 때, 안전한 삶에 대한 갈망으로 변화를 두려워하게 될 때, 바로 그때 연애 시대는 막을 내립니다. 그 어떤 성장일지라도 한 사람 또는 두 사람 모두에게 불편함을 줄 수 있어요. 성장이란 둘 사이에 문제를 일으키고 안정된 관계를 저해하는 위험 인자라고 여길 수 있습니다. 이런 레즈비언 커플에게 제가 해줄 수 있는 조언은 뭘까요? 둘이서 함께 두려움 따위 갖다 버리고, 더 깊은 감정의 물길 속으로 뛰어들어요.

장담하건대 당신들은 서로 신뢰할 수 있어요! 직접 해 보지 않으면 절대 알 수 없지요. 저녁에는 무엇을 해 먹을지, 화장실은 무슨 색으로 칠할지 따위의 걱정을 그만두고 계속해서 서로를 깊게, 더 깊고도, 더 깊게 알아가려 해 보세요. 그렇게만 된다면 이 커플은 LBD(Lesbian bed death)*까지 요리할 수 있을 것입니다. 함께 정착하는 것 자체가 경이로운 일이에요. 아가씨들. 완벽하게 안온한 삶을 살아야겠다는 환상 때문에 로맨스를 망가뜨리지 마세요.

★ **Lesbian bed death.** 장기적인 레즈비언 파트너 관계에서 2년 이상 성관계가 없는 것을 정의한 개념. 성적 친밀감보다 정서적·경제적 연대가 중요한 커플을 가볍게 놀릴 때 유머러스하게 쓰이는 경우가 많음.

16

황소자리와
사자자리

Taurus and
Leo

낙원에서 힘겨루기

섹시한 조합입니다. 두 사람 모두 극도의 쾌락주의자예요. 화려하고 완전히 퇴폐적인 것들을 은밀히 연모합니다. 물론 황소자리와 사자자리 자신들은 쾌락주의자임을 잘 숨겨서 아무도 모를 거라고 착각하고 있어요. 만인이 아는 사실 아니던가요. 그런 두 사람은 일단 한 번 자고 나면, 함께 쾌락 지상 낙원을 발견한 듯 충만한 기분일 거예요.

황소자리 아가씨의 여유만만하고 노골적인 연애 스타일이 사자자리 아가씨를 혹 가게 할 것입니다. 사자자리 아가씨 역시 충실함과 매력, 천성적인 화려함이 잘 어우러진 드문 캐릭터로 황소자리 아가씨를 취하게 만들겠고요.

성생활을 한껏 누리며 숱한 밤을 보내고 나면 그제야 좋아하는 다른 일들을 함께해 볼 마음이 생길 거예요. 먹어야죠. 음식, 네 음식 얘기 맞아요. 누가 식당을 고를까요? 어디로 갈 생각이에요? 어떤 와인을 주문할 건가요? 이런 문제들은 저처럼 단순명료한 사람에겐 좀 고급스럽게만 느껴져요. 그런데 이런 것들로 인해 사랑스러운 황소자리·사자자리 커플은 정말 헤어질 수도 있습니다. 결정한 자가 그 결과에 책임을 져야 한다고 받아들이기 때문이죠.

처음에는 당당한 리더 별자리인 사자자리가 주도하게끔 황소자리가 기회를 양보합니다. 하지만 황소자리 여성을 잘 아시죠? 그들은 기꺼이 하고 싶을 때에만 움직입니다. 두 고정형 별자리 사이에서는 힘겨루기가 난무할 거예요. 누가 승기를 잡을지는 아무도 예측할 수 없어요. 커플의 개별적인 차트에 궁합이 잘 맞지 않는 각이 보인다거나 두 사람이 타협점을 찾지 못할 정도로 미성숙하다면, 관계를 시작하지 마세요. "맛있는 음식이지만 매일 먹긴 부담스럽다." 정도로 요약할 수 있겠습니다.

두 아가씨가 부디 스스로를 비판하는 소양을 갖춰 황소자리의 완고한 고집과 사자자리의 자존심 문제를 어떻게 좀 해결할 수 있길 바랍니다. 그렇게만 된다면 이 관계는 힘 있고도 풍부하게, 오래도록 유지될 것입니다. 어쨌든 가치관이 비슷하거든요. 일생을 살아가면서 어떤 견고하고 의미 있는 것을 만들고 싶어 합니다. 또 그것을 하느라고 손가락만 빨고 사는 것을 원하지 않아요. 연애하면서 둘 다 상대에게 충실하고 가정적입니다. 두 사람 사이에 정말로 좋은 일이 많을 거예요. 돈이 많으면 많을수록 더 행복해질 것입니다. 정말이에요!

17

황소자리와
처녀자리

Taurus and
Virgo

돈 좋아하는 여자친구

아주 찰떡궁합인 레즈비언 커플의 표본입니다. 둘 다 흙의 별자리이며, 물질주의를 만끽할 때 가장 행복해합니다. 황소자리는 뭔가를 만드는 일에 집중합니다. 사업일 수도, 집일 수도 있습니다. 물질적인 안정과 더불어 평화를 가져다줄 것들이지요. 처녀자리는 일의 가치에 더 관심을 둡니다. 자신이 옳다고 믿는 확실한 일을 할 때 기쁨을 느껴요. 둘은 서로를 상당히 잘 보완해 줍니다. 로맨스에 돌입하기 전에 친구가 되기 쉽습니다. 둘 다 신중한 성격이에요. 암만 매력이 넘친다고 해도, 밤새도록 마시고 끈적끈적한 춤을 추지 않는 이상 바로 자는 일은 없을 것입니다.

섹스에 대해 말하자면 이 또한 아주 잘 맞습니다. 처녀자리는 주고 싶어 합니다. 황소자리는 받는 것을 좋아합니다. 처녀자리는 지배당하고 싶어 합니다. 황소자리는 지배하는 걸 좋아하지요. 둘 사이의 관계와 성생활, 그 외의 것들을 단순하게 속단하지 마세요. 두 여자는 서로 깊이 영혼까지 나누는 관계를 맺고 있을 것입니다.

황소자리 아가씨는 신체적으로도 튼튼하고, 내면도 아주 강인합니다. 그래서 더 수줍음이 많고 예민한 면이 있는 처녀자리 연인을 다정하게 보호해 줄 것입니다. 처녀자리는 자기 일과 동료들, 상사와 부하 직원들은 물론 아침에 커피를 주문했던 카페 매니저까지도 너무 심각하게 대하는 성격을 지녔습니다. 분명 집에 돌아오면 황소자리에게 종일 있었던 일들을 강박적으로 늘어놓을 것입니다. 황소자리는 그런 처녀자리를 진정시킬 수 있는 놀라운 능력을 갖고 있어요. 처녀자리에게 위협을 가하거나 괴롭히는 누군가가 있다면 조심하는 게 좋을걸요. 황소자리는 말투가 부드럽지만, 커다란 딜도를 갖고 다녀요! 아, 제 말은 몽둥이 말이에요.

처녀자리는 황소자리와 진정한 동맹을 맺을 수 있습니다. 처녀자리는 도움을 주는 것을 좋아하는 성격이거든요. 배우자의 동생을 위해 테니스 연습 상대가 되어 주거나 동네 도서관의 70대 사서 분의 컴퓨터 사용을 도와드리는 일은 다반사예요. 이런 사람이 사랑하는 이에게 얼마나 잘할지 상상할 수 있지요? 게다가 황소자리는 맛있고, 장난스러우며, 독점욕 강한 사람인데요.

그렇다면 이 찰떡궁합 커플에게 닥쳐올 문제점들은 무엇일까요? 글쎄요. 두 사람 모두 발이 넓고 관계 지향적인 성향이라서 만나기 전부터 이미 연결고리가 많을 것입니다. 얽히고설킨 인연이 서로에게 걱정을 끼칩니다. 또 다른 문제는 지루함이에요. 흙의 별자리들은 둘만의 틀에 박힌 생활에 고착될 수 있어요. 어떤 주제에 대해 진실한 대화를 계속 나누려는 시도는 처녀자리가, 뜨거운 밤을 보낼 수 있게 불을 지피는 노력은 황소자리가 어떻게 하느냐에 달려 있습니다.

18

황소자리와
천칭자리
Taurus and
Libra

솔직한 게 좋아

독특하지만 어쩌면 잘 어울릴 수 있는 한 쌍이에요. 두 별자리가 공통점이라곤 없는, 독특한 150° 인컨정트 각을 이룸에도 지배 행성이 금성이라는 공통점이 있습니다. 그렇죠. 금성, 달콤한 금성은 사랑과 로맨스, 예술과 미의 행성이지요. 금성에서 온 두 아가씨들 사이에선 다정하고 온화한 기운이 피어오를 것입니다. 예술과 음악을 향한 애정은 두 사람 사이를 한평생 끈끈하게 이어줄 수 있습니다.

잠자리는 달콤하지만 힘이 넘치고 강렬한 밤으로 꽤 오래 기억될 것입니다. 둘 다 극과 극을 오간다는 점에서 재미있습니다. 시와 꽃, 사랑의 세레나데로 온통 둘러싸여 지나치게 낭만이 가득한 섹스를 할 수도 있고요. 독특하고 추잡하며 뒤틀린 성관계를 즐길 수도 있습니다. 분위기를 잘 타면 침대 위에서 나누는 장난기 어린 몸짓도 제법 잘 맞습니다. 분위기가 별로 좋지 않더라도, 욕망이 맞부딪힐 때 흐르는 긴장감이 성적인 흥분을 북돋우는 촉매제 역할을 할 수도 있습니다. 이들은 절대 실패하지 않아요!

온몸을 뒤틀며 흥분할 때 말고 침대 밖에서의 사이는 어떠냐고요. 그건 아예 다른 이야기입니다. 두 여성 모두 관계 지향적이며 부드럽게 살고 싶어 합니다.

둘 중 누군가가 차트에서 전갈자리나 물병자리의 지배적인 영향을 받는 것이 아니라면, 두 사람은 갈등 없이 평온하게 지낼 수 있을 것입니다.

황소자리는 습관의 피조물이지요. 싸우던 대로 계속 싸울까 아니면 매주 금요일 밤마다 식사하는 레스토랑에 제시간에 맞춰 갈까, 둘 중 하나를 선택해야 한다면 대부분은 저녁 식사를 택할 거예요. 천칭자리는 지적인 논쟁을 벌이기 좋아합니다. 예를 들어 배우인 조앤 크로퍼드(Joan Crawford)와 바버라 스탠윅(Barbara Stanwyck)이 연인 관계였는지 단지 동료일 뿐이었는지, 배우로서 얼마나 훌륭했고 어머니로서 얼마나 끔찍했는지 같은 것들에 대해서요. 그럼에도 천칭자리는 속 깊은 곳까지 친밀한 사람과 감정적으로 대립할 생각이 없습니다.

둘의 연인 관계는 표면적으로 원만합니다. 하지만 속으론 불안할 수 있어요. 이 조합이 오래가려면 자신들의 불만을 좀 더 직접적으로 표현하는 법을 찾아야만 할 것입니다. 대수롭지 않은 작은 좌절감이라도, 쌓이고 쌓이면 관계를 망칠 수 있는 균열이 될 수 있지요. 서로에게 항상 진실하도록 방심의 끈을 놓지 말아야 합니다. 매 순간이요! 정직이 최선이에요. 전갈자리·물병자리 커플이 지켜야 할 정직에 비하면 새 발의 피에 불과하겠지만요. 아, 이제 보니 이 아가씨들도 악랄해질 수 있군요!

19

황소자리와
전갈자리
Taurus and
Scorpio

본능적으로

황소자리와 전갈자리는 황도 12궁에서 반대편에 자리합니다. 예상컨대 완전히 호감을 느끼거나 반대로 아예 무관심할 것으로 예상됩니다. 둘 중 어느 한쪽이 감당하기에는 너무 복잡할 정도로 서로 깊이 연결되어 있음을 감추기 위해서라 확신하지만요. 전갈자리는 모든 사물과 사람에게서 성적인 매력을 찾고 싶어 합니다. 그래서 황소자리와 한번 할 생각으로 마음에 슬쩍 담아 두고 장난감을 주는 것입니다. 하지만 전갈자리의 눈에 황소자리 아가씨는 완전히 로맨틱하고 매력적이거나 아니면 완전히 빡하고 둔감한 느낌일 거예요. 한편 황소자리는 느낌을 중시하는 흙의 별자리입니다. 말 그대로 우연히 마주쳐서 얼마나 엔돌핀이 솟아나는지 판단해서 감정을 정하거든요. 둘의 관계가 얼마나 동물적인지 아시겠지요?

두 사람은 서로의 무엇이 될 수밖에 없습니다. 위대한 연인, 열렬한 팬, 훌륭한 친구, 또는 대단한 적, 이런 유의미한 관계 말이죠. 멋지지 않나요? 흠, 상황에 따라 다르겠지만요. 강한 두 여성이 얼굴을 맞대고 정면 승부하면, 끝에는 황소자리가 이길 것입니다. 농담 아니에요. 황소자리는 전갈자리만큼 세면서도 인내심과 자제력이 훨씬 강하거든요. 전갈자리의 변덕은 이들의 최대 적입니다.

하지만 다시 돌아가서 좋은 점을 얘기해 봅시다. 열정에 대해서 말할게요. 음, 베이비들. 우리 파이팅해요! 황소자리는 먼저 다가가는 것으로 유명하죠. 그러다 성가시게 굴거나 집적대는 것에 전갈자리가 반응하기 시작하면, 조심하세요! 흙의 별자리와 물의 별자리도 마법처럼 불을 지필 수 있습니다. 황소자리는 얼마간 무의식이면서 얼마간 의도적인 몸짓으로 유혹합니다.

황소자리는 부담스럽고 딱딱한 자리에서 전갈자리와 친구 무리를 만날 수 있습니다. 그래도 어떻게든 자신의 허벅지를 전갈자리에게 맞비비려 합니다. 설령 소파에 앉은 그들 사이로 여유 공간이 50센티미터쯤 되더라도 말이죠. 춤을 추고 술을 들이키는 동안, 좀 더 미묘하면서 후끈 달아오르는 신체 접촉이 생기기 마련이죠. 황소자리는 바로 그런 라이트를 켭니다. 목을 쓰다듬어 달라고 속삭일지도 몰라요. 목이 그의 성감대잖아요. 전갈자리는 유혹을 그대로 받아들이거나 밀어낼 거예요. 몽환적인 트랜스 음악이 두 사람의 주위를 감싸고 있는 동안에요.

서로 끌렸다면, 저항할 수 없을 만큼 강력한 끌림일 것입니다. 성적인 면에서는 핫한 조합이에요. 침대 위에서 둘의 감정은 욕망으로 뒤엉키고, 뜨거운 섹스 후에도 "또 하자."나 "더 해 줘."로 이어집니다. 서로에게 너무 많은 감정을 쏟아서 같은 편이나 완벽한 적이 됩니다. 좀 즐기다가 긴밀한 친구로 남은, 그런 특수 사례를 제외하고는 대부분 그래요.

두 사람이 함께할 수 있게 하는 동기는 충실함과 헌신, 성적인 자각입니다. 둘만 있을 때 그들 사이에 일어나는 일들은 분명 친구들에게 영원한 수수께끼로 남게 될 것입니다. 열정이 넘치는 두 아가씨 본인들에게도 그럴 거예요.

20

황소자리와 사수자리

Taurus and Sagittarius

골칫거리 커플

서로에게 직감적으로 편안함을 느낍니다. 황소자리와 사수자리가 가진 가장 큰 공통점은 저속하고 소란스러운 유머 감각입니다. 둘을 방 안에 함께 밀어 넣어 보세요. 즐겁고 신나는 일이 일어난 것처럼 뱃사람 분위기로 욕지거리를 퍼붓고 퍼마시고 싸움질할 것입니다. 또한 인생의 좋은 면에 관한 참맛을 나눌 거예요.

황소자리 아가씨와 사수자리 아가씨가 함께할 때, 미묘함이라곤 눈 씻고 봐도 찾을 수 없습니다. 바닷가 전망의 레스토랑에서 사치스럽고 호화로운 랍스터 요리를 즐길 거예요. 동네 사람들을 상대로 내기 당구를 쳐서 실랑이를 벌이고, 블루칼라 풍의 떠들썩한 퇴폐에 깊이 빠져들 것입니다. 함께일 때, 두 사람은 골칫거리예요!

훌륭한 섹스에는 충동적인 헌신이 따라오기 마련이죠. 황소자리 아가씨는 안정된 관계를 바랍니다. 또 사수자리 아가씨는 황소자리가 원하는 대로 해 줄 것입니다. 황소자리는 충동적이면서도 아주 매력 있거든요. 훌륭한 섹스 이야기로 돌아가 볼게요. 음, 거칠고 엉망인 한 쌍이군요. 둘의 섹스는 질척하고 뜨거우며, 금기가 없습니다. 황소자리는 보수적인 성향이지만, 야생적인 사수자리의 손바닥 안에서 상상력과 괄약근의 나래를 동시에 펼 수 있는 절호의 기회를 거머쥡니다. 두 사람이 벌이는 섹스는 너그럽게 말해 XXX 등급입니다. 인생 영화의 한 장면 같은 부드러운 분위기와는 질적으로 다르지요.

　　아직, 잠깐만요! 연인이 될 기회만큼 친구가 될 기회도 많습니다. 신혼 생활이 끝나면 황소자리는 방탕한 사수자리 파트너의 거듭 흥청대는 모습에 지칠 수 있습니다. 그중 최악은 다른 여자들을 홀리고 다니는 짓이에요. 사수자리는 망나니에다 한 사람에게 정착하는 것이 어려운 사람입니다. 게다가 타고난 바람둥이라고요. 황소자리는 쉽게 화를 내지 않지만, 다른 사람들 앞에서 무시당하는 것만은 참지 않습니다. 둘이 오래 함께하려면, 진정으로 성숙한 사수자리와 차트 안에 불과 공기 행성들이 많은 황소자리의 만남이어야 할 것입니다. 그렇지 않다면, 서로에게 그저 골칫거리일 뿐일 수 있겠어요.

21

황소자리와 염소자리

Taurus and Capricorn

집을 찾은 느낌

흙의 별자리인 두 사람은 죽이 잘 맞아서 장기간 연애하기 좋습니다. 가치관이 여러모로 닮았어요. 둘 다 근면하고 성실하며 야심 찬 사람들입니다. 경제적인 성공과 장기적인 안정 두 마리 토끼를 잡으려는 욕심이 있지요. 일로든 데이트로든 계획 없이 돌아다니는 것을 별로 좋아하지 않아요. 안전한 길을 가고자 하지요. 흙의 별자리들은 미지의 것에 두려움을 느낍니다.

둘이 만나면 그 즉시 집에 온 느낌을 받을 거예요. 흙의 별자리는 주로 실질적인 것들을 다루며 잠재의식에 위협감을 느낍니다. 하지만 둘은 그 잠재의식에 의해 첫 데이트도 하기 전부터 함께 가정을 꾸리게 될 것 같은 분위기를 풍기겠군요. 이건 레즈비언 클리셰*예요!

물론, 두 사람은 경이로울 만큼 성적으로 끌릴 것입니다. 황소자리는 선천적으로 다정하거든요. 좀 더 조심성이 많고 금욕적인 염소자리를 이끌 거예요. 하지만 일단 침대에 누우면 염소자리의 열정에 날아가 버릴걸요.

★ **cliche.** 전형. 좋게 말하면 공식, 나쁘게 말하면 진부한 장면.

염소자리 여성은 자신의 경력과 성과에 너무 억눌려 있고 집착하기 때문에, 섹스를 시작하고 나서야 모든 긴장을 풀 수 있습니다. 황소자리는 염소자리가 온 얼굴로 해방감을 느끼는 모습을 좋아합니다. 두 사람은 몸으로 대화할 때 잘 통합니다. 만나 보면 궁합이 자연스레 잘 맞는 커플인 거죠.

일, 돈, 섹스 같은 것들을 함께 즐기며 살아갑니다. 아주 열심히 일하는 사람들이라 서로에게 환상적인 휴가와 외출을 선물하고 싶을 것입니다. 둘 다 인색하기로 악명이 높지만, 돈을 쓸 때도 있어요. 특히 황소자리는요. 염소자리는 돈을 쓰긴 쓰지만, 본인이 생각하기에 어떤 식으로든 자신의 지위가 높아지는 경우나 잘 보여야 할 사람에게 인상을 남기고 싶을 때만 지갑을 엽니다.

서로 신경을 건드릴 수 있습니다. 황소자리는 자신도 모르게 염소자리에게 창피를 줄 수 있는데요. 이렇게 무시를 당하면 황소자리에게 멀어지려고 합니다. 이런 일들로 억울한 감정이 생기고 서로 오해가 쌓이면서 결국에는 이별의 수순을 밟게 됩니다. 그렇지만 무지개 끝 보물 상자가 기다리고 있는 행복의 나라로 함께 갈 방법이 있어요. 염소자리는 억누르지 말고 그때그때의 감정을 바로 표현하고, 황소자리는 상대의 기분을 헤아리는 세심함을 속성 강좌로 기를 수 있다면 가능한 일이지요. 어디에도 집만 한 곳은 없어요. 도로시양!

22

황소자리와
물병자리

Taurus and
Aquarius

미지의 세계

사실대로 말할게요. 이 조합은 힘들어요. 스퀘어 커플 중에서도 가장 기괴한 조합입니다. 스퀘어 커플은 같은 유형의 별자리들, 잘 맞지 않는 요소를 지닌 별자리들이 만났을 경우를 이야기하는데요. 이 경우는 둘 다 고정형이고, 흙 별자리와 공기 별자리가 만난 상황이지요. 물병자리 여성은 황소자리에게 집착하기 쉬워요. 황소자리는 놀라고 때론 겁도 먹지만, 물병자리의 매력이 푹 빠지게 될 것입니다. 뭐랄까, 지구인인 황소자리와 외계인인 물병자리의 조우를 연상해 보세요. 이밤이 가기 전에 둘 중 누군가는 분명 항문 탐험대의 조사를 받을 거예요!

완전히 다른 은하계에 있지만, 서로에게 다정할 수도 있어요. 황소자리는 흙의 별자리 중 가장 흙답습니다. 꿀이 흐르는 자신의 땅을 사랑하지요. 어리고 풍족하지 않아도, 집이라 부르는 사랑스럽고 아담한 둥지를 틀고 있을 거예요. 특히 음식, 섹스, 음악 같은 인간이 누릴 수 있는 감각적인 즐거움을 만끽하려고 합니다. 물병자리는 언제나 미래와 미지의 세계를 갈망합니다. 일상적이고 평범하며 정상적인 관계가 자신과 잘 맞지 않는다는 생각을 자주 하지요. 물병자리 아가씨는 황소자리 친구를 현실 세계로 이끌어 줄 연결 고리로 생각할지도 몰라요. 보통은 황소자리가 주도권을 잡습니다. 아마 물병자리에게서 별로 바라는 게 없겠지만요. 그래도 황소자리가 인생에서 큰 변화를 바라는 때를 맞이하면, 둘은 꽤 동등한 입장에서 즐길 것입니다.

침실에서조차 이 사랑스러운 커플이 맞지 않을 것 같다고 생각한다면 큰 오산입니다. 분위기에 따라 크게 좌우되는데요. 특히 황소자리가 그렇습니다. 실험하고 싶은 기분이 들면 누구를 찾아가야 할지 잘 알고 있지요. 물병자리는 도구들을 멀찌감치 갖다 치우고, 엉뚱한 묘기를 자중하면서 실제 섹스에만 집중해야 할 것입니다. 둘의 차트 안에 천칭자리가 있으면, 다른 황소자리·물병자리 커플에 비해 더 행복할 확률이 높아요. 금성은 천칭자리와 황소자리의 지배 행성입니다. 천칭자리는 물병자리와 마찬가지로 공기의 별자리이고요.

커플의 차트 나머지 영역이 '사랑의 축제'를 벌인다고 가정하고, 두 사람이 연인 관계로 발전했다면 분명 서로에게 많은 영감을 줄 수 있습니다. 황소자리는 고정형 별자리들이 필요로 하는 안정감과 한결같은 일관성을 갖고 있지요. 또 태양 별자리 가운데 가장 예술가 기질이 다분한 별자리들 중 하나이기도 합니다. 특히 음악과 잘 맞아요. 이런 기질은 창조성이 뛰어난 물병자리에게 '심쿵' 요소일 것입니다. 물병자리는 사랑하는 연인이 마음을 활짝 열고 성장해서 새로운 도전과 마주하게끔 도와줄 수 있습니다. 비록 다른 언어로 말하고, 보통은 함께 쓰지 않는 악기들로 합주할지라도 아름다운 화음을 만들어 낼 수 있을 거예요. 두 별자리의 연애는 매우 드문 현상이고 아름다움과 좌절을 동시에 맛보게 할 혼란일 것이기 때문에, 함께하는 동안 자신들만의 규칙을 만들어야 합니다.

23

황소자리와
물고기자리

Taurus and
Pisces

느낌 있는 삶

황소자리와 물고기자리의 연애는 다정하고 사랑스러워요. 황소자리가 물고기자리 연인을 괴롭힐 가능성도 있습니다. 마음을 열고 주는 면에 있어서 서툴기 때문이죠. 그래도 흙의 별자리인 황소자리는 천성적으로 물의 별자리인 물고기자리와 잘 어울립니다. 이 별자리들 간에는 편안함과 친근감이 바로 감지됩니다. 보통 60° 섹스타일 각을 순조롭고 원만하다고 얘기하는데요. 여기서 질문! 두 아가씨는 친구로 남아야 할까요, 아니면 연인이 되어야 할까요?

연애라면 십중팔구 물고기자리의 무의식에 내재된 무한한 성적 판타지로부터 시작될 것입니다. 마찬가지로 황소자리의 무의식에 내재된 육체적인 애정 표현은 물고기자리가 사랑과 욕망을 꿈꿀 수 있게 거들어 줍니다. 황소자리는 위험을 무릅쓸 만큼 모험을 즐기지 않는 성격이라서 자신이 원하는 게 무엇인지 확신이 들 때까지 물고기자리와의 진지한 만남을 미룰 수 있어요. 신뢰의 단계로 도약해서 함께 침대로 뛰어들었어도, 황소자리는 갈피를 못 잡고 혼란스러워할 텐데요. 물고기자리가 자신이 창조한 에로틱한 환상에서뿐 아니라 일상에서도 제대로 생활할 수 있는 것을 보여 주기 전까지 계속 그럴 것입니다.

둘의 차트에 근사하면서도 수월하고 흥미진진하며 도전적인 각이 충분하다면, 끝내주는 커플이 될 수 있습니다. 섹스는 분명 열정적이고 의미심장해요. 물고기자리 아가씨는 기쁨을 주는 것을 좋아합니다. 침대에서 세상이 끝날 때까지 사랑하는 황소자리를 먹어 치우고 싶어 할지도 모릅니다. 황소자리는 천천히 받아들이지만요. 조용하게 으르렁대는 속내에는 낯설고 귀여운 물고기자리를 향한 깊은 애정이 담겨 있어요.

표면상으로 둘은 분명 함께 멋진 삶을 꾸려갈 수 있습니다. 물고기자리는 남편 같은 배우자를 찾고 있고, 황소자리는 아내 같은 배우자를 찾으므로 서로에게서 바라는 점이 정확히 꼭 맞아떨어집니다. 황소자리는 일상이 순조롭게 굴러가게 만들고 미래에 대한 계획을 설계할 것입니다. 물고기자리는 성생활만큼이나 중요한 정서적인 삶을 만들어 갈 것입니다.

두 사람이 조심해야 할 점은 상대방의 감정을 넘겨짚어서는 안 된다는 거예요. 물고기자리는 마법적인 상상력을 얼마간 접어 두고, 사랑하는 황소자리 아가씨가 느끼는 현실적인 걱정과 희망, 두려움을 이해하고자 노력해야 해요. 황소자리는 물고기자리 아가씨를 함부로 막 대하지 마세요. 물고기자리 여성은 내면이 강하지만, 순간순간 약하고 예민하거든요. 그 마음을 무심코 짓밟지 않도록 조심해야 합니다.

잘 되기 시작하면 아주 잘나가는 조합이에요. 누구나 이 커플을 곁에 두고 싶어 합니다. 느낌 충만하고 있어 보이는 스타일만큼이나 관계의 본질을 위해서도 지속적인 노력을 하면 좋겠습니다. 그렇게만 된다면, 판타지와 현실을 넘나드는 완벽한 세계를 함께 만들어 갈 수 있을 것입니다.

24

쌍둥이자리와
쌍둥이자리

Gemini and
Gemini

사탕 가게 아이들

쌍둥이자리 여성 둘이 만나는 것은 사탕 가게 안에 아이 넷이 있는 것과 비슷해요. 먹을 것이 널려 있지만, 배보다 눈이 반응할 것입니다. 만나서 육체적으로 끌린다 싶으면, 이야기를 나누기 시작하고, 그러다 보면 마음도 따라가게 됩니다.

이야기는 절대 끝이 나지 않습니다. 서로가 함께하면 어떤 미래가 기다릴지 상상의 나래를 펼칠 거예요. 하지만 모든 얘기를 나누고 재미난 주제를 전부 토론하기에는 절대적으로 시간이 부족하다는 것을 깨닫지 못합니다. 심지어 두 사람은 침대에서도 수다스럽지요!

쌍둥이자리 커플의 섹스는 대담하고 자극적입니다. 사람들에게 들킬 수 있는 장소에서 일을 치른다면, 둘 다 굉장히 흥분할 거예요. 이상적인 장소는 섹시한 외화가 상영 중인 극장의 맨 뒷좌석일 것입니다. 쌍둥이자리는 언어에 능통합니다. 외국어로 대화하기 위해 혀를 쓸 때도 있고요. 더 다양하게 혀를 놀리는 것을 좋아하지요. 무슨 뜻인지 아시죠? 짜릿하군요!

만일 진지한 관계로 발전한다면, 둘은 가장 두려워하는 감정을 더 이상 안 겪어도 된다는 사실에 환호할 것입니다. 그건 지루함이에요! 두 사람은 서로를 즐겁게 해 줄 거예요. 모터 달린 입이 서서히 느려질 때에는 몇 시간이고 주야장천 스크래블*이나 백개먼** 같은 보드게임을 즐길 수 있지요. 상대가 책을 읽도록 내버려두거나 자기 일을 할 수 있도록 배려하기도 합니다. 둘은 서로에게 기꺼이 충분한 공간을 내어 줄 것입니다.

쌍둥이자리 커플의 난관은 정서적인 면을 어떻게 일깨우느냐 하는 것입니다. 어쩌면 두 사람 모두 자신보다 넘치게 감성적이고 드라마틱한 사람들과 사귀었을 테고, 그런 관계성에 더 익숙하겠지요. 그러다 시원시원한 성격의 둘이 만났으니 이 변화가 얼마나 낯설까요. 감정을 표현하는 법을 서로를 통해 배울 수도 있겠군요. 아니다 싶으면 그냥 쿨하게 무승부로 치고, 다시 친구로 돌아가 스크래블을 시작할 수도 있고요.

★ **Scrabble.** 알파벳이 새겨진 나무 타일을 사용해 보드 위에 가로 혹은 세로 단어를 만들어 내면 점수를 얻게 되는 방식의 보드게임. 세계에서 가장 사랑받는 보드게임 중 하나.

★★ **Backgammon.** 둘이서 하는 전략 보드게임. 체스와 비슷함.

25

쌍둥이자리와
게자리

Gemini and
Cancer

파워 업

　　둘 중 한 사람의 별자리 차트에 금성이나 달이 있다면 대체로 잘 맞는 조합입니다. 행복한 커플인지 논하자면 꽤 독특한 조합이지만, 각자 상대의 기질을 조금씩 본받으려 애쓴다면 잘 될 수 있을 거예요. 공기의 별자리인 쌍둥이자리는 유머 감각의 시발점인 모든 지적 자극을 소중하게 여깁니다. 쌍둥이자리가 위트 넘치고 발랄한 게자리를 만난다면, 그 즉시 흥미를 느낄걸요. 게자리가 유머러스한 건 하늘이 아는 사실이죠. 게자리들 대부분이 그렇잖아요. 게자리의 유머는 주로 캐릭터에서 나오는데요. 인간 본성을 관찰해 나온 결과물이기도 해요. 레즈비언 커플은 아니지만, 고인이 된 훌륭한 코미디언 질다 라드너(Gilda Radner)는 게자리였고 그의 진실한 사랑 진 와일더(Gene Wilder)는 쌍둥이자리였어요. 게자리는 천부적이니까 당장에 쌍둥이자리를 이겨 먹을 거예요. 차갑고 깊이 없는 걸 들키고 싶은 거냐고 살살 놀리면서 말이죠.

　　게자리 아가씨는 쌍둥이자리의 무엇을 발견할까요? 명석함과 솔직함, 진정한 품위 이런 것들에 주목해요. 쌍둥이자리는 고압적이지 않아요. 오히려 주도권은 게자리가 잡으려고 하지요. 쌍둥이자리는 게자리가 쏟아 내는 직장 사수에 대한, 또는 욕조의 물때에 대한 숱한 불평과 불만들, 전동 딜도가 없어져서 속상하다는 따위의 이야기를 듣는 시늉만 할 것입니다. 머릿속으로는 십자말풀이 같은 것을 생각하고 있을지라도, 가만히 앉아서 게자리의 불평을 듣고 있을 거예요.

잠자리에서는 펄펄 끓어오르는 한 쌍입니다. 격정적인 섹스로 안내하는 키스, 진한 애무, 스킨십에 정신없이 빠져들어요. 보통은 가볍게 즐기는 쌍둥이자리지만요. 게자리 연인에게는 놀라울 정도로 깊게 빠집니다. 게자리는 쌍둥이자리와 섹스 하는 동안 자신의 모든 감정을 온전히 겪습니다. 화냈다가 가학적으로 굴고, 슬프다가 피학적이 되며, 관능적이다가 다시 불같이 화를 내지요. 오르가즘에 도달하기 위해 매 순간 그 흐름에 몸을 맡길걸요!

그렇지만 근본적으로 두 사람은 강력하고 오래 갈 수 있는 무언가를 함께 만들 수 있을까요? 못할 이유가 어디 있겠어요? 쌍둥이자리가 감성적인 시야를 좀 넓히기만 하면 됩니다. 지배 행성이 달인 게자리가 쌍둥이자리 감성 훈련의 최적임자 아닐까요? 게자리 아가씨는 객관적이고 명료한 판단으로 자신의 기분을 조절하는 법을 배워야 합니다. 이건 쿨하고 지적인 쌍둥이자리가 누구보다 잘 가르쳐 주겠지요? 함께하면, 둘은 서너 명 몫을 거뜬히 해낼 수 있습니다.

26

쌍둥이자리와 사자자리

Gemini and Leo

근사한 연인

잘 어울리고 느낌 있는 커플입니다. 사자자리는 개성이 강하고요. 쌍둥이 자리 연인처럼 가볍고 쿨한 성향은 아니지만, 그 수준에 맞춰 젠체할 수는 있지요. 쌍둥이자리는 사자자리처럼 불같거나 깊은 감정에서 솟아나는 다혈질적인 면이 없어서 가벼운 사람으로 비치기 쉽습니다. 궁합은 좋지만, 60° 섹스타일 각을 이루는 다른 커플들처럼 너무 쉬울 수 있어요. 이 커플의 문제는 서로의 한계를 밀어붙인다는 점이지요.

곧고 좁은 길로 직진하기 전에 몇 바퀴 에두르는 경향이 있습니다. 사자자리는 장기적인 사랑을 갈구하는데, 쌍둥이자리가 그럴 수 있을지 좀처럼 신뢰할 수 없어 합니다. 이상한 것은 사자자리가 앞에서 말고, 한발 뒤에서 쌍둥이자리를 시험하고 싶어 한다는 점입니다. 일단 진지한 관계가 되면, 연인으로서 자신들이 얼마나 공통점이 많은지 깨닫고 기뻐할 거예요. 쌍둥이자리는 사자자리를 숭배하고, 사자자리도 역시 자신을 숭배해요! 세상에나!

침실에서는 얼마간 연극적인 장면을 연출합니다. 사자자리는 굉장히 로맨틱한 설정을 원해요. 촛불을 밝히고, 와인을 따르고, 감미로운 음악을 트는 동안에 지루해진 쌍둥이자리는 머릿속으로 자신이 좋아하는 셰익스피어의 시구를 읊조릴 수도 있어요. 두 사람이 사귀기 시작하면, 쌍둥이자리는 자신만의 사자자리 연인을 놀라게 할 마법적인 작은 순간을 선사하고 싶어 하죠. 섹스는 하룻밤의 꿈과 같습니다. 향기로운 캔들의 촛농과 욕정이 휩쓸고 간 자리를 정리하는 일은 악몽일 거예요. 다행스럽게도 사자자리에게는 그 일을 대신할 전속 가정관리사 청년이 있겠지만요.

쌍둥이자리가 사자자리 연인에게서 더는 지적인 흥미를 느끼지 못하거나 감성적으로도 배울 것이 없다는 생각이 들 때 문제가 생길 수 있습니다. 그 반대도 마찬가지지요. 감성 충만한 사자자리는 게으를 경우, 좀 둔하고 눈치가 없을 수 있거든요. 총명하고 눈치 빠른 쌍둥이자리 연인을 질리게 할 수 있지요.

둘이 만나서 너무너무 좋아도, 열정을 지켜 내려면 각자가 방심하지 말아야 해요. 쌍둥이자리는 성장을 중시해서 사자자리는 성장과 변화라는 개념을 두루 포용하는 법을 익혀야만 합니다. 만약 이런 부분들을 잘 풀어낸다면, 둘의 관계는 건강하고 훌륭해서 친구들이 배 아파할 거예요!

27

쌍둥이자리와
처녀자리

Gemini and
Virgo

돌아 버리겠군!

　　두뇌 회전이 빠른 두 여성은 지배 행성이 수성이지요. 둘이 만났을 때 이야기가 끝없이 이어지는 건 이상한 일이 아닙니다. 정신적인 면에서 공통점이 많지만, 스타일은 굉장히 다릅니다. 처녀자리는 항상 걱정거리로 가득하지만, 쌍둥이자리는 인생에 접근하는 방식이 더 경쾌하지요. 실제로 첫 섹스에서 처녀자리는 "어머나, 세상에. 나 내일 아침 일곱 시에 출근해야 하는데!" 라며 일상사를 끄집어냅니다. 쌍둥이자리가 오르가즘을 느낀 바로 직후에 말이죠. "근데 내일은 토요일이야." 하고 쌍둥이자리가 상기시켜 줍니다. 그러고는 또 다른 걱정거리로 처녀자리가 기겁하기 전에 부드럽게 체위를 바꿀 것입니다. 처녀자리는 도전적이고 에로틱한 자세들, 굳이 글로 표현하자면 가위 수저 거품기 같은 자세로 환희에 신음하느라 바빠서 더는 걱정할 틈이 없을 거예요.

　　두 변동형 별자리들이 각자 집착하는 사소한 것들에 대해 입을 연다면, 상대를 돌아 버리게 할 수 있습니다. 두 별자리는 90°스퀘어 각을 이루죠! 스퀘어 커플은 상호 간 짜증을 유발하지만요. 다른 순조로운 커플에 비해 더 성장하고 깊이 이해할 수 있는 여지도 많지요. 처녀자리는 흙의 별자리로서 육체적인 세계에 집착합니다. 쌍둥이자리는 대체로 정신적인 세계에 집착하고요. 둘 사이에는 매일매일 아래의 다툼이 일어날 수 있습니다.

쌍둥이: 봤어? 이번에 〈남자로 살았던 세기 전환기의 레즈비언 일기〉라는 다큐멘터리를 공영 방송에서 하더라고.

처녀: 응, 봤지. 드랙 킹*처럼 가슴을 동여맸더라고. 근데 블루투스 스피커 망가진 것 알아?

쌍둥이: 아, 서비스 센터에 가 봐야겠네. 그건 그렇고, 내가 정말로 반한 부분은 레즈비언일 것 같은 상대한테 자기가 남자 아니라 여자라고 암호로 알렸다는 점이야.

처녀: 우린 벌써 두 번이나 서비스 센터에 갔잖아. 내 말은 우리가 직접 고쳐 보든가, 새 스피커 살 돈을 다달이 오만 원씩 모아 보자는 거야. 최신형은 다섯 달 정도만 모으면 될 것 같아.

쌍둥이: 최신형 얘기 나와서 하는 말인데 1800년대 레즈들은 어떻게 섹스를 했을까?

처녀: 아홉 달 정도 모으면 더 상위 모델도 살 수 있어. 하지만 돈도 많이 들고, 시간도 오래 걸리니까. 이번 주말에 봐 줄래? 손보기로 약속했잖아. 근데, 그래 놓고서는!

쌍둥이: 계속 잔소리하면 다신 섹스 안 할지도 몰라.

처녀: 그럼 우리 데이트할래?

쌍둥이: 그래! 토요일에 칵테일 한 잔할 때, 드라이버 가져다줘.

방금 두 사람은 무엇을 하기로 했죠? 토요일 저녁에 정확히 무슨 일이 일어날까요? 그걸 알면 당신은 사람이 아니에요. 그런데 이 커플, 의사소통의 행성이 지배 행성인 게 맞을까요?

★ **drag king.** 일반적으로 남성성이라 간주되는 특질을 강조해 겉모습을 꾸미고 연기하는 드랙 쇼 연기자. 성별 이분법에 대항하는 행동주의 예술의 한 형태로 자리 잡음.

28

쌍둥이자리와 천칭자리

Gemini and Libra

제법 잘 어울려요

공기의 별자리끼리 만나서 대체로 아주 잘 어울려요. 첫 만남에서는 둘 다 상대한테 매력을 느껴도 알 듯 말 듯싶은 정도로만 드러나지요. 그래서 망각의 불과 흙 별자리 친구들은 두 사람이 서로에게 끌렸다는 사실을 깨닫지 못할 거예요. 그렇지만 물의 별자리 친구들은 단번에 알아챌 것이고요.

천칭자리는 모든 사물과의 상호 작용에 기반을 둔 미학적인 아름다움과 의미에 조예가 깊습니다. 쌍둥이자리는 천칭자리의 그런 면에 반하겠지만요, 천칭자리의 자제력을 꽤 오래 시험할 것입니다. 달아오른 것이 불 보듯 뻔한데, 먼저 다가가지는 않을 거예요. 심지어 페미니스트인 쌍둥이자리조차 수줍음 많고 고상한 천칭자리 앞에서는 뻣뻣한 부치처럼 보일 거예요.

서로 안면을 트고 욕망의 댄스 타임을 보낸 다음 찰나에 뜨거운 애무 단계로 들어갑니다. 쌍둥이자리가 제안한 가장 이색적인 장소에서 천칭자리가 리드하는 여유롭고 달콤한 로맨스를 이어갈 것입니다. 친구가 사는 선상 가옥이나 밤샘 파티가 휩쓸고 지나간 은밀한 라운지 같은 곳이겠죠. 쌍둥이자리는 전희를 즐기고, 폭발적인 오르가즘의 세계로 천칭자리를 인도할 것입니다. 키스와 애무의 선수이기도 하지요. 반면 로맨틱한 면을 중시하는 천칭자리 아가씨는 빠른 공표가 중요할 것입니다. "우리는 커플입니다."라고 공개적으로 못 박는 것 말이죠! 천칭자리는 보안과 안정성을 중요하게 생각합니다. 모호한 관계도 참을 수 없어 하고요.

　　이쯤에서 문제가 터질 수 있어요. 쌍둥이자리 아가씨는 사랑하는 천칭자리 연인이 진정으로 원하는 사람이 자신인지, 아니면 단지 연인이면 아무나 되는 건지 의구심을 느낄 수 있어요. 이상하게도 이 커플은 둘이 함께일 때 얼마나 훌륭한 한 쌍을 이루는지 서로 알지 못합니다. 시간이 지나면서 서로의 인연을 대수롭지 않게 여길 수 있고요, 다른 사람들을 향해 더 깊고 열광적인 눈빛을 보낼 거예요. 이 조합 역시 '집만 한 곳은 없다'는 도로시의 깨달음을 배워야 할 대표적인 사례예요. 다른 상대들한테로 건너가기 전에 서로를 좀 더 깊게 고려하라는 것이 제 충고입니다. 피상적 판단으로 둘 사이가 얼마나 풍성해질 수 있는지 놓친다면 애석한 일일 거예요.

29

쌍둥이자리와 전갈자리

Gemini and Scorpio

두려움과 떨림

쌍둥이자리 아가씨와 전갈자리 아가씨가 함께 있으면, 흥분과 음모로 꽉 찬 퉁명스러운 대화가 착착 오갈 것입니다. 제가 뭘 말하는지는 클래식 영화 〈길다(Gilda)〉를 보시면 확인할 수 있습니다. 쌍둥이자리는 육감적인 길다 역의 리타 헤이워드를 연기할 것이고, 전갈자리는 질투심 많고 예민한 조니 역의 글렌 포드로 분하겠지요. 적어도 전갈자리는 그럴 것입니다. 전갈자리와 사귀어 본 적 있는 쌍둥이자리한테 물어보면, 마틴 스콜세지 감독의 영화 〈좋은 친구들(Goodfellas)〉을 예로 들지도 몰라요. 곤경에 처한 헨리 역을 맡은 레이 리오타는 쌍둥이자리일 테고, 카리스마 그 자체이면서도 미치광이인 토미 역의 조 페시는 전갈자리일 거예요.

요점은 이렇습니다. 두 사람의 관계는 한동안 괜찮습니다. 서로가 각각 관계를 다르게 맺고 있다는 것을 깨닫기 전까지는 놀라울 정도로 사이가 좋을 것입니다. 쌍둥이자리가 두 개의 본성을 갖고 있다는 건 널리 알려진 사실이죠. 전갈자리는 기분에 따라 바뀌는 여러 본성을 갖고 있습니다. 격하게 어두운 기분으로 떨어질 때도 있습니다. 두 태양 별자리는 서로 150° 인컨정트 각을 이룹니다. '전혀 다름'의 각이죠! 본능적인 무엇이 둘 사이를 끌어당기지만, 사랑에 빠지고 나면 말이 잘 안

통할 수 있어요. 전갈자리는 지배하려 들고, 쌍둥이자리는 회피하려 합니다. 다툴 때는 신중하세요. 둘은 드물게 싸울 텐데, 서로를 두려워하기 때문입니다. 전갈자리는 매정해질 수 있고, 쌍둥이자리는 총명하고 냉철한 방식으로 끊어낼 수 있어요. 최악의 상황일 경우에 그렇다는 겁니다.

성적으로 두 사람은 같은 주파수를 사용합니다. 둘 다 모험가 기질이 다분하고요. 비밀이 위대하다는 사실을 알고 있지요. 쌍둥이자리는 들킬 것 같은 아슬아슬한 상황을 즐기고, 전갈자리는 심리적으로 은밀한 분위기를 좋아해요. 사귀면서 매일의 일상을 나누는 관계로 접어들 때는 대체로 잘 어울립니다. 둘 다 야무지고 재미있어요. 서로가 모든 일에 활력소가 될 거예요. 감정적인 면에서는 신뢰가 최우선입니다. 모든 중요하고 드라마틱한 방법을 동원해 신뢰를 구축해야 하지요.

맨 처음 크게 싸우게 됐을 때, 관계에 종지부를 찍을 것인가 아니면 더 진지한 만남으로 함께할 것인가의 갈림길에 서게 될 것입니다. 그때 비로소 이 조합의 민낯이 드러납니다. 전갈자리는 그가 배신이라 느끼는 모든 행위에 대해 용서를 베풀 줄 알아야 해요. 어쩌면 자신의 의심하는 기질을 사랑하는 사람한테 투영한 걸지도 몰라요! 쌍둥이자리는 전갈자리 연인을 감성적으로 대할 것을 약속해야 합니다. 라틴어 공부를 하거나 어려운 무용 테크닉을 연습할 때는 제외하고서요.

관계는 복잡하고요. 장애물은 도처에 있습니다. 쌍둥이자리·전갈자리 커플한테 대부분 뾰족한 수는 없습니다. 자신의 별자리 차트에 상대방의 상승궁 혹은 달이 있으면 특히 그렇지요!

30

쌍둥이자리와 사수자리

Gemini and Sagittarius

전생 인연

여기 두 여성의 레즈비언 관계를 요약해서 보여주는 싱어송라이터 폴라 압둘의 노래가 있습니다. 〈정반대의 끌림(Opposites Attract)〉이나 〈매정한 사람(Cold Hearted)〉이요! 첫 번째 곡명처럼 쌍둥이자리와 사수자리는 황도 12궁의 정반대편에 있지요. 쌍둥이자리는 이지적인 공기의 별자리이고요. 사수자리는 행동 지향적인 불의 별자리입니다. 쌍둥이자리는 미묘해서 파악하기 어렵지요. 사수자리는 폴라 압둘의 디스코 음악처럼 딱 떨어집니다. 그런데 이런 정반대의 성격이 거부할 수 없는 화학 반응을 일으킵니다. 서로에게 굉장히 좋을 수 있어요. 하지만 잘못하면 서로 상대의 인생을 망칠 수도 있다는 걸 알고 있죠! 이런 상황이라면 두 번째 곡에 딱 들어맞을 겁니다.

첫 만남에서 쌍둥이자리는 말이 많고, 말이 많고, 말이 많아요. 원래 많은 사람과 대화를 즐기지만, 사수자리와의 자리에서는 초조함을 감추려는 의도로 말을 더 많이 하지요. 반대로 사수자리는 처음에도 전혀 긴장하지 않아요. 지나친 자신만만함이 그의 아킬레스건입니다. "어떻게 하면 이 귀여운 사람을 침대에 눕힐 수 있을까?" 하는 생각뿐이에요. 구애 방식은 직접적입니다. 술 몇 잔과 싸구려 감성이 약간 어우러지면 모든 준비가 끝납니다.

　　낭만적이게도, 둘 사이에는 믿기지 않는 무언가가 존재합니다. 두 사람 사이의 성적인 연결감에는 거부할 수 없는 위험 요소가 있지요. 사수자리는 쌍둥이자리와 잘 때 상위에서 리드하길 원하고요. 쌍둥이자리는 연인의 기분을 맞추는데 도가 틀 것입니다. 그래도 다양한 시도를 즐겨서 사수자리 연인의 휘몰아치는 열정을 새롭고 독특한 것으로 바꿀 방법을 찾아낼 거예요.

　　둘이 엮인다면 바로 사귈 것입니다. 싸움도 바로 시작될 거고요. 물론 사랑하고 끌리는 건 확실하지만 불안정한 관계라는 것도 부인할 수 없습니다. 사수자리는 자기 일에 빠져서 몇 시간 혹은 며칠 동안 쌍둥이자리 연인에게 연락도 없이 사라질 수 있어요. 쌍둥이자리는 열두 별자리 중 소유욕이 없기로 알려져 있는데요. 그런데도 사수자리는 시비를 걸어 싸우고 싶은가 봐요! 사수자리에게는 사랑하는 이의 애정을 시험하고 싶어 하는 유치함이 있습니다. 그가 연장자이거나 엄청나게 도를 닦지 않은 이상 말이죠! 원활하게 소통하려면 둘 중 상대적으로 성숙한 쌍둥이자리가 주도해야 할 거예요.

　　쌍둥이자리·사수자리 커플은 대부분 전생에 인연이 있다거나 어떤 깊은 영혼의 교감을 나눈다고 느낍니다. 대다수 그럴 거예요. 현생의 관계를 지지하는 마음으로 권합니다. 그러니까, 여러분. 서로를 그만 괴롭히고 서로를 발견해 준 것에 감사합시다. 서로 사랑하는 일에 집중하세요. 그것으로 시대를 초월한 영원한 관계를 창조할 수 있을 것입니다. 싸우고 그리워하는 동안 마빈 게이의 〈아무리 산이 높아도(Ain't No Mountain High Enough)〉를 듣지 말고, 퀴어 클래식 명곡에 맞춰 살아보도록 노력해 보죠!

31

쌍둥이자리와 염소자리

Gemini and Capricorn

환상의 커플

아주 독특한 조합입니다. 태양 별자리뿐 아니라 다른 점성술의 각들이 두 여성을 연결해 준다면 잘 맞을 수 있습니다. 각자가 집중하는 일에 힘을 쏟을 때 진짜 재치와 투지가 차오릅니다. 쌍둥이자리 아가씨는 동시에 여러 일을 하는데, 대부분 지적인 것들에 집중하고요. 염소자리는 이익과 손실에 더 관심이 있어요. 예를 들어 레즈비언 셋 중 한 명이 종사한다는 출판계에 속한다면! 장담컨대 자신의 분야에서 강박적으로 정상에 오르고 싶을 것입니다. 천천히 조심스럽게 움직이는 염소자리지만, 힘을 갖기 시작하면 인정사정없이 완고합니다.

둘이 만나면 변동형 별자리인 쌍둥이자리가 염소자리의 방식에 맞출 것입니다. 쌍둥이자리는 염소자리가 일과 목표에 대한 포부를 털어놓게만 하면 됩니다. 갑자기 공통점이 많아질걸요. 염소자리는 일 중독자인 동시에 섹스 중독자이기도 해요. 일에 심하게 억눌린 나머지 어딘가에 기를 발산해야만 하는데요. 그러기에 쌍둥이자리의 얼굴보다 좋은 곳이 어디 있을까요?

침실에서는 낯설지만 섹시한 한 쌍입니다. 염소자리는 더럽고, 갈망하는 신음 소리로 꽉 찬, 열정적인 섹스를 좋아합니다. 쌍둥이자리는 저속한 말로 가득한 대본을 그 자리에서 뚝딱 만들어 낼 수 있습니다. 그래요. 어쩌면 전 여친 한두 명에게 써 먹은 대사일지도 몰라요. 하지만 누가 알겠어요? '쉿! 비밀이에요!' 느낌의 성생활입니다. 섹스가 역겹고 금기를 깰수록 친구들과의 파티에서 말을 아끼게 되겠지요.

둘의 또 다른 공통분모는 대외적인 이미지에 대한 집착입니다. 쌍둥이자리는 대변인(spin doctor)이라는 단어가 생기기 전부터 타고난 미디어 홍보 전문가이지요. 열렬하게 광고하고 소문나는 것은 무조건 좋은 일이라고 생각합니다. 염소자리와 사랑에 빠지게 되면, 끝내주게 재기 발랄한 방식으로 이를 세상에 알리거나 감사를 표할 거예요. 쌍둥이자리는 너무 힙해서 감성이 부족할 수 있지만, 자신과 연인을 홍보하는 데 문제가 없어요. 염소자리는 여론 조작(spin)의 달인입니다. 천성적으로 보수적이고 신중한 성격이지요. 안전하다고 확신하기 전에는 사랑을 세상에 알리는 걸 싫어할 수 있습니다.

눈치를 챘나요. 두 사람의 관계에는 좀 업무적인 분위기가 흘러요. 진정으로 감정을 나눌 수 있으려면, 적어도 둘 중 한 사람의 차트에 진지한 편인 물의 별자리가 들어가 있어야 해요. 감정이 깊다는 전제하에 두 사람은 장기간에 걸쳐 진행되는 일을 잘 처리합니다. 쌍둥이자리에게는 행복한 인생을 위해 더 다채롭고 재미있는 요소들이 필요하지요. 염소자리는 원래 순례자의 길을 걷는 걸 즐기는 사람입니다. 그래서 진즉 문제들이 있었을 거예요. 연장자인 염소자리는 치열한 생활에 진저리가 났고 인생을 즐길 준비를 마쳤습니다. 영원히 늙지 않는 쌍둥이자리와 환상의 커플을 이룰 것입니다. 나이에 관계없이 열렬한 성생활에다 함께 집중할 수 있는 공통의 집착이 있다면, 최고로 희망적이에요.

32

쌍둥이자리와 물병자리

Gemini and Aquarius

폭죽놀이

    쌍둥이자리·물병자리 커플을 보고 있으면 비치 보이스의 노래 〈FUN! FUN! FUN!〉이 생각납니다. 둘 다 공기의 별자리들이라 그런지, 깊고 얕은 이슈들에 대해 열정과 흥분으로 가득 차 있습니다. 포르노그라피를 다루는 언론의 태도에 대해 진지한 토론을 벌이고 나서 비슷한 톤으로 헤어 케어 제품, 예컨대 오일이냐 에센스냐에 대해 열띤 대화를 나누는 사람들은 쌍둥이자리와 물병자리 밖에 없을 것입니다.

    침대에선 터지길 기다리는 두 개의 폭죽과 같습니다. 하지만 섹스를 하는 동안 정치 이야기와 험담을 멈출 수 있을까요? 그것이 문제로군요. 둘 다 야한 게임을 하니까, 어쩌면 잠깐은 침묵이라고 할 수 있는 장면을 연출할 수 있겠지요. 일단 사랑을 나누기 시작하면 웃음과 역할극이 난무합니다. 상대를 마음 편하게 해 주려는 의도예요. 물병자리 아가씨는 쌍둥이자리 연인이 연기로 진지한 체하는 것을 바꾸고 싶어 하지만, 아무리 자극해도 안 되는 걸 알지요. 쌍둥이자리의 가장 큰 적은 지루함이잖아요. 자극을 필요로 해요. 그래서 물병자리가 갖고 있는 모든 섹스토이는 물론, 모든 귀여운 친구들을 만나면 아주 기뻐합니다. 일부 쌍둥이자리·물병자리 커플은 모노가미* 연애를 할 수도 있겠지만요. 현실적이지는 않은 옵션일 듯싶어요. 이 아가씨들의 마음속에는 분방한 성생활을 지향하는 마음이 도사리거든요.

그렇지만 멋지고 헌신적인 관계를 함께 맺어갈 수는 있습니다. 극히 평범한 방법으로 할 수 없을 뿐이죠. 행복의 문을 여는 열쇠는 가까이 있어요. 서로의 개인적인 공간을 상당 부분 배려해 주고, 끊임없이 정신적으로 도전하는 것입니다. 둘의 차트에서 흙 별자리에 매일 다른 행성이 자리하지 않는 한, 정착한다는 관념은 거의 없을 것입니다.

동거나 결혼을 결심하기 전에 교제 기간을 충분히 거쳐야 합니다. 꼭이요! 정말로 같이 성장할 잠재력이 있는지 알아보기 위해, 오랜 시간을 함께해야 해요. 어떤 쌍둥이자리·물병자리 커플에게는 진실하고 영원한 사랑보다 오락거리가 중요해요. 오락거리 없는 커플에게는 공허감과 '이게 다야?' 하는 생각이 자리할 수 있습니다.

쌍둥이자리와 물병자리에게는 자산이 많습니다. 규칙을 자주 수정하고 보강하는 열린 관계를 만들어 가세요. 입마개는 필수예요. 에로틱한 목적은 물론 실용적인 용도로도 유용하게 사용하는 것이 좋아요.

★　**Monogamy.** 1대 1 연애. 독점 연애. 일부일처제. 모노아모리. 반의어는 폴리아모리.

33

쌍둥이자리와
물고기자리
Gemini and
Pisces

사랑도 통역이 되나요?

두 여성은 종잡을 수 없고 한마디로 단정 짓기 어렵다는 공통점이 있습니다. 쌍둥이자리는 두뇌 회전이 빠르고 매력이 넘칩니다. 물고기자리는 자기가 만든 판타지 세상에 살아요. 막대 사탕을 빠는 아름다운 레즈비언들과 위협적인 미치광이 정부들이 가득한 세상이요. 이 커플의 구애 방식은 굉장히 뇌쇄적이지만 냉소적이기도 합니다. 누가 누구를 확대 해석하게 될까요? 두 사람 사이에 무슨 일이 벌어질까요?

여러분! 섹스와 혼돈입니다. 이 커플의 대화는 재닛 윈터슨(Jeanette Winterson)의 퀴어 소설이나 여자 농구단, 날씨 따위의 실제적인 주제를 다루는 것이 아니기에 좀 난해합니다. 세상에! 이 분들은 순수와 무결한 욕망에 관한 이야기를 나눠요. 안타깝게도 두 사람 모두 자신들이 실제로 그런 이야기를 한다는 걸 인지하지 못할걸요. 한 문장 한 문장마다 숨겨진 의미가 따로 있고, 이중적인 뜻이 있어요. 한 번 들어 보죠.

쌍둥이자리 : 그 망고 먹을 거예요?

물고기자리 : 생각 중이에요. 먹을까요?

쌍둥이자리 : 글쎄요. 계속 쳐다보면서 가지고 놀더군요.

물고기자리 : 아마요. 제가 그런 걸 좋아하나 봐요.

쌍둥이자리 : 그럴지도요. 아니면 그저 과시하는 건지도.

물고기자리 : 망고를 먹을래요?

쌍둥이자리 : 글쎄요. 원한다면 이 바나나와 바꿔드릴게요.

물고기자리 : 혹시 제가 둘 다 먹어 치우고 싶다면요. 제 망고와 당신 바나나 모두요.

쌍둥이자리 : 여기 계산서 주세요!

　

　무슨 뜻인지 이해하셨나요? 쌍둥이자리와 물고기자리 여성들만 이런 어조로 말합니다. 엉성한 동시에 유혹적일 수 있어요. 이 낯선 과일 말이에요. 일단 사이가 가까워지면, 이런 대화가 계속 이어집니다. 그래서 양쪽 모두 불안할 수밖에 없습니다. 쌍둥이자리 아가씨는 사랑하는 물고기자리 연인이 미치도록 행복한지, 극도로 자살 충동을 느끼는지, 대체로 확신할 수 없을 거예요. 그 결과 물고기자리는 내심 쌍둥이자리를 에너지 넘치는, 하지만 철저하게 감정이 배제된 사람으로 여길지도 모릅니다.

　두 변동형 별자리 사이는 절대적으로 노력이 필요한 90° 저항의 스퀘어 각을 이룹니다. 쌍둥이자리는 이성뿐 아니라 마음에서 우러나오는 말을 해야만 할 것입니다. 물고기자리 아가씨는 어떠한 징후나 영혼, 그것과 관련한 강박관념에서 좀 벗어나야 할 거고요.

　쌍둥이자리는 뛰어난 재치 뒤에, 물고기자리는 유혹적인 매력 뒤에 숨지 마세요. 물러서지 않는다면 서로를 사랑할 절호의 기회를 잡을 수 있을 거예요. 당연히 통역은 필요하겠지요?

34

게자리와
게자리

Cancer and
Cancer

여자 둘이 살고 있습니다

게자리 여성 둘이 만난다면, 궁금한 게 있어요. "집 밖으로 나가기는 하나요?" 당신은 지금껏 게자리 사람의 전형을 어떤 단어로 묘사할 수 있는지 익히 들었을 거예요. 양육자, 가정 애착, 음식 애호, 분위기를 탐, 가족 지향. 여기에 사회에서 강요한 '여성성'에 '매우 레즈비언'이란 단어를 곱해 나온 값을 더해 보세요. 어떤 결과가 나왔나요? 지긋지긋하게 달콤하면서도, 훌륭한 커플이 될 수 있을, 광장공포증 환자 둘이 나왔군요!

사실 모든 게자리가 주부 일을 선호하는 건 아니에요. 게자리들에게는 집에서 흘러간 오페라 명반을 들으면서 홈드레스를 입고 빵을 굽는 성향이 잠재되어 있긴 하죠. 하지만 점성학적으로는 자유 의지라는 게 있어요. 게자리는 운동을 좋아하고, 모험심이 강하며, 심지어 사교적입니다. 하지만 게자리 여성 둘이 함께하면, 그들은 자궁으로 돌아갑니다. 당신도 쉽게 그들을 둘러싼 양수를 느낄 수 있을 거예요.

공기 중에 여러 음식 냄새가 뒤섞인 부엌 식탁에서 사랑스러운 젖가슴을 빠는 것보다 별로인 게 또 있을까요. 그래도 성적으로는 둘이 함께 지상 낙원을 찾을 수 있을 것입니다. 게자리 여성은 놀라울 정도로 다재다능하고, 눈 깜짝할 사이에 위에서 아래로, S에서 M으로 넘나들거든요. 뼛속 깊이 분위기를 타서 그래요! 기분이 달과 일치할 때는 상태가 좋습니다. 자연스런 주기를 탄다는 뜻이죠. 두 사람 모두 지배 행성인 달에 대한 감각을 잃는다면, 문제가 생길 수 있어요. 그래서 저는 이 아가씨들에게 리듬에 맞춰 춤추는 레즈비언 퍼커션 동호회를 만들어, 매월 만월 의식을 거행해 보길 추천하고 싶군요.

사귀다 보면 틀림없이 둘이 함께 살고 싶을 것입니다. 그래요. 보통 레즈비언 커플이 평균적으로 이성애자나 게이 커플보다 평균 11개월 빨리 동거를 시작한다고 보잖아요. 이 게자리 커플은 첫 데이트에서 디저트를 주문하기도 전에 살림을 차릴 거예요. 두 사람은 진정한 레즈비언 클리셰예요. 그래서 우리는 이 커플을 사랑하죠!

당연하게도 둘 사이의 불길을 유지하는 것이 해결 과제예요. 둘 중 한 사람이 사랑스러운 가족과 집안일에 푹 빠져 로맨스를 자꾸 잊어버린다면, 문제가 생길 수 있지요. 게자리는 천성이 사생활을 중시하고 내향적이에요. 친구와 다른 가족들은 결코 상상할 수 없는 비밀스럽고 은밀한 것을 우리 등 뒤에서 즐길 거예요. 만약에 우리를 초대한 저녁 식사 자리에서 둘이 '오래된 부부' 같다는 농담이 나온다면, 아마 서로를 응시하며 비밀스럽게 웃을걸요.

35

게자리와
사자자리

Cancer and
Leo

한여름 밤의 꿈

게자리와 사자자리의 사랑은 두 사람이 태어난 계절을 연상케 해요. 바로 여름이죠! 함께할 때, 두 사람은 모두 따뜻하고 애정과 희망이 넘치며 장난기로 가득합니다. 원래 여름이란 계절이 가장 사랑에 빠지기 쉬운 계절이에요. 사자자리는 달콤하고 낭만적인 거리에서 사랑하는 게자리 아가씨와 춤추는 걸 좋아합니다. 게자리는 물 만난 물고기예요. 바닷물 속에 풍덩 빠져 사자자리 연인과 키스하고 애무하는 동안, 주위로 파도가 일렁일 것입니다.

하지만 후끈했던 계절이 가고 진짜 삶이 시작되면 어떤 일이 생길까요? 글쎄요. 대개 둘의 차트에 있는 다른 행성들이 좌우하지요. 하지만 이것만은 확실해요. 감정 변화가 추하게 요동칠 수 있습니다. 둘 다 가슴속에 큰 아기가 있거든요. 아이들이 원하는 걸 얻지 못할 때 뭘 하는지 잘 아시잖아요. 울고 소리치죠! 아기들은 다른 사람의 입장을 고려할 수 없습니다. 둘 다 너무…… 아기예요! 그래서 감정이 식어가는 냉각기 중에 첫 싸움을 벌일 수 있습니다. 굉장히 바보 같은 싸움일지라도 말이에요. 이때 종지부를 찍는 게자리와 사자자리 커플이 더러 있습니다. 아직 살아남은 분들은 안심해도 좋아요. 앞날이 훨씬 창창하거든요.

사자자리는 게자리 아가씨의 감정이 충분히 강렬하고 드라마틱한 걸 잊지 마세요. 자기 의견을 피력한답시고 소리를 지르거나 난리를 피워서는 안 됩니다. 게자리는 너무 공격적인 불의 별자리가 자신을 괴롭힌다고 느낄 테고, 그럴 땐 자신의 상처를 어루만지고 억울함을 달랠 안전하고 깊은 내면으로 들어가 버릴 거예요. 하지만 게자리도 인정해야 합니다. 자기 기분이 죽 끓듯이 변한다는 걸 말이죠. 인간은 기분 내키는 대로 살 권리가 있지만, 사자자리 연인이 마음을 헤아려 주기만을 바라지 말아요. 그건 불공평해요.

만일 함께 사계절을 보낼 수 있다면, 당연히 상대의 패턴을 좀 더 이해하기 시작할 것입니다. 분위기도 더 맞출 수 있겠지요. 그럼에도 사자자리는 불의 별자리고, 게자리는 물의 별자리잖아요. 둘의 관계에는 이상야릇한 뭔가가 늘 존재할 거예요. 어느 쪽도 서로를 완전히 이해할 수 없지만, 무슨 상관이겠어요? 여름 동안의 로맨스를 봄과 가을과 겨울에 다시 되살릴 수 있잖아요. 이것만으로도 모든 우여곡절을 함께해야 할 이유가 차고 넘칩니다.

36

게자리와
처녀자리
Cancer and
Virgo

아무튼 커피

둘만의 연애 사건을 랍스터 만찬처럼 떠벌리고 다니는 커플이 있습니다. 하지만 매일 밤, 몇 주, 몇 달, 몇 년 동안 계속 랍스터를 먹는 사람은 없겠지요. 게자리 여성과 처녀자리 여성의 관계는 완벽한 커피 한 잔 같다는 표현이 딱 맞습니다. 당신이 완전 빡빡한 레즈비언이라면, 허브티 정도겠죠. 아무튼 한 마디로 맛있습니다. 하루에 한두 번, 어쩌면 세 번을 매일 수년간 즐길 수 있어요. 대체로 맺어지기 쉽다는 물의 별자리와 흙의 별자리 커플이 여기 또 있군요. 잘 갈린 커피콩과 모락모락 김이 나는 뜨거운 물처럼 쉽게 섞입니다.

첫 만남에서 잘 되기는 어려워요. 아마 몇 년 동안 동네 마트에서 스쳐 왔다가, 어느 날 문득 늙은 호박을 놓고 잡담을 나누기 시작할 거예요. 게자리가 특별히 어울리고 싶은 기분이 아니면, 보통 한 달에 9일 정도 사교적이거든요. 이름조차 알려 주지 않을걸요. 당장에는 전화번호도 교환하지 않을 테고, 다음에 만날 약속도 잡지 않을 것입니다. 둘 다 팬티 안에 어떤 뜨거운 기운이 훅 올라오는 걸 감지하면서도 그냥 가게를 나오겠지요. 대개 현실적이고 방어 기제가 강합니다.

다음 컷! 두 달이 흘렀어요. 레즈비언으로 가득한 티 파티가 열렸습니다.

붐비는 방 너머에서 서로를 찾았습니다. 디제이가 온라인 탑골공원 분위기로 음악을 선곡합니다. 굉장히 신나 있던 처녀자리 아가씨는 귀여운 게자리를 발견하고는 화들짝 놀랍니다. 예민한 속을 달래려고 마시던 진저에일을 거의 뿜을 뻔했어요. 처녀자리가 동행인 무리에게 "천식 약 좀 가져다줘!"라는 만국 공통의 수신호를 보내기 전, 게자리도 그를 알아봅니다. 게자리는 수줍음을 타지만, 변동형 별자리예요. 시작하는 데 능하다는 의미죠! 처녀자리를 향해 미소를 보내고, 담배를 피운 다음한 잔 마시고, 민트를 씹으면서 구순기 고착을 달랜 다음 자신이 무엇을 이룰 수 있는지 확인하려고 나아갈 것입니다.

전 과정을 모두 거친 뒤에 가장 격렬하게 하나가 될 거예요. 댄스 플로어에서 열띤 커플 댄스를 추다가 부드럽게 침실로 향합니다. 두 아가씨의 섹스는 사랑스럽습니다. 운동 신경은 좋아야 할 거예요. 처녀자리는 긴장할 수 있지만, 상대가 옷을 벗기고 무릎을 귀 옆까지 들어 올리는 순간 최고로 먹음직스러운 자세로 긴장을 풀며 자신을 놓습니다. 게자리는 침대 위의 요염한 아가씨에서 전세를 장악하는 암호랑이 사이를 자유자재로 넘나들 것입니다.

꽤 오랫동안 행복한 사랑을 할 수도 있습니다. 커플이 함께 넘어야 할 산이 있지만요. 두 사람의 공통적인 약점은 와인도 아니고, 여자도 아닙니다. 바로 걱정이죠. 처녀자리는 걱정으로 유명합니다. 잔소리와 생트집으로 이어져요. 노이로제에 걸린 수다쟁이처럼 쏘아대지 말고 자신의 감정과 두려움, 원하는 것이 무엇인지 표현하는 법을 배워야 합니다. 게자리는 처녀자리 연인을 시험하려고 드는 습관이 있습니다. 버려지는 것을 두려워하기 때문에 수십 번을 먼저 헤어지자고 할지도 몰라요. 지친 처녀자리가 그를 놓아주려는 마음이 들 때까지요!

온 마음을 다해 사랑을 키워가고 싶은 게자리·처녀자리 커플에게 추천합니다. 길고 기분 좋은 섹스를 마친 뒤에 이런 것들을 해 보세요. 여러 치료법도 좋겠고요. 항불안제를 복용하거나 커피와 차를 마시면서 길고 고요한 대화의 시간을 갖길 권해요.

37

게자리와
천칭자리

Cancer and
Libra

낭만적 사랑과 동성혼

게자리와 천칭자리 여성은 둘 다 끈질긴 로맨티스트들이에요. 게자리는 사랑과 명예를 존중하는 타입입니다. 천칭자리는 꽃다발이나 달콤한 것처럼 로맨스가 가미된 소품에 좀 더 신경 쓰지요. 게자리는 예쁜 말들과 귀여운 것에서 감정을 느낍니다. 둘을 더해 보세요. 비 오는 오후에 케이블 채널에서 방영되는 슬픈 영화를 보는 듯해요. 서로를 사랑하지만, 대화가 잘 안 통하는 것을요.

성적으로도 서로 다른 언어를 구사합니다. 언어가 여럿 섞이더라도, 로맨틱한 언어이기만 하면 괜찮아요. 잠자리에서는 천칭자리가 먼저 리드하지만 이내 주도권을 게자리 연인에게 넘겨줍니다. 분위기 잡는 데에는 향초와 트러플 초콜릿 같은 섹시한 자극제가 많으면 많을수록 좋습니다. 이렇게 즐기는 것이 이들 관계의 기반이에요. 온몸에서 로맨스가 줄줄 흐르고, 초콜릿도 줄줄 흐르지요. 천칭자리는 예쁜 카드와 시를 쓰는 걸 즐깁니다. 게자리는 적절한 순간에 간결하고 애정 어린 사랑의 맹세를 선포하는 데 여왕이지요.

천칭자리는 낭만적이지만, 향초의 왁스가 마르고 나면 냉정하고 분석적으로 변합니다. 게자리는 지극히 개인적인 일에서만 지적인 토론이 가능합니다. 이런 순간들 때문에 서로 거슬릴 수 있어요. 두 별자리가 스퀘어 각을 이룰 때 감수해야 할 부분입니다. 성장에는 자극이 되지만, 자주 골치 아파요!

두 여성은 원하는 바가 같습니다. 결혼을 위한 사랑을 찾기 때문에, 자잘한 사건들 뒤에 다른 방향을 고민하기 쉽습니다. 둘 다 꽁해 있거나 우회적인 방식으로 표현하는 수동 공격 성향으로도 유명합니다. 오! 상대가 돌아 버리게끔 일을 꾸밀 동안에도, 이들 커플은 서로에게 온화하고 친절하게 행동할 수 있어요.

두 사람 모두 안전 문제를 잘 다루어야 합니다. 진실로 사랑하고 진심으로 결혼을 하고 싶은지 알아가고자, 사랑받고 안정된 결혼 생활을 하고 싶은 절박한 욕구를 제쳐 둘 수 있다고 가정해 보죠. 그럴 때 비로소 둘 사이를 진실한 로맨스가 반석이 된 사이라고 부를 수 있겠습니다.

38

게자리와
전갈자리
Cancer and
Scorpio

경찰 부를까요?

격정적인 물의 별자리들끼리 감정의 도박을 벌일 수 있습니다. 뜨거운 연인이 될 수도 있고, 환상적인 친구 사이로 남을 수도, 철천지원수가 될 수도 있어요. 두 사람이 어떤 사이가 되더라도, 감정의 깊이와 묘한 편안함이 깃든 신비로움이 독특한 분위기를 자아냅니다. 누구도 말로는 충분히 설명할 수 없을 것입니다. 물의 별자리들이라 아마 첫눈에 반할 거예요. 게자리는 전갈자리에게 상냥한 매력을 발산할 텐데요. 전갈자리가 낚일 수도, 아닐 수도 있어요. 이상하게 게자리와 전갈자리는 노는 물이 다른 것처럼 보이는데요. 그래서 용기를 좀 내야 할지도 몰라요. 그에게 엉덩이를 들이미세…… 아니, 그러니까 나가서 커피 한 잔 어떠냐고 물어보세요!

둘이 연인으로 발전하려면, 게자리가 그린 라이트를 켜야 해요. 의심할 여지없이 전갈자리는 게자리에게로 은밀하게 다가갈 거예요. 게자리의 어떤 특별한 면이 전갈자리에게 비밀스런 무성 영화의 주인공이 된 것 같은 느낌을 주거든요. 실제로 그렇기도 하고요! 흑백 무성 영화인데, 대사도 없고 활기찬 음악도 없고 외국어이긴 한데 둘에게는 친숙한 언어로 쓰인 타이틀뿐인 작품이요.

성적으로는 뜨거운 커플이에요. 물의 별자리들은 본능의 세상에서 자신들만의 끝내주는 것을 즐기는 법을 알고 있습니다. 전갈자리에게는 게자리가 참을 수 없을 만큼 섹시하고 호감이 갑니다. 손에 닿을 수 있는 범위 안이라면, 유난히 통제 불가능하다는 느낌을 받을 거예요. 게자리는 전갈자리의 지나친 불안과 거친 성격에 주체하지 못할 정도로 빨려 들어갑니다. 강렬함과 꾸미지 않은 섹시함이 매력 포인트예요. 두 사람은 지루할 틈이 없습니다. 서로를 난잡하게 느끼긴 해도요!

열정과 감정으로 충만한 사이라지만, 주도권 싸움이 있을 수 있습니다. 싸움은 침실에서 시작해서 전갈자리가 왕좌에 오르길 원하는 거리에서도 계속됩니다. 게자리는 전갈자리가 자신을 통제하고 소유하려고 든다고 느낍니다. 전갈자리는 게자리의 변덕이 너무 심해서 도저히 이해할 수 없다고 생각하지요. 그럴 때 "기분이 어떤데?"라고 묻는 대신 한발 앞서갈 수도 있습니다. 진전이라곤 전혀 없는 최악의 방법이지요. 이 물의 별자리들은 대체 왜 이러는 걸까요? 왜 지성과 대화가 아닌 몸과 심장으로만 소통해야 할까요?

게자리·전갈자리 커플이 "날 먹어 줘! 언니."의 연애 초기를 지나 계속 만나게 되면, 꽤 진지한 단계로 돌입할 것입니다. 각자가 드디어 찾았다는 생각을 할수도 있어요. 하지만 체액보다 더한 것을 나누기 전에 잘 싸우는 법을, 그것도 멋지게 싸우는 법을 배워야 합니다. 게자리는 전갈자리가 과도하게 지배하려 든다고 느끼겠지만, 그렇게 가학적인 방식으로 행동할 필요가 있을까요? 전갈자리는 게자리가 자신을 오해한다고 느낄 수 있지만, 그것이 그를 스토킹한 변명이 될까요?

성숙한 게자리·전갈자리 커플에게 삶은 달콤하고 말도 못하게 섹시한 것이죠. 하지만요. 미성숙한 커플이라면 경찰을 불러야 할 수도 있어요!

39

게자리와
사수자리

Cancer and
Sagittarius

한번 해 봐

여기 모든 일에 자기반성을 곁들일 정도로 지나치게 예민한 게자리가 있습니다. 창피를 당하는 것도, 다른 사람한테 창피를 주는 것도 불가능하다고 여기는 사수자리도 있어요. 두 사람이 만나면 무슨 일이 벌어질까요? 글쎄요. 두 고단수가 만났으니 분명 재미있을 거예요! 불과 물이 만나면 문제를 일으킬 소지가 있지만, 둘 중 한 명의 차트상 달이나 상승궁이 상대방의 태양 별자리에 위치하길 빕니다. 잘 어우러지는 각이라는 전제하에 긍정적인 성격이 공통분모라는 점에 기대어 보면, 한번 해 볼 만하다고 생각해요.

사수자리와 게자리는 둘 다 웃기 좋아하는 별자리들이에요. 사수자리는 새벽 5시까지 바에 앉아서 음담패설을 지껄일 수 있지요. 게자리는 파티 족이 아니지만, 진짜 엉뚱한 면이 있습니다. 의외로 몸을 던져서 거의 슬랩스틱 수준의 코미디를 선보입니다. 두 사람은 특히 어린이나 어려운 사람을 돕는 활동을 많이 해요. 또한 스포츠를 즐기고 야외 활동을 좋아하지요.

대개 보면 두 사람은 함께 무언가를 할 때 가장 행복을 느낍니다. 사수자리는 재미를 추구하고 태평한 성격이라 게자리의 익살맞고 긍정적인 면을 끌어낼 수 있어요. 게자리는 사수자리가 안정된 삶을 살 수 있도록 도와줍니다. 사수자리에게 경제권을 맡겨 보세요. 아마도 돈이 바닥날 때까지 매일 밤 고급 레스토랑에서 외식할 거예요! 그런 다음 라면에 김치와 수돗물로 끼니를 때우겠지요. 반면 게자리의 냉장고에는 항상 별식이 준비되어 있어요. 사수자리는 분명 게자리의 음식 솜씨에 반할 것입니다. 게자리의 손맛이 장기적인 연애를 결정합니다.

진지한 관계로 발전하려면, 서로를 이해하기 위한 작업에 돌입해야 할 것입니다. 앞서 비꼰 것 기억하시죠? 사수자리는 게자리 연인에게 창피를 그만 주고, 예민함을 주제로 하는 강의를 수강해야 하겠습니다. 반면에 게자리는 모든 상처를 치료하려는 습성과 사소한 현실이나 상상 속의 것들로 야단법석을 떠는 습관에서 벗어나야 할 것이고요.

게자리·사수자리 커플은 상상이 잘 안 가겠지만, 둘 사이에 좋은 영향을 주는 다른 각들이 작용합니다. 음식 아니면 운동, 혹은 아이들 같은 공통적인 열정도 있지요. 의외로 멋진 팀이 될 수 있습니다.

40

게자리와
염소자리

Cancer and
Capricorn

성스러운 당신

길티 플레져*입니다. 여러분! 이 커플을 한마디로 표현하자면 그래요.

정반대 별자리에서 태어난 게자리와 염소자리 여성은 틀림없이 서로에게 끌립니다. 하지만 대부분 반대끼리 만난 조합과 마찬가지로 해결해야 할 문제점들이 많이 있을 것입니다. 첫 번째로 짚을 문제가 가장 큰일이니 바로 들어가 봅시다. 염소자리 아가씨는 자기만의 일에 매달려 있지만, 우리 게자리 아가씨는 온통 집 생각뿐입니다.

아무리 침실에서의 역할극, 역할 넘나들기가 재밌을지 몰라도 일상생활에서는 그게 잘 안 될 거예요. 겪어 봐서 알잖아요. 그러니까 게자리가 전통적인 아내 역할을 하고, 염소자리가 일 중독자 남편 역할을 맡는다고 가정해 봅시다. 그건 개인의 발전과 분별력을 저해하는 것은 물론이거니와 성소수자 인권 운동까지 천 년 전으로 퇴보시킬 수 있을 것입니다. 아가씨들, 제발 그만둬요!

공통점을 찾아간다면, 기막히게 행복할 수 있는 커플이에요. 무엇보다도

★   **Guilty pleasure.** 죄의식을 반한 쾌락을 뜻함.

두 사람 모두 사랑을 대하는 자세가 진지하거든요. 헌신적이며 진실한 것을 갈망해요. 내면에 보수적인 성향을 숨기고 있다는 점도 비슷한데, 이를 전통적인 기질이라고도 할 수 있겠지요. 염소자리는 일에 대한 성과가 바로바로 나오지 않아 좌절하거나 괴로울 때, 거친 성격이 튀어나올 것입니다. 그래도 아마 세상을 바라보는 관점은 둘이 비슷할 거예요.

게자리 여성은 희생자인 양 구는 면이 있습니다. 염소자리에게 죄책감이 들게 해서 붙잡아 두려고 할 수 있어요. 저는 이 문제를 섹스로 풀라고 조언하고 싶어요. 각자가 섹스에 대해서 살짝 억압되고, 금욕적인 견해를 갖고 있잖아요. 수년간 치료를 통해 이러한 경직된 사고를 극복했을지도 모르죠. 그래도 여전히 가볍게 S/M 설정을 하면 웃을 수 있을 겁니다. 자, 어서요. 수녀복과 가톨릭 학생복을 꺼내 보세요.

41

게자리와 물병자리

Cancer and Aquarius

어디로 가는지 알고 있나요?

게자리 여성의 이미지는 보편적으로 하나의 단어로 특정할 수 있죠. 바로 어머니입니다. 사실 유방이란 단어도 있지만요. 좀 건전하게 갑시다. 괜찮죠? 게자리는 보살피고 감각적인 손길로 베푸는 법을 누구보다 잘 알지만, 자신을 아끼고 돌보는 법은 잘 모르지요. 제아무리 앞서가고 상상력이 풍부하며 창의적인 게자리라도 자신의 감정과 운명을 전통적인 가치관에 맞추고 그것에서 벗어나지 않으려고 합니다. 반면 물병자리 여성은 미래 지향적이에요. 그냥 과정만 따라가려고 하는 게 아니라 완벽한 혁신을 추구해요. 함께하면서 서로의 삶에서 가장 독특한 운명을 만들어 갈 수 있습니다. 그 운명을 받아들이기로 한다면, 이들의 임무는 가족이라는 구시대적인 개념을 변형해 서로를 위한 완전히 새롭고 더 나은 가족 형태로 재창조하는 것입니다.

자! 이제 음란한 이야기를 해 봅시다. 물병자리는 잠자리에서 게자리 연인이 얼마나 여성스러울 수 있는지에 충격을 받고 흥분할지도 몰라요. 게자리는 막 밀어붙이는 활동형 별자리잖아요. 공격적으로 구는 것이 전혀 문제가 되지 않아요. 하지만 자신이 얼마나 부드럽고 요염한 몸짓을 하는지 깨닫지 못하죠. 물병자리는 잘 알고 있어요! 그의 그런 점을 사랑하니까요. 섹스를 할 때 물병자리는 발명의 어머니로 유명합니다. 이들 별자리는 레즈비언 부부를 위한 섹스 매뉴얼을 펴낼 수 있을 정도이며, 섹스리스 레즈비언의 끔찍한 망령을 완전히 소탕할 수 있을지도 모릅니다.

두 사람이 엇비슷한 분야에서 중책을 맡게 된다면 분명 근사한 짝을 이룰 것입니다. 어떤 이유에선지 하룻밤 상대나 잠깐 스치듯 만나기보다는 오랜 기간 연애하는 커플이 될 거예요. 상대를 건성으로 대하면 적대감이 생길 수 있습니다. 충실함이 최고지만, 쉽지만은 않겠지요.

사랑스런 둘이 함께할 때는 지도를 펴고 자신들만의 길을 창조해야 할 것입니다. 문제는 같은 방향을 바라보며 가고 싶은 걸까 하는 것이지요. 저는 이렇게 하길 추천합니다. 첫 번째, 혹은 두 번째, 아니 세 번째 데이트에서 둘 중 한 명이 사랑스런 다이애나 로스 명곡 〈어디로 가고 있는지 알고 있나요? (Do You Know Where You're Going To)〉를 부르세요. 그러고는 값비싼 와인을 들이키는 동안에 도발적인 춤을 추는 거죠! 오글거림 방지를 위해서요. 게자리는 심리적으로 과거가 그 사람을 대변한다고 생각해요. 그래서 물병자리의 과거 관계를 알아내려고 하지요. 지금은 좀 취했으니까 진실을 말할 거예요. 게자리는 물병자리의 근본적인 문제들이 무엇인지 알아낼 거예요. 예컨대 "난 전 여친을 사랑했지만 잠자리에서 너무 뻣뻣했고 나를 통제하려고 들었어."라고 털어놓는다면 게자리는 이 말을 기억했다가 물병자리 연인에게 완전히 반대로 행동할 것입니다. "난 전 여친에게 더는 관심이 없어졌고, 함께 뭔가를 하려고 하지 않았지. 대신에 친한 친구나 동료들한테 집중했어." 게자리는 이 내용을 메모할걸요. 친한 친구인 동시에 동료일 수 있는 짝을 찾고자 하는 물병자리의 열망에 귀를 기울이겠지요.

과거에 집중하는 게자리와 미래에 집중하는 물병자리가 만나 어떻게 두 사람만을 위한 이상적인 현재를 건설할까요. 그것이 이들 커플의 관건입니다.

42

게자리와 물고기자리

Cancer and Pisces

몽환의 틈

굉장히 몽환적인 커플이에요. 서로의 몸과 정신이 잘 맞아서 소통에 말이 필요 없을 지경입니다. 물론 그로 인해 문제가 생길 수 있지만요. 그 부분은 나중에 언급하도록 할게요. 우선 둘의 첫 만남은 군중 속에서 서로의 눈길이 마주칠 때 온몸에 전율을 경험하는 영화의 한 장면일 것입니다.

잠자리에서는 형편없는 레즈비언 포르노 영화에서나 볼 수 있는 것들을 할지도 몰라요. 하지만 이 커플에게는 나쁜 것이 좋은 것입니다. 둘 다 좀 수줍어하고 자기방어적인 편이라 격정적인 상태로 돌입하기 위해 시간이 걸릴 수 있거든요. 하지만 그 상태로 들어가기만 하면 벗어젖힌 옷들이 휙휙 날아다니고 물의 별자리들에 활활 불이 붙습니다. 게자리는 물고기자리가 지닌 뼛속까지 뇌쇄적인 모습에 끌립니다. 물고기자리와 같이 잠들 때면, 게자리는 옆에 누운 사람이 아주 나이가 많은 영혼의 소유자라는 걸 깨닫게 됩니다. 신비롭게도 물고기자리는 게자리의 어린아이 같은 면을 끄집어낼 거예요. 십 대 소년 같은 면이라고 하는 게 더 정확할 것 같아요. 물고기자리에 대한 욕망을 억누르기란 힘들 것입니다.

둘이 사귀게 되면 서로 넋을 잃고 정신없이 빠져들지도 몰라요. 같이 살면서 사적인 취향이 상당 부분 일치한다는 걸 깨닫게 될 것입니다. 두 사람 모두 가정적이에요. 물고기자리는 모험가 기질이 상대적으로 있지만요. 특히 차트에서 사수자리나 쌍둥이자리가 많이 보이면 바람을 피울 수도 있습니다. 그래도 게자리가 집 밖에서 아슬아슬하고 야한 짓을 하는데 열려 있다면, 걱정할 필요 없어요. 두 사람은 될 수 있으면 자주 여행을 다녀야 합니다. 그것으로 둘 사이를 오랫동안 유지할 수 있을 것입니다.

가장 신경 써야 할 부분은 더 많은 대화를 나눠야 한다는 점이에요. 좋아하는 영화나 부엌을 어떻게 꾸밀지에 대한 얘기를 하라는 게 아닙니다. 서로가 느끼는 두려움을 표현해야 합니다. 게자리는 극도로 억제하고, 가족의 치부를 드러내는 것을 싫어하지만요. 해야 합니다! 괜찮아요! 게자리는 가족의 비밀을 굉장히 수치스러워하는데요. 그런 자신에 대해서도 죄책감을 많이 느낍니다. 그렇지만 물고기자리는 여기서 멈추지 말고, 게자리가 불쾌한 진실을 털어놓을 수 있게 용기를 줘야 해요.

물고기자리도 죄책감이 없는 건 아니에요. 늘 연애 상대를 찾아 헤맨다는 점과 비틀린 성적 취향에 대해 죄책감을 느낍니다. 게자리는 자신의 보수적인 성향을 확실히 접는 게 좋을 것입니다. 물고기자리에게 이런 것들로 상대를 몰아가지 않는다는 사실을 알려 주세요. 게자리는 사랑하는 물고기자리 연인에게 진심으로 공감해야 해요!

43

사자자리와
사자자리

Leo and
Leo

위대한 연인

사자자리 둘이 만나면 감동 두 배, 즐거움 두 배, 신의도 두 배가 됩니다. 대단해요! 그런데 잠깐만요. 여러분, 여기에는 이면이 있습니다. 똑같이 싸움 두 배, 고집 두 배, 이기심도 두 배가 될 수 있거든요. 같은 별자리끼리 만날 때는 자연스럽게 다른 행성들의 궁합이 잘 맞느냐가 상당 부분 좌우할 것입니다. 행성들이 잘 어우러진다면, 놀라운 커플이 탄생하겠지요. 놀랍지만 낯선 커플이요.

사자자리 사람들은 만나자마자 곧바로 잘 통합니다. 그 유명한, 서로 자기들끼리 칭찬하는 부류이거든요. 상대의 꿈을 응원하는 법과 자존심을 건강하게 지켜주되 과장하여 부풀리지 않는 법을 잘 알고 있습니다. 하지만 둘을 하나 되게끔 하는 중요한 사실 두 가지가 있습니다. 첫 번째로 이 아가씨들은 좋은 시간을 보냅니다. 사자자리는 크게 놀거든요. 외식하기, 영화 보기, 클럽 가기 등. 여러 활동들을 좋아합니다. 또 하나, 좀 더 깊이 공유하는 것은 충성심입니다. 사자자리보다 충실한 사람은 절대로 없습니다. 사랑하면 완벽하게 사랑합니다. 관계가 틀어진 경우에도 차트에 심각하고 희귀한 문제가 없는 한 잘못된 길로 빠질 일이 없습니다.

성적인 면에서 사자자리는 섹시하고 건방집니다. 관능적이고 고급스럽기도 하고요. 오랜 시간 침대에 머물기를 원합니다. 그냥 아무 침대는 아니고요. 모든 로맨틱한 기준을 완벽하게 겸비한 침대를 선호하지요. 최첨단 스테레오 시스템을 장착하고 네 모서리에 기둥이 있으며 캐노피가 드리워진 침대 말이에요. 종종 같은 별자리인 마돈나라든가 자신들만의 아이돌을 좋아하는 사자자리도 드물게 있습니다만, 대체로 재즈 작곡가 조지 거쉰 타입의 복고 취향을 자랑합니다.

사자자리 커플이 가진 문제점은 사귀면서 서로가 우위를 점하려고 맞설 수 있다는 점입니다. 누가 위에 서게 될까요? 아마 변동형인 달이나 상승궁이 사자자리에 있는 사람이 이길 것입니다. 자신의 욕구를 채울 방법을 가장 잘 알고 있지요. 상대인 사자자리는 시간이 지나면서 분노가 쌓일 수 있습니다. 아니면 퇴짜를 놔 버릴 수도 있지요. 감정이 격해지기도 해요. 한 사람이 상대를 당연하게 여긴다면, 그냥 떠나가 버릴 수 있습니다. 이유가 뭐냐고요? 공허함일 수도, 다른 어딘가에 더 위대한 사랑이 존재한다는 생각이 들어서일 수 있고요. 사실 온전히 베풀기만 할 때, 둘은 가장 위대한 연인입니다. 두 사자자리 여성이 자신들의 관계에 모든 것을 바치기만 한다면, 그 무엇도 그들을 갈라놓을 수 없습니다.

44

사자자리와 처녀자리

Leo and Virgo

연예인 대 평론가

두 여성이 서로에게 끌린다면, 상대의 차트에 금성이나 화성이 자리하고 있을 가능성이 있습니다. 이 연인들은 처음에 기묘한 커플 같이 보일지도 모르지만, 사실 완벽하게 균형을 이루고 있습니다. 사자자리는 완벽한 연예인이고, 처녀자리는 평론가입니다. 처녀자리는 계속해서 사랑하는 애인이 훌륭한 재능과 카리스마를 갖추었고, 그릇이 거대하다는 점에 대해 열변을 토할 것입니다. 하지만 가끔은 별것 아닌 사소한 것들을 트집 잡을 텐데요. 왜 머리를 안 잘랐는지, 아니면 어울리지 않게 다듬었는지? 칵테일파티가 얼마 안 남았는데, 프랑스어를 좀 더 철저하게 공부하면 어떤지? 다다다다 다다다다 해댑니다. 하지만 사자자리는 이런 호들갑과 잔소리를 좋아할 수도 있어요. 이런 말들이 배려하고 아끼는 마음에서 나온다는 걸 잘 알고 있기 때문입니다. 이렇게 그 잔소리 대상이 계속 사자자리라면…… 주변 모두가 행복해질 것입니다.

물론 사자자리도 처녀자리를 도와주려 할 때가 있습니다만, 금방 후회할 것입니다. 처녀자리는 작은 위기들이 닥쳤을 때 자신을 돌보기보다 다른 사람을 더 챙기려고 하거든요. 겉보기에는 함께 잘 버티는 듯 보이지만, 곧잘 맥이 빠지고 걱정이 많습니다. 사자자리는 처녀자리가 옷을 잘 차려입는다는 것을 알고 있습니다. 근사한 옷이 몇 벌 없을 수 있어도 뛰어난 감각으로 잘 맞춰 입을 수 있지요. 하지만 정서적으로는 따뜻한 사랑과 보살핌을 필요로 해요. 사자자리가 무조건적인 사랑을 한없이 줄 수 있다면, 처녀자리는 불안을 잊고 안정을 찾을 것입니다. 사자자리가 처녀자리 연인에게 이래라저래라 하면서 지시하거나 변화를 강요하고 그에게 두려움과 공포증을 빨리 떨쳐 버리라고 강요할 수 있는데요. 그렇게 되면 처녀자리는 이별을 고하거나, 약물 치료를 시작하거나, 아니면 둘 다 하게 될 것입니다.

성생활이 달콤하다면, 다른 것들은 수월하게 잘 맞을 거예요. 사자자리는 드라마와 로맨스의 여왕이지만, 오히려 처녀자리의 열정이 너무 강렬하고 뜨거워서 놀랄지도 모릅니다. 처녀자리는 육체적인 편이며, 온몸이 예민하고 성감대입니다. 사자자리는 웅장하고 아름다운 스타일로 사랑을 채워 가지만, 처녀자리에게서 섬세한 것들을 다루는 법을 배울 수 있습니다. 사랑을 나눌 때, 특히 처음 한 달을 같이 지내면서 가장 중시해야 할 부분은 의사소통입니다. 침실에서의 욕구를 다정하고 유혹적으로 채운다면, 나머지는 다 잘 될 것입니다. 다른 모든 것들은 사소한 항목의 범주 아래에 속합니다.

45

사자자리와 천칭자리

Leo and Libra

글램 룩 Glam Look

두 사람은 너무 낭만적이라서 사귀고 나서 알아가는 꿈같은 몇 주간은 마치 레즈비언 할리퀸 소설 속에 있는 기분일 것입니다. 사자자리는 사랑하는 천칭자리를 위해 달콤하면서도 조그맣고 낭만적인 것들을 준비하려고 할 것입니다. 꽃을 사고, 음악을 내려받아 플레이리스트를 만들고, 같이 춤을 추러 갈 것입니다. 기본적으로 천칭자리의 마음을 사로잡을 수 있는 일이라면 어떤 일도 망설이지 않습니다. 천칭자리는 제멋대로의 기질이 있지만, 그 역시 유혹에 꽤 재능이 있습니다. 사자자리의 머리를 손가락으로 빗어 넘기며, 갸르릉갸르릉 기분 좋은 소리가 절로 날 정도로 등 마사지를 해 줄 것입니다. 그러고는 사자자리 연인에게 최선을 다해 이 세계에서 가장 중요한 여자는 당신이라는 생각을 하도록 만들겠지요.

물론 두 사람 모두 연인 관계를 유지하고 발전하도록 기여하는 일에는 비극적으로 비현실적입니다. 바람둥이죠. 아직 철이 없고 어리석다면, 우리 대부분이 그렇잖아요. 안 그래요? 함께 해결책을 찾을 수는 있어요. 사자자리 여성은 직업에 관한 윤리가 강하지만 이기적이기도 하거든요. 그럴 의도가 전혀 없어도요. 단지 완벽하게 통솔하고 싶을 뿐입니다. 천칭자리는 막연히 그냥 잘 풀릴 것이라고 기대하는 경향이 있어서 감정적인 갈등이 발생할 때는 짜증 내고 심통을 부릴 수 있습니다. 천칭자리는 당연히 싸움을 싫어하지요. 사자자리가 고래고래 고함을 지르며 난동을 부릴 때면, 중재자 역할을 할 것입니다.

침실에서는 두 아가씨를 위한 조용한 광란의 파티가 멈춤 없이 계속될 수 있습니다. 조용하다고 표현한 이유는 이들 성생활에 저급할 여지가 없기 때문이죠. 사수자리의 영향이 크지 않다면 말입니다. 마치 영화 주인공처럼 하려고 해요. 엉망이거나 지저분하다는 의미가 아니라 굉장히 섹시한 의미로 말입니다. 왜 그런지는 모르겠지만요. 밤새 에로틱한 행각을 벌인 다음 날 아침에도 미모가 전혀 흐트러지지 않을 것입니다. 도대체 비결이 뭘까요?

두 사람은 관계를 실체와 의미가 있는 보다 어른의 영역으로 끌어올려야 합니다. 모든 커플이 부러워할 법한, 행복을 상징하는 외연뿐 아니라 스타일까지 갖추고 있지요. 인생과 연인 관계에 있어서 지루한 날로 채울지 깰지를 다룰 수 있는, 이들 커플만의 방식일 겁니다.

46

사자자리와 전갈자리

Leo and Scorpio

협동 전선

맛깔스런 고춧가루처럼 강한 조합입니다. 물론 항상 강하고, 뜨겁고, 위험한 분위기라는 얘긴 아닙니다. 사자자리와 전갈자리는 둘 다 고정형 별자리이며 서로 도전적인 90°, 스퀘어 각을 이룹니다. 이들 사이에 로맨틱한 케미가 인다면 조심하세요. 거의 재난에 가까운, 열정과 깊이의 롤러코스터를 경험하게 될 테니까요. 이 롤러코스터는 세심한 관리가 필요합니다.

사자자리와 전갈자리는 자신감이 충만한 사람들입니다. 사자자리는 당당하고 거만한 이미지를 드러냅니다. 하지만 내면에서는 '충분히 멋진 걸까? 이만한 재능이면 되겠지? 나름 특별하겠지?' 이런 질문들을 자신에게 던지며 불안감에 시달립니다. 이에 대해 전갈자리는 든든한 조력자 역할을 합니다. 가르치려 들지 않고 사자자리의 자존심을 높여 주는 법을 잘 알고 있습니다. 전갈자리는 사자자리를 전적으로, 백 퍼센트 신뢰합니다.

한편 전갈자리의 내면에 자리한 강철 의지는 본능의 나침반처럼 평생 삶을 이끌어 주지만요, 세상이 주는 모욕과 잔인함에 너무 상처를 받기도 해요. 전갈자리는 매사를 개인적으로 받아들이며, 모든 물의 별자리가 그렇듯이 비판을 못 견딥니다. 사자자리는 전갈자리에게 본래 감정을 되찾도록 도와주고, 집착하기 쉬운 지겹고 사소한 것들을 잊도록 해 줍니다.

　성적으로는 강력한 연결이 있습니다. 사자자리가 너무 낭만적이면서도 솔직하고 사랑스러워서인지, 전갈자리는 침대 위에 진정한 타락을 들여오고 싶은 욕망을 품게 될 것입니다. 사자자리 역시 모험심이 강해서 연애 초기부터 "게임 시작!"을 선언할지도요. 전갈자리는 사자자리가 강력한 힘을 느끼려 한다는 걸 잘 알아서, 수갑의 열쇠를 그에게 줄 수 있습니다. 전갈자리는 자신도 아끼는 통제권을 사자자리 연인에게 넘겨줄 만큼 그를 신뢰해요. 둘 다 너무 크게 교성을 내질러서 이웃들의 불평이 이어질 것입니다.

　두 사람이 점점 가까워지고 사랑이 깊어짐에 따라 성생활도 덜 야릇하고 좀 더 로맨틱한 쪽으로 방향을 잡아갈 수 있습니다. 관계가 발전하면서 두 사람은 더욱 다정해집니다. 이들 커플이 세상에 다가가는 방식은 "세상이 우리를 속일지라도"입니다. 최악의 스캔들이 터져도, 사자자리인 빌 클린턴과 전갈자리인 힐러리 클린턴처럼 협동 전선을 펼칠 것입니다.

　하지만 무대 뒤에서는 들고양이처럼 싸우겠지요. 이들에게는 장악이 전부입니다. 사자자리는 무엇이 최고인지 안다고 믿고, 전갈자리는 일의 방향키를 잡고 싶습니다. 그렇게 많은 시간을 서로 맞서는 데 허비하는 게 정말 안타까울 따름입니다. 도덕적인 신념이 꽤 일치하는데도 말이죠. 두 사람은 대의에 대한 완전한 헌신, 사랑하는 사람에 대한 완전한 충성, 적들에 대한 완전한 증오 혹은 무관심한 척을 실천하는 극단주의자들입니다. 하지만 차이점은 있습니다. 전갈자리가 주위 사람들은 물론 자신의 감정적인 동기를 알아내기 위해 끊임없이 고뇌하는 사람이라면, 사자자리는 좀 더 대담하고 강한 자세를 취하려고 하거든요. 결국 불의 별자리라는 얘기예요!

　두 사람이 싸울 때면 고양이들은 자취를 감추고 친구들 모두 공포에 질려 숨이 막힙니다. 사자자리와 전갈자리가 서로를 향해 사납게 짖어 대면 무는 것보다 더해요. 하지만 매일같이 자신들의 짖어 대는 소리를 참을 수 있는 커플은 또 얼마나 될까요?

47

사자자리와
사수자리

Leo and
Sagittarius

핫이슈

배트맨과 로빈의 여성 버전입니다. 당연히 사자자리는 주인공인 배트맨 역할을 고집하겠지요. 두 사람 모두 불의 별자리이며 오직 행동하고, 행동하고, 또 하는 행동파입니다. 이들 커플에게는 죽음을 각오하고 싸워야 할 이유가 있습니다. 사자자리가 가진 이유는 다소 개인적일 텐데요…… 가령 평생 지병을 앓아 온 동생이라든가 그렇습니다. 사수자리의 경우 분명히 자유와 관련이 있을 거예요. 기회가 있을 때마다 전통적인 가족 중심의 체제 안에서 드랙*할 권리를 위해 투쟁할 것입니다. 둘이 힘을 합하면 꽤 훌륭한 팀을 이룰 것입니다. 개인의 고통, 압제자들, 더 나아가 성 소수자를 혐오하는 세계와도 맞서 싸울 거예요.

두 사람은 사회 운동 집회에서 만날 수 있을 것입니다. 사수자리의 풀어헤친 가슴에는 "섹스를 어떻게 하든 경찰이 뭔 상관이야?" 라는 구호가 적혀 있을 테고요. 사자자리는 확성기를 들고 집회 참가자들을 진두지휘할 것입니다. 어쩌면 둘

★ **drag.** 정상성이 요구하는 범주를 넘어선 복장을 입고 연기하는 것. 사회적으로 고정된 성 역할인 젠더 수행을 과장함으로써 성별 이분법을 조롱하고 전복하는 효과를 거두기도 함.

의 첫 키스는 정치범 호송 차량에 실려 가는 중에 이뤄질지도 모르겠군요. 둘 다 무엇이 뉴스거리가 될지 빠삭하거든요.

일단 사귀게 되면, 둘이 함께하는 삶은 '흥분'이라는 한 단어로 요약할 수 있을 것입니다. 성적인 면에서 어떨 때는 완벽하게 잘 맞기도 한데, 어떨 때는 확 싫증이 나기도 합니다. 사수자리는 마치 열일곱 살 혈기왕성한 청소년처럼 달려듭니다. 섹시하고, 정력 넘치고, 강인하지만, 세심함과 기술적인 면에서는 조금 부족해요. 사자자리는 매번 로맨틱하고, 기억에 남으며, 세상을 떠들썩하게 할 그런 섹스를 원합니다. 둘 다 좋은 분위기일 때면, 침대에서든 사수자리 씨의 낡은 스포츠카 안에서든 뜨겁게 불태울 수 있습니다. 둘 중 하나라도 만족하지 못했다? 크게 싸울 각오하세요.

이 아가씨들, 싸움을 좀 할 줄 압니다. 싸움이 둘에게는 일종의 재미이기도 하고, 그 과정에서 서로를 좀 더 이해하기도 하지요. 불의 별자리인 두 사람은 조용하고 절제된 삶을 살지 않을 것입니다. 사자자리·사수자리 커플의 물음은 이것입니다. 싸우느냐, 뒹구느냐, 도망치느냐(fight, fuck, or flee)? 그것이 문제로다.

48

사자자리와
염소자리

Leo and
Capricorn

속물들

아무튼 세련된 아가씨들이에요! 프랭크 시나트라가 부른 〈아가씨는 방랑자 (The Lady Is A Tramp)〉라는 곡에 등장하는 부류랄까요. 변화의 흐름을 타는 데 능숙하고요. 이 책에 나오는 커플 중 가장 속물들입니다. 둘이 함께하면, 우리 모두 가 염원하는 주술 같은 것을 만들어 냅니다. 사자자리는 사치를 좋아하고, 염소자리 는 지위를 좋아합니다. 인생에서 좋은 것들을 찾아가지만, 상호 간 신뢰를 저버리는 행동은 하지 않습니다. 옳고 그름에 대한 올바른 도덕적 잣대를 지녔습니다.

두 사람이 만나면 서로 상대의 직업이 무엇인지, 가족과 친구들과의 관계 가 어떤지, 어떤 집에 사는지, 인생의 목표가 무엇인지를 궁금해 하지요. 자랑스러 울 만한 연인을 원하거든요. 둘 다 이기는 쪽에 거는 사람들이고요. 얼마 안 가서 우 승자는 상대방이라는 것을 서로 깨닫게 될 것입니다. 그런 다음 옷이 벗겨지지요.

사자자리와 염소자리는 섹스를 할 때 생각보다 훨씬 저속하고 더러워요. 사자자리는 최악의 경우 내숭쟁이고, 최고의 경우 한없이 로맨틱한 연인입니다. 흙 의 별자리인 염소자리는 낮 동안 점잖은데, 밤이면 세상 이런 난잡한 요부가 또 없 습니다. 영화 〈미스터 굿바를 찾아서(Looking For Mr. Goodbar)〉의 사랑스럽고 활기 넘치는 염소자리 다이앤 키튼을 보세요. 이런 점이 사자자리 아가씨에게서 어둡고 강렬한 성적 욕망을 끄집어내 줍니다. 사자자리는 매몰찬 사디스트와 "최선을 다해 때려 주세요!"라고 말하는 마조히스트 흉내를 기꺼이 낼 것입니다. 염소자리 아가씨의 관심은 온통 처벌에 있습니다. 받든 주든 간에요. 섹스를 주고받으며 상상했던 것보다 훨씬 더 새로운 자신을 발견할 수 있을 거예요. 두 사람은 목숨이 아홉 개인 고양이처럼 새로운 섹스를 계속 발명해 나갈 수 있습니다. 그래요. 냉각기는 있겠지만, 다시 불을 붙이기 위한 준비 단계일 뿐입니다.

사생활 보호가 철저한 커플입니다. 함께 멋진 파티를 열고, 사회생활을 훌륭하게 해냅니다. 하지만 친구 혹은 가까운 친척 중 두 사람 사이에 무슨 일이 일어나고 있는지에 대해 티끌만큼이라도 아는 사람이 있을까요? 아무도 없을걸요.

그 점이 문제가 될 수 있습니다. 둘 사이가 너무 일상이 되거나, 위기가 닥칠 때 말이죠! 둘 다 자신의 사랑이 완벽하지 않다는 것을 서로에게는 물론이고, 특히 외부 사람에게 내보이고 싶지 않을 것입니다. 자존심을 버리고 도움을 요청하기 힘들어 하는 것이 두 사람의 공통된 약점이에요. 이 점만 극복한다면 서로에게서 숙명적인 교훈을 얻을 수 있겠습니다. 거기서부터 함께 겸허한 마음으로, 심오하고 의미 있는 삶을 살아갈 수 있습니다. 그래서 아가씨는 방랑자인 거예요.

49

사자자리와
물병자리

Leo and
Aquarius

극한의 에너지

정반대에 있는 사람들은 서로 끌리거나 밀어낼 수 있습니다. 사자자리와 물병자리의 경우에는 둘 다일 가능성이 큽니다. 사자자리 여성은 물병자리가 행동하는 모습을 처음 볼 때, 큰 감명을 받을 겁니다. 아마 그룹 안에서의 모습을 발견할 텐데요. 물병자리 아가씨는 영특하고 공정하며 시대에 앞서 행동합니다. 과학도의 눈으로 세계를 바라보는 물병자리도 마찬가지로, 사자자리가 대중 앞에서 말하는 모습을 처음으로 마주하게 되면 반해 버릴 겁니다. 사자자리 사람은 정말이지 사람들을 즐겁게 해 주는 달인입니다. 다들 마냥 그를 사랑하는 것 같고, 그의 이야기를 듣고 싶어 하지요. 하지만 일대일 상황에서는 물병자리 여성에게 심하게 거절당할 수도 있습니다. 대체 왜 물병자리는 그렇게 거칠고 공격적이어야만 할까요? 털끝만큼도 사교성이 없는 걸까요? 반면 물병자리는 사자자리의 자기중심적인 면과 폐쇄적인 그룹 내 장난들에 싫증이 날지도 모릅니다.

결국에 둘이 만나게 되는 것은 친구들을 통해서일 거예요. 물론 에둘러서요. 둘 다 등 떠민다고 밀리는 사람들이 아니지만요. 친구들은 상대가 얼마나 훌륭한 사람인지를 이야기할 거예요. 그러고는 한 번 만나볼 것을 권유하지요. 사실상 영혼의 동반자라는 것을 깨닫기까지 서로를 불쾌하게 할 가능성이 다분해요.

성적으로는 서로를 극한으로 밀어붙입니다. 물병자리는 실험의 대가이며 능수능란하게 여러 방법을 시도하여 자신과 연인을 오르가즘에 다다르게 할 수 있습니다. 하지만 값비싼 결박 도구나 대용량 배터리 없이 단순하게 사랑을 나눌 순 없을까요? 뜨겁게 섹스를 하는 동시에 마음을 쓸 줄 아는 사람이 있다면, 그는 바로 사자자리입니다.

그래요. 사자자리는 굉장히 낭만적인 연인이지만, 1945년 이후로는 새로운 기술을 써 본 적이 없어요. 우익 기독 근본주의자뿐 아니라 가죽 후드를 뒤집어 쓴 S/M 퀴어 활동가들에게도 좀 부담스러울 섹스 법을 알려 줄 사람이 바로 물병자리입니다. 만일 두 사람이 성적으로 연결될 수 있다면 감정적인 신뢰감이 더 쌓이게 될 것입니다. 서로 얼마나 사랑하는지 친구들에게 소문을 낼 테고요. 그 마음은 진심이지요. 물병자리와 사자자리는 연인 사이일 뿐 아니라 최고의 친구가 될 수 있습니다. 하지만 그다음 단계는 무엇일까요? 사자자리는 일부일처제를 지향하지 않으면서도 결혼을 꿈꾸는 타입입니다. 감상적이며 가족 지향적이지요. 반면 물병자리의 모든 초점은 항상 미래에 맞춰져 있어요. 또한 결혼이라는 제도가 모두와 두루 잘 수 있는 걸 뜻하게 되는 세상을 소망합니다.

사자자리와 물병자리는 어떻게 삶을 함께 영위할지에 대해 얼마간 의견 일치를 봐야 할 것입니다. 그것이 무엇이든 공동체에 놀라움과 부담으로 다가올 것입니다. 이 커플의 내적 동기요? 둘은 친구들에게 이 말을 듣지 않으려고 무엇이든 합니다. "거봐, 깨질 줄 알았어!"

50

사자자리와 물고기자리

Leo and Pisces

판단은 금물

서로의 특이한 성격을 참아 낼 수 있는 인내심만 갖췄다면, 동화 속 진정한 로맨스는 당신의 것입니다. 사자자리는 낭만의 대명사예요. 진정한 사랑의 힘을 깊이 믿고, 모든 낭만적인 장치에 목숨을 겁니다. 꽃다발, 섹시한 속옷, 막 써 내려간 시 같은 것이요. 물고기자리 아가씨도 매우 로맨틱합니다. 이 해왕성의 여인은 자신이 창조한 환상 세계에 살고 있습니다. 이 세계를 공유할 반쪽을 찾는 데에 지금까지 인생의 좋은 시절을 보냈어요.

두 사람이 데이트하면 바로 본론으로 들어갈 겁니다. 보통 물고기자리 여성에게는 좀 미묘한 구석이 있습니다. 하지만 사자자리를 만나게 되면, 요염한 밀당을 제쳐 두고 무작정 빠져들 것입니다. 사자자리는 굉장히 관계 지향적이라 빨리 진지한 사이가 되길 바랍니다. 물고기자리는 이 로맨틱하고 늠름한 사자자리가 자기 마음을 사로잡기를 평생 기다려 왔다고 느낄 수도 있습니다. 그의 유일한 문제요? 과거가 있는 언니라는 점이죠!

진실이 밝혀지면, 점잖은 사자자리는 사랑하는 물고기자리의 위험한 사연(herstory)에 충격을 받겠죠. 하지만 이내 그를 받아들일 것입니다. 물고기자리에게서 마음씨 고운 요조숙녀를 보니까요. 하지만 그는 활동을 재개할, 섹시하면서도 지쳐 있는 요부일 뿐입니다.

물고기자리는 사자자리에게 새로운 잠자리 기술을 가르칠 수 있습니다. 진짜예요. 과거의 비법을 모두 펼쳐 보이지는 않겠지만요. 궁극의 연기자로 타고난 사자자리 덕분에 물고기자리는 안심하고 침대에서의 연기를 그만둘 것입니다. 우리 모두 알고 있죠? 레즈비언 관계에서는 거짓 오르가슴을 꾸며낼 수 없다는 것을요. 친밀감도 마찬가지고요.

일상적인 부분에서는 공통점이 많지 않을 것입니다. 사자자리는 아주 진취적이며, 물고기자리는 뛰어난 몽상가입니다. 하지만 하나 혹은 그 이상의 예술 매체에 심취해 있는 점에서 확실히 비슷합니다. 어쩌면 공연 예술가나 음악가일지도 모릅니다. 만약 그렇다면 극적인 방법으로는 소통할 수 있겠지요. 매일 반복되는 일상에서는…… 음, 말다툼이 자주 일어날 것입니다. 물고기자리는 사자자리를 흥분시킬 요량으로 프랑스 메이드 복장을 하지만, 집을 청소하지는 않거든요! 주로 경력, 돈, 청구서, 가족 같은 사소한 것들이 언쟁거리가 될 것입니다. 쉽지는 않겠지만 자꾸 싸우면서 잘 이겨 내리라고 봅니다.

관계의 열쇠는 무엇일까요? 아, 광고 문구가 될 수도 있겠는데요. '판단은 금물'입니다.

51

처녀자리와 처녀자리

Virgo and Virgo

하드코어 등급

겉보기에는 과년한 독신 자매처럼 보일지도 모릅니다. 하지만 단추를 꽉 채우고 고상한 이미지를 하고서는 최고의 상대와 한바탕 질펀하게 뒹굴 수 있어요. 처녀자리가 두 명이면 깔끔함이 두 배, 일중독도 두 배, 노이로제도 두 배, 무엇보다 중요한 건 넘치는 성욕도 두 배가 되거든요.

두 아가씨가 처음 만나는 장소는 적당히 격식 있는 곳일 거예요. 같은 직장 동료거나 같은 마트 단골, 유방암 예방 센터의 동료 자원 활동가일 수 있습니다. 하지만 해가 떨어지고 술잔을 채우기 시작하면, 대화는 전체 관람 등급에서 하드코어 등급으로 바뀝니다.

그래요. 요 아가씨들은 음담패설을 좋아해요. 그저 이들의 방식이죠! 기회가 있을 때마다 금욕주의자라는 평판을 깨부수려고 하거든요. 아, 물론 건강식 메뉴가 준비된 근사하고 아담한 식당에서 저녁 데이트를 하고, 열대우림에서 생활하는 호주 원주민 레즈비언의 퍼커션 서클에 관한 다큐멘터리도 찾아보겠죠. 하지만 잠자리에 들면 요부처럼 섹스할 것이고, 실제로 그들은 요부이기도 해요.

처녀자리 커플은 매일매일 꽤 잘 지냅니다. 둘 다 자연 친화적인 사람들이에요. 정원을 아름답게 가꾸고 신선한 채소 위주의 식사를 하며, 공황 발작이 없을 때는 명상도 즐깁니다. 다른 변화형 별자리와 마찬가지로 이들 커플의 문제점은 둘 다 카멜레온 같고, 능동적이기보다는 수동적이라는 점에 있습니다. 앞으로 나아갈 방법을 찾지 못하고, 음…… 어떻게 하면 평범한 관계를 맺는지 몰라서, 제자리걸음만 할지도 모릅니다.

한 명의 차트에라도 달이 대장 기질의 우람한 사자자리에 있거나 사나운 전갈자리가 상승궁이면, 혹은 차트에 뚜렷하게 대칭적인 배치가 나타다면, 앞장서서 이끄는 사람이 있겠지요. 그렇지 않다면, 두 사람은 서로 섹스와 잔소리만 하다가 여생을 보낼 수도 있어요.

52

처녀자리와 천칭자리

Virgo and Libra

아무튼 행복

온화한 성격의 두 아가씨는 많은 대화를 나눌 것입니다. 그러다 결국에…… 레즈비어니즘* 용어로 뭐라고 해야 할까요? 아! 그래요. '그것'을 하게 되겠지요. 두 사람 모두 지적이고 말이 많습니다. 하루가 긴만큼 말이에요. 처녀자리의 극단적으로 총명하면서 심신미약을 유발하는 과민한 특징 때문에, 천칭자리는 논쟁을 벌이다가 추파를 던지고 논쟁을 벌이다가 작업을 걸고 합니다. 처녀자리는 자신이 말하는 모든 것에 집착적으로 세세하게 의미를 부여해 결국에는 천칭자리를 돌아 버리게 할 수 있어요. 하지만 그가 트집을 잡는 데에는 특유의 섹슈얼한 이유가 숨어 있습니다.

모든 대화가 끝나도 여전히 처녀자리는 갈망하는 흙의 별자리이고, 천칭자리는 로맨틱한 금성의 별자리입니다. 본 게임에 들어갈까요. 대화는 계속되지만, 섹스는 뜨겁고 치열하군요. 천칭자리는 보통 다른 별자리와 있을 때보다 처녀자리와 함께일 때 더 깁처럼 변합니다. 처녀자리는 다른 여자들보다 천칭자리 연인과 함께

★ **lesbytarian.** 채식주의 레즈비언. 레즈비언다운 것을 뜻함.

일 때 더 특이한 성향을 드러냅니다.

사귀기 시작하면, 처녀자리 아가씨의 집착은 대개 섹스에서 일로 옮아갑니다. 반대로 천칭자리 아가씨는 섹스에서 일 안 하기 쪽으로 움직이고요. 천칭자리가 꿈꾸는 세상은 사랑하는 처녀자리 아가씨가 창조적인 아르바이트를 하고 남은 시간에 빈둥대는 자신을 응원해 주는 거예요. 처녀자리는 괜찮아요. 돈과 미래 같은 것에 목을 매는 사람이지만, 연인을 돌보는 생활을 무척 좋아하거든요.

두 사람의 관계는 아름다울 만큼 상호의존적이며 놀랍도록 사랑스러워요. 처녀자리와 천칭자리 여성은 진심으로 서로를 존중합니다. 상대방의 특이한 버릇 따위를 신경 쓰지 않아요. 오히려 그것 때문에 살죠. 이들 커플은 단순함을 지향한다고 외치지만, 사실 그러기엔 불평이 너무 많습니다. 문제가 생기면 사태를 더 악화시키곤 해요. 결국은 잘 해결해서 오래 행복하게 살겠지만요. 그래요. 다음 위기가 닥치기 전까지는 말입니다.

53

처녀자리와 전갈자리

Virgo and Scorpio

누가 잘할래?

두 사람이 만나면 그 사이에서 조용하고 절제된 열기가 피어오르지요. 처녀자리는 전갈자리의 강한 감성과 문란한 환상을 알아봅니다. 전갈자리는 그저 처녀자리가 어떤 사람인지 알아보려 합니다. 물론 두 사람은 서로가 퀴어라는 사실을 꽤 오랫동안 알아채지 못합니다. 처녀자리는 자신이 전갈자리를 단순히 친구 사이로만 여긴다고 말하지만, 이것은 위선적인 합리화입니다. 기회만 생기면 전갈자리에게 말을 걸기 위해 자기 페이스에서 벗어나 생각에 반하는 행동을 합니다. 왜 전갈자리는 처녀자리와 확 자 버리질 않을까요? 이상하게도 보호해 주고픈 기분이 들거든요. 자신에게서 상대를 보호하려는 거죠!

둘의 별자리는 서로 다정하게 60° 섹스타일 각을 이룹니다. 섹스타일 커플이 언제나 그렇듯이 친구나 연인이 될 수 있습니다. 하지만 이 별자리들 사이의 우정에도, 모든 즐거움의 이면에 숨어 있는 위험이 도사립니다. 처녀자리는 철저하게 선을 그어 놓고, 전갈자리는 그 선이 적절한지 살피며 계속 넘나들지요.

처녀자리와 전갈자리가 성적인 관계로 발전하면, 적절이란 말은 무색해집니다. 뚜렷하게 느껴지는 선정적 분위기가 품위 있고 우아한 태도 속에 교묘히 감추어져 있지요. 분위기 있는 레스토랑에서 밥을 먹고, 어느 작가의 신간 낭독회에 참석한 다음 아주 은밀한 섹스를 나눌 공공장소로 슬그머니 빠져나가기를 좋아하죠. 처녀자리는 전갈자리가 자연으로 회귀해서 좋고, 전갈자리는 사랑에 포획될 가능성을 즐깁니다.

둘은 매일매일 잘 지내기로 유명해요. 서로 할 얘기가 아주 많지요. 처녀자리가 육체와 영혼의 역겹고 세세한 것들을 파헤치는 동안, 전갈자리는 숨은 의미와 인간의 내적 동기를 세밀하게 분석하기를 즐깁니다. 유일하게 맞닥뜨리는 문제는 싸우는 방식에 있습니다. 상처를 받거나 위협을 느낄 때 각자 냉전에 돌입하기도 하잖아요. 두 사람은 냉담한 분위기에 며칠 익숙해지면 예전으로 돌아가기 쉽지 않아요. 가장 힘든 순간에 서로 조금이라도 다정함을 갖고자 노력하는 법을 배워야 합니다. 상대를 갈가리 찢어발기기 전에 사랑을 표현하는 훈련을 해야 해요.

시간이 흐르면서 점차 서로에게 부드러워질 수 있다면, 처녀자리와 전갈자리는 아주 깊은 사랑을 경험할 것입니다. 그럴 수 없다면 결국 이별하게 되고, 상대를 영원히 '냉정한 X'로 칭하게 될 것입니다. 이런 걸 투사*라고 하죠, 여러분.

★ **projecting.** 투사. 만족하지 못한 욕구나 감정, 행동 따위를 남의 탓으로 돌림으로써 자신은 그렇지 않다고 여기는 일. 이로써 자신을 정당화하는 무의식적인 방어 기제.

54

처녀자리와
사수자리

Virgo and
Sagittarius

모순과 타협의 왕국

처녀자리는 성스러울 정도로 꽉 막혀 있습니다. 그 때문인지 더 섹시하게 느껴집니다. 사수자리는 처녀자리의 얌전을 빼는 태도에 유난히 꽂힙니다. 십 대 여자아이들의 세상에서 흥청망청 즐거울 거예요. 흔히 하는 말로 추잡스럽죠! 처녀자리는 처음에 흥미를 느끼지만, 제멋대로인 그 때문에 이내 소름이 끼칠 거예요. 처녀자리는 "뭐든 한번 해 보겠어!"라는 문장을 만든 여자입니다. 사수자리는 예외예요. 한번 해 보는 것으로는 어림도 없습니다.

첫 만남에서는 서로를 짜증나게 할 것입니다. 못마땅해하고요. 사수자리는 처녀자리가 너무 억제돼 있고 비판적이라고 여길 거예요. 처녀자리는 사수자리가 들고양이처럼 도덕성이 부족하다고 생각하겠지요. 둘 다 잘 파악했어요. 두 사람은 어느 쪽도 연인이 되기까지 온갖 장애를 뛰어넘을 만큼 강할 것 같지 않습니다. 먼저 다가가는 쪽은 사수자리겠지만요.

사수자리는 원하는 여자와의 잠자리를 위해서라면, 무슨 말이든 쏟아내는 데 선수예요. 처녀자리는 속는다는 걸 알아도, 소극적으로만 대처합니다. 둘의 짧은 대화를 들어 보죠.

처녀자리 : 전 아직 누구와도 만날 준비가 안 됐어요. 저 자신을 좀 더 알아야 할 것 같아요.

사수자리 : 전적으로 동감이에요. 그런데 섹스나 만남을 너무 심각하게 생각하시는군요.

처녀자리 : 그래야 하는 거 아닌가요? 큰 문제라고 생각지는 않지만요. 누구나 인간관계는 필요하지만, 섹스는 관계를 너무 헝클어뜨리는 것 같아요.

사수자리 : 그럴 수 있죠. 듣고 보니 신선하네요.

처녀자리 : 네. 정말 그래요.

사수자리 : 그런데 당신 손이 너무 사랑스러운 거 알고 있나요?

제가 좀……? (처녀자리는 고개를 끄덕인다. 사수자리는 그의 손을 잡고 지그시 바라보며 어루만진다.)

처녀자리 : (예민해짐) 평범한 손이에요.

사수자리 : 아니죠. 위대한 힘이 있지만, 도움이 절실히 필요한 손이지요.

처녀자리 : 참 대담하시군요.

사수자리 : 대담한 걸까요, 솔직한 걸까요?

처녀자리 : 여기서 그만두는 게 좋겠어요.

사수자리 : 당신은 생각이 너무 많아요. (손을 자기 가슴에 가져가며, 목덜미에 입을 맞춘다.)

이런 식입니다. 일단 사귀게 되면, 두 사람은 자신들만의 훌륭한 소왕국을 만들 수 있을 겁니다. 이 왕국은 모순과 타협을 바탕으로 세워졌습니다. 남들이 하는 말에 귀 기울이지 않는다면, 까무러칠 정도로 행복한 시간을 보낼 수 있습니다.

55

처녀자리와 염소자리

Virgo and Capricorn

기막힌 커플

흙의 별자리인 두 사람은 기막히게 궁합이 좋아요. 서로 잘 알지요. 게다가 육체적인 코드도 아주 잘 맞아요. 처음부터 진도를 나갈 수밖에 없지요. 포옹하고 목을 쓰다듬으며 이미 검증된 레즈비언 마사지 같은 다정다감한 애정 행위로 시작해서, 이내 밤을 지새울 사랑의 축제로 이어질 것입니다.

성적으로 둘은 잘 들어맞는 커플입니다. 처녀자리는 주는 걸 좋아하고, 염소자리는 받는 걸 좋아합니다. 처녀자리는 마조히즘적인 성향이 있고, 염소자리는 훌륭한 주인님이 될 거예요. 물론 흙의 별자리들은 시간이 지나면서 틀에 박힌 생활을 하게 됩니다. 다른 커플들보다 그럴 확률이 더 높아요. 직장 일만큼이나 성생활에도 많은 관심을 기울일 수 있도록 의식적으로 노력해야 할 것입니다.

역할극이 이 진지하고 부지런한 아가씨들에게 딱 어울립니다. 조명이 꺼지고 섹시한 음악이 깔리면, 완전히 다른 인물을 겪게 된다는 점이 마음에 쏙 들지요. 처녀자리 아가씨는 자신이 역할극을 원하긴 하지만, 좀 나쁜 쪽을 선호한다는 걸 인정하는 것이 너무 창피합니다. 하지만 야한 속옷을 입고 다른 인물로 변신하면, 엉덩이를 염소자리 연인의 얼굴에 들이밀고, 마땅히 받을 자격이 있는 림 잡*을 명합니다.

낮이 되면 아주 잘 지내요. 가치관과 관심사가 매우 비슷하기 때문인데요. 둘 다 엄선한 사치품 몇 가지만을 갖춘 단순한 생활을 지향합니다. 염소자리는 억대 연봉에 관심이 있고요. 처녀자리는 온갖 종류의 복잡한 조리 도구, 항 알레르기 약, 운동 기구들에 관심이 있지요. 어느 정도 사치스러운 성생활을 누릴 수 있다면, 이상적인 커플이 될 수 있습니다.

★   **rim job.** 구강성교의 일종으로 입술이나 혀로 항문 주변을 애무하는 행위. 리밍 또는 애닐링구스
(anilingus)라고도 함.

56

처녀자리와
물병자리

Virgo and
Aquarius

우리가 느끼는 것

두 레즈비언은 환상의 S/M 듀오입니다. "안전하게, 분별력 있게, 동의하에" 라는 슬로건은 이 커플이 발명했을지도 모르겠어요. 분별력 부분은 제외할게요. 처녀자리는 될수록 구체적인 방법으로 육체를 탐구하려고 하지요. 반면에 물병자리는 육체와 그 한계를 실험하기를 좋아합니다.

아마 동료 관계로 출발할 거예요. 둘 다 똑똑해서 전 분야의 지식을 섭렵하고자 합니다. 사실 두 사람의 연애는 섹스에 관한 끊임없는 담론을 벌이다가 시작될지도 몰라요. 물론 전혀 사심 없이, 이론적으로 말이에요. 처녀자리는 대화를 나누다가 갑자기 건강 염려증으로 두드러기가 발병할 거예요. 그러면 그때 물병자리가 치고 들어오는 것이죠. 그냥 어려울 때 도와주고 싶을 뿐이라고요.

"저기, 가슴에 이걸 좀 발라 줄게요. 두드러기에 잘 들을 겁니다. 자, 머리는요. 이쪽에 두시고요. 제 말은 머리를…… 그러니까, 다리 사이에……." 이런 그림을 얻는 데 그 명석할 머리를 다 쓸 필요는 없어요.

두 사람 관계에서 태양 별자리가 서로 150° 인컨정트 각을 이룬다는 것이 차라리 더 잘된 일입니다. 원래 이 각을 이루는 경우, 공통점이 거의 없어요. 하지만 대체로 대화가 잘 통하는 편이라 비슷한 구석을 찾아낼 것입니다. 새로운 아이디어를 함께 탐구하길 즐기고 독서와 대화, 섹스에 많은 시간을 할애할 테니까요. 이 정도면 괜찮지 않나요?

　　문제는 두 지적인 아가씨가 서로에게 감정적인 측면으로 다가가려 할 때 생기지요. 자기감정에조차 지나치게 객관적인데, 상대 감정까지 이해하려고 들자니 얼마나 힘들겠어요. 하지만 보세요. 배우는 데 일가견이 있는 사람들입니다. 그렇죠? 책이든, 정신과 의사든, 또는 둘 다 도움이 될지도 모릅니다. 이들 커플이 "내 생각에는"이란 말 대신 "내가 느끼기에는"이라고 말하기 시작한다면 아마 괜찮게 가고 있는 것입니다.

57

처녀자리와
물고기자리

Virgo and
Pisces

희귀종 열애

정반대끼리 만난 커플이 또 있군요. 재빠르고 지적인 행성인 수성의 영향을 받는 처녀자리는 질서, 정돈, 체계의 별자리입니다. 안개가 가득하고 상상력이 넘치는 행성인 해왕성의 영향 아래 있는 물고기자리는 깊은 감성과 혼동이 가득한 환상의 별자리이지요. 무엇이 반대 기운을 가진 두 별자리를 하나로 만들 수 있을까요? 글쎄요. 확실하게 균형을 잡으려면 둘 다 상대가 너무 많이 가진 걸 조금씩은 나눠 갖고 있어야겠군요.

물고기자리는 자신이 가장 좋아하는 역할을 연기하면서 처녀자리를 유혹할 것입니다. 예술적인 성공을 눈앞에 두고 신경쇠약에 걸리기 직전 속수무책인 폐인을 연기하면서요. 당연히 전부 다 연기만은 아니에요! 그게 물고기자리의 매력입니다. 끝내주는 치유의 여신인 측면이 있는가 하면 완전히 정신병리적인 문제인 측면도 있습니다. 다른 사람에게 도움을 주는 처녀자리는 물고기자리가 현실 세계에서 제 기능을 발휘할 수 있게 기꺼이 도와줄 것입니다.

첫 번째 데이트에서 처녀자리는 물고기자리의 옷장을 정돈해 주고, 불안감을 완화해 줄 유일한 방법인 발 마사지를 해 주려고 할지도 모르겠습니다. 우리 모두 알죠? 발 마사지가 어떤 결과를 초래하는지요. 안 그래요, 여러분? 히스테릭하고 상처받기 쉬운 물고기자리 아가씨는 처녀자리에게서 원하는 걸 얻으려고 이런 장면을 연출하지 않습니다. 그런 의심을 했다면 당신, 틀림없이 전갈자리로군요!

그런데 현실에서 만나서 데이트를 하고 진지한 관계가 되면, 처녀자리가 되레 물고기자리에게 기대게 될 것입니다. 물고기자리 여성은 희귀종입니다. 완벽하고도 전적으로 무조건적인 사랑을 베푸는 유일한 사람이지요. 대가를 치르면서까지 말이에요! 사랑하는 처녀자리에게 주고 또 주고, 그가 완벽하게 사랑을 느끼고 안도할 수 있도록 해 주지요. 물고기자리의 헌신이 보통 자급자족하는 흙의 별자리들 중에서도 특히 처녀자리를 더 의존적으로 만드는 점은 감수해야 할 것입니다.

물고기자리의 인정할만한 점은 처녀자리 연인에게 감정을 표현하는 법과 사랑을 주는 법에 관한 많은 것을 알려 줄 것이라는 점입니다. 단지 좋은 감기 치료법을 알려 주는 것이 아니라요. 처녀자리는 물고기자리 연인에게 원하는 것을 직접적으로, 진실을 조작하지 않고, 구체적인 용어를 써서 말하는 법을 가르쳐 줄 수 있습니다.

두 사람의 관계는 끈끈하고도 깊습니다. 서로의 가장 깊은 곳에 자리한 두려움을 극복하도록 도울 것입니다. 결코 심약한 사람들의 연애가 아닙니다.

58

천칭자리와 천칭자리

Libra and Libra

끝내주는 천상 감옥

천칭자리 아가씨 둘이 만나면 썩 잘 맞는 로맨틱한 커플이 됩니다. 비너스가 지배 행성인 천칭자리들은 달콤하고 섬세한 구애의 기술을 펼치는 데 열과 성의를 다할 것입니다. "당신은 이 세상에서 가장 아름다워요!"라는 말을 진심을 담아 할 줄 알고, 모든 상황에 잘 맞는 옷을 차려입을 줄 압니다.

천칭자리 커플에게 진짜 궁금한 점이 있는데요. 계산은 누가 하나요? 천칭자리들은 자신들이 값지다고 생각하기 때문에 공을 들이고 대접해 주길 바랍니다. 천칭자리 여러분. "아니, 말도 안 돼!" 하고 외치는 소리가 들리는군요. 전 이렇게 대답할게요. "지나친 부정은 긍정이에요."

부치 온집 역할을 맡은 레즈비언들은 챙겨 주면서 쫓아다니기만 합니다. 나중에 잘돼서 연애의 안정기인 천상 감옥의 단계에 진입하게 되면, 편안하게 앉아 쉬고 싶은 마음만 가득할 것입니다. 성적으로 천칭자리는 근사한 커플입니다. 두 사람은 거울 반응(mirroring)의 달인이에요. 대화만 들어도 알 수 있죠. "니나 시몬을 좋아한다고요? 저도 완전 좋아해요!" "바브라 스트라이샌드가 질색이라고요? 저만 그런 줄 알았는데!" 네, 그렇습니다. 이들은 침실에서도 이렇게 해요. 말은 거의 안 하지만요. 천칭 #1은 천칭 #2이 귀여운 딜도로 부드럽게 뿅 가게 보내 버리려고 한다는 걸 알게 됩니다. 그 순간 갑자기 천칭 #1은 그렇게 되길 간절히 바라게 되는 겁니다.

시간이 흐르면, 두 사람의 성적 취향과 술자리 대화는 다른 방향으로 발전할 것입니다. 서로의 의견에 반대하는 것이 오히려 편해지게 될 거예요. 단언컨대 이건 좋은 징조입니다! 잠자리에서, 인생에서, 서로 계속해서 즐겁게 해 줄 것입니다. 천칭 #1이 갑자기 어느 날부터 매번 더운 욕조에서 섹스에 돌입하고, 천칭 #2도 기꺼이 호응하는 식이에요.

바로 그 부분에 이 연애에 내려진 축복과 저주가 담겨 있습니다. 천칭자리 여성은 아주 수용적입니다. 그래서 갈등을 겪는 일은 엄청나게 깊은 상처로 다가와요. 이들이 인생에서 일찍이 터득한 게 있어요. 만일 당신이 누군가를 좋아하는 척, 상대가 뭘 해도 기쁜 척만 하면 그 사람이 실제로 당신을 좋아하고 당신을 기쁘게 해 준다는 것을요. 갈등이 모든 연애에서 자연스런 부분임을 이 커플이 조심스럽게 인정할 수 있다면, 함께 진정한 행복의 길을 걸어갈 것입니다.

59

천칭자리와 전갈자리

Libra and Scorpio

완전 수수께끼

천칭자리와 전갈자리가 서로 끌리게 되는 경우는 상대의 별자리 차트에 금성이나 화성이 한두 개 자리하고 있을 때예요. 출생이 몇 주 차이 나지 않을 때 일어나는 경우이지요. 멋진 둔각 없이도 두 사람은 훌륭한 섹스, 성장, 갈등, 끔찍한 경험, 순탄함, 놀라움을 만들어 냅니다. 아무리 위대한 심리학자라도 '완전 수수께끼'라고밖에 표현 못하죠. 복잡한 조합이라고요? 물론이에요!

두 여성이 점성학적으로 정반대는 아니지만, 서로 반대되는 지배 행성을 가집니다. 평화를 사랑하는 천칭자리는 온화하고 협조적인 금성의 영향 아래 있습니다. 물론 금성은 다른 이들에게 행복을 베풀어 주는 걸 좋아하는, 사랑스럽고, 예술과 파트너십을 지향하는 행성이에요. 전갈자리의 지배 행성은 화성입니다. 전쟁과 힘, 열정과 대립의 행성이죠. 신나지만 편하지 않아요. 천칭자리는 간접적이고, 전갈자리는 직접적이지요. 벌써 패턴이 보인다고요?

성적으로 둘은 훌륭한 한 쌍을 이룹니다. 전갈자리는 지배하고 탐험하는 걸 좋아하고, 천칭자리는 복종하고 열렬히 사랑받길 원해요. 하지만 하나 혹은 둘 다 따분하고 고리타분한 역할 놀이에 반기를 드는 것은 시간문제일 뿐입니다. 이제 바뀔 때가 됐어요. 앞서 말한 성장이 시작되는 지점은 여기에서부터입니다. 두 사람이 잠자리 스타일을 바꿀 수 있다면, 다른 곳에서의 습관도 바꿔 나갈 수 있을 것입니다.

천칭자리는 전갈자리에게 사나운 짐승처럼 싸우지 않고 원하는 것을 표현하는 법을 가르쳐 줄 수 있지요. 전갈자리는 천칭자리에게 거짓말 대신 진실을 말하는 법을 가르쳐 줄 수 있습니다. 이렇게 노력해서 성장함으로써 두 사람은 각각 무슨 보답을 얻게 될까요? 전갈자리는 충성스럽고 강력하며 외부의 적들에게서 기꺼이 천칭자리를 보호할 것입니다. 꿈을 좇도록 끊임없이 독려해 줄 테지요. 천칭자리는 전갈자리의 근심을 덜어 주며, 어두운 기분을 부드럽게 떨쳐낼 수 있도록 인도하고, 세상은 원래 즐겁고 행복한 곳이 될 수 있음을 보여줄 것입니다. 천칭자리는 전갈자리에게 중도를, 전갈자리는 천칭자리에게 극단을 가르쳐 줍니다.

서로를 끌어당길 만큼 강하고 신비한 힘이 있다면, 모든 노고를 감수할 가치가 충분하다는 생각이 들 것입니다. 물론 궁극의 보상은 깊고 지속적인 사랑이겠지요. 위대한 사랑을 찾아낸 사람들도 서로를 완전히 이해할 수는 없을지도 몰라요. 둘은 신비로워요!

60

천칭자리와
사수자리

Libra and
Sagittarius

밀당 고수

천칭자리와 사수자리 여성이 함께하면 신성하고 퇴폐적인 데가 있습니다. 가장 육체적인 영역의 즐거움을 추구하는 별자리들입니다. 천칭자리는 주위 환경에 강하게 영향을 받는 편이고 아름다운 모든 것들을 받아들이고 싶어 해요. 사수자리는 "승자에게 전리품이 돌아간다!"는 격언을 신봉하는 모험가고요. 새로운 장소를 정복하는 걸 좋아하며, 발견해 낸 화려한 것들을 즐길 줄 압니다. 사수자리는 이렇게 즐거운 시간을 갖기를 최고로 치고, 천칭자리가 가장 중요하게 여기는 건 좋은 것들을 가지고 사는 일입니다. 둘의 욕망은 대체로 잘 어우러지는군요.

사랑을 나눌 때는 섹시한 한 쌍을 이룹니다. 달아나는 걸 선호하는 천칭자리와 쫓아가는 걸 좋아하는 사수자리가 만났습니다. 이 작은 밀당의 마라톤 경주가 두 사람이 서로에게 끌리는 바탕이고요. 전희의 일부이기도 해요. 마음속에서 사수자리는 불같은 애정을 쏟아 사랑하는 사람을 압도하는 위대한 온갑이에요. 천칭자리는 줄곧 도발적으로 굴려고 하는데, 사수자리 연인만큼 상냥한 미소를 지으며 벌 줄 수 있는 사람은 아무도 없다는 걸 잘 압니다.

토끼처럼 시도 때도 없이 섹스하지 않을 때는 언제까지라도 예술과 철학,

정치, 종교 등 수백만 가지의 주제를 다루며 즐겁게 대화를 나눕니다. 얼마나 오랜 세월을 함께했든, 이야깃거리는 끊이지 않고 샘솟을 거예요.

보시다시피 위풍당당한 커플입니다. 문제가 있을 수 있냐고요? 그럼요. 그럴 수 있어요. 바로 금발, 갈색머리, 빨강머리, 레게머리 한 가수, 은발 중년들, 삭발한 아가씨들 때문에 일어날 수 있어요. 네! 딴 여자들이요. 사수자리는 쫓아가서 자려 하고, 천칭자리는 곁에 두고 사귀려 하거든요.

두 사람이 젊거나 사귄 지 얼마 안 됐다면, 상대의 바람기는 그냥 넘어가자고 마음먹을지도 몰라요. 이 커플은 앞으로 함께 성장해 나갈 잠재력이 있습니다, 지금 몇 살이든 간에요. 각자 매우 독선적일 수 있으며, 하고 싶은 것이나 이미 시작한 일을 꼭 고집하는 바람에 상대를 괴롭힐 수도 있지만요.

사수자리는 가장 확실한 길을 찾겠다고 우기지만, 사실 그는 워낙에 잘 노는 한 마리 여우입니다. 천칭자리는 일부일처제를 설파하지만, 일단 그럴 의지가 없는데다 거절할 줄 모르고요. 저는 이런 말을 해 주고 싶어요. 다른 사람들은 좀 놔주고, 함께 가지려 했던 것을 찾으세요. 즐거움 말입니다! 결국 때가 되면 둘 다 정착하게 될 거예요.

61

천칭자리와
염소자리

Libra and
Capricorn

꽤 괜찮은걸

　　둘은 서로 90°스퀘어 각을 이루고 있습니다. 대개 상당한 도전과 성장을 뜻하지요. 천칭자리와 염소자리는 원만한 커플이 되지는 않지만, 섹시하고 만족스러운 커플이 될 수 있어요. 둘 다 속은 따뜻한데 겉으로는 쿨해서 데이트하기까지 다소 시간이 걸릴 수 있어요. 사랑에 빠져 서로를 진지하게 알아가는 것도 긴 과정이 될 것입니다. 그런데 우리 레즈비언들 '과정' 진짜 좋아하잖아요, 그렇죠?

　　첫 만남에서 천칭자리와 염소자리는 상대방의 세련된 분위기, 사회적 지위, 그가 풍기는 품위에 감명을 받을 것 같은데요. 진정한 천칭자리들은 예술 관련 직종에서 만날 수 있습니다. 진정한 염소자리는 사업을 일궈 번창하는 데 힘을 쏟고요. 함께 예술과 상업이 혼합된 세계를 창조해 낼 수 있지만, 시간이 좀 걸릴 수 있습니다.

　　염소자리는 일중독으로 악명 높고, 천칭자리는 늑장으로 유명해요. 두 사람의 첫 만남은 어떤 명망 있는 문화 행사에서 이루어질지 모릅니다. 염소자리는 투자자를 모색하고, 천칭자리는 자신을 알아봐 주길 고대하는 자리입니다. 은근한 방식으로 접근한 뒤에 이런 인사말이 오가겠지요.

염소자리 : 언제 한번 자리를 마련하고 싶은데요. 여기 제 명함이에요.

천칭자리 : 명함이 아주 인상적이네요! 정말 최고 책임자세요? 와! 몇 가지 색상만 좀 더 쓰면 눈길을 사로잡는 명함이 되겠는데요. 집에 쉽게 만들 수 있는 프로그램이 있어요. 제 명함도 직접 만들었거든요. 보실래요?

염소자리 : 정말 좋네요. 그럼 다음에 연락을 주시겠어요? 꼭이요! 그런데 솔직히 말해서 제가 거의 밖에 안 나오거든요. 이런 행사에도 거의 참석을 안 해요. 항상 일만 하지요. 그래서 말인데, 지금 이렇게 나와 있고 에너지가 좀 남아 있는 상태라 지금 우리 뭔가를 하면 좋겠어요. 식사는 어떠세요?

천칭자리 : 사실 전 좀 피곤해서요. 아니면 다음 주에 전화를 주시겠어요?

염소자리 : 네 물론이죠! 아 참, 다음 주에 출장이 잡혀 있어서 준비를 해야 되는군요.

두 사람이 스케줄을 맞추는 건 보통 일이 아니에요. 그래도 결국에는 만나게 될 것입니다. 염소자리는 인내심이 강하고 천칭자리는 게으르죠. 중간 지점에서 만날 수 있겠군요! 드디어 염소자리가 하룻밤 외출해도 될 만큼 열심히 일했다는 생각이 들 때, 천칭자리는 외출을 해서 염소자리의 돈을 쓰며 행복을 느낄 겁니다.

돈은 두 사람이 가장 욕망하는 것입니다. 데이트하면서 천칭자리는 염소자리의 야망과 현명한 사업 계획을 듣고 감명을 받겠지요. 염소자리는 천칭자리에게서 파트너십의 뉘앙스에 대해 많이 배울 테고요. 둘은 훌륭한 파트너이자 연인 사이가 될 수 있습니다.

성적으로는 서서히 움직이는 흙의 별자리와 시원시원한 공기의 별자리가 만나 생각보다 더 뜨거워질 수 있습니다. 천칭자리는 염소자리와 대화하는 법을 알아서 섹시한 언어와 부드럽고 관능적인 손길로 그를 달아오르게 합니다. 염소자리의 섹스 방식은 온화하지만 강경해서 천칭자리를 극도의 흥분 상태에 다다르게 할 겁니다. 또한 버릇없는 S/M 천칭자리 아이를 대하는 아빠 엄마 두 역할 모두를 연기할 수 있지요. 온 가족이 즐길 수 있는 시간이에요!

62

천칭자리와
물병자리

Libra and
Aquarius

공동의 선

두 공기의 별자리가 연주하는 선율은 아름답습니다. 사랑에 관해서는 코드가 잘 맞아요. 두 사람에게 언어는 행복의 열쇠고요. 천칭자리는 낭만을 이야기하려고 해요. 과학 신봉자인 물병자리에게 동화를 믿게 할 수 있는 사람이 있다면 바로 천칭자리입니다. 물병자리는 다른 어떤 관계보다도 우정을 최고로 여깁니다. 그저 친구처럼, 재지 않고 오랜 공을 들여 천칭자리의 진정한 모습을 알아가면서 그를 이해하려 할 테지요. 천칭자리는 매력을 발산해서 자신을 좋아하도록 애쓰는 행동이 몸에 배어 있습니다. 아이가 애를 쓰는 것처럼 말이죠. 물병자리 연인이 자신에게 마음을 열고 약점들까지 모두 아껴주는 모습에 감동할 것입니다.

잠자리에서도 아주 오랜 시간을 보낼 수 있습니다. 기쁨을 주는 게 즐거운 천칭자리예요. 그는 물병자리가 간절히 바라는 짓궂은 장난을 쳐 주고, 한껏 괴롭혀 줄 것입니다. 물병자리는 섹스를 할 때 진정 광기에 찬 과학자가 됩니다. 기꺼이 실험 대상이 된 천칭자리와 함께 레즈비언 세계에는 존재하지 않았던 감각과 자세를 발명할 것입니다. 놀라워요!

일단 사귀게 되면 할 얘기가 어마어마할 테지만, 둘 다 자유분방한 생활을 즐길 겁니다. 일부 천칭자리·물병자리 커플에게 진짜 과제는 철학입니다. 물병자리는 자유 지향적이고 천칭자리는 파트너십을 중시하는 성향이 있어서 공동생활 규칙을 정하는 게 쉽지 않겠지요.

진실이 드러나기만 한다면, 거의 완벽에 가까운 커플이 될 수 있습니다. 천칭자리는 본인이 인정하는 것보다 훨씬 더 밝히는 사람이에요. 예쁜 여자와의 불장난에 사족을 못 쓰지요. 물병자리는 알고 보면 스스로 위장한 만큼 자유 **연애주의**자가 못됩니다. 가끔 친구들과 뒹구는 걸 좋아할 뿐이죠. 이 아가씨들이 본인의 진정한 욕망을 수긍할 수 있다면, 더 많은 선택권을 갖게 될 것입니다.

해를 거듭하며 일부일처 상태로 지내면서도 성생활의 활력소로 서로의 판타지를 활용해 다양한 시도를 할 수 있어요. 셋이 즐긴다거나 개방된 관계를 맺을 수도 있지요. 어떤 결정을 내리든 둘에게는 아무런 문제가 되지 않습니다. 이 연애의 근간인 천칭자리의 키워드 '공정성'을 유지하고, 물병자리의 키워드 '우정'을 존중한다면 말이에요.

63

천칭자리와
물고기자리
Libra and
Pisces

숨바꼭질

두 별자리는 150° 인컨정트 각을 이뤄요. 한마디로 자연스럽게 끌리지는 않는다는 말입니다. 천칭자리와 물고기자리 사이의 연애는 노력이 좀 더 필요하지만, 분명히 그럴 만한 가치가 있습니다. 차트에 힘센 별자리들, 예컨대 양자리 전갈자리 사수자리 같은 별자리가 대거 포진되어 있지 않다면, 두 여성 모두 다소 소극적인 성향을 보이는데요. 그래서 실제로 두 사람이 사귀기까지 긴 시간 숨바꼭질이 벌어질지도 모릅니다.

멋진 두 분 사이에 불꽃이 튀면 금방 타오를 거예요. 둘 다 선을 확실히 긋는 타입이 아니라서 바로 잠자리로 직행하기 쉽습니다. 성적으로는 서로에게 영감을 줍니다. 넘치는 상상력의 소유자인 물고기자리는 천칭자리와 함께 최고의 성적 자극과 최저의 도덕성을 만나는 새로운 경험을 즐깁니다. 로맨틱한 천칭자리가 맡은 임무는 물고기자리의 판타지를 모조리 실현하는 일이에요.

다른 시대에서 온 사람들처럼 무척 낭만적인 아가씨들입니다. 물고기자리는 감성적인 물의 별자리이며, 사랑하는 연인에게 조건 없는 사랑을 베풀어요. 천칭자리는 사려 깊은 공기의 별자리이지요. 매일 자신의 깊은 사랑을 말로 표현할 수 있습니다.

두 사람이 넘어야 할 산이 있어요. 사귀면서 대면하는 낭만적이지 않은 것들은 어떻게 처리해야 할까요? 상상하지 못할 정도로 현실 도피적이라 생활에 어려움을 겪을지도 몰라요. 환상과 낭만적인 상상의 왜곡된 렌즈를 통하지 않고 서로 있는 그대로의 모습을 보기 위해 의식적인 노력을 기울인다면, 진정 로맨틱한 사랑을 발견할지도 모릅니다. 그렇지 않다면 항상 두려움을 안고 살아가겠지요. 상대의 사랑이 거짓임을 깨닫게 될지도 모른다는 두려움과 자신이 거짓 사랑을 하고 있다는 걸 들킬지 모른다는 두려움을 말이에요. 얼마나 불행한 일인가요!

흙의 별자리들이 지닌 현실주의를 발전시킬 수 있다면, 상상하지 못할 만큼 행복하고 만족스러운 생활을 해 나갈 수 있을 거예요. 어서 현실로 돌아오세요!

64

전갈자리와 전갈자리

Scorpio and Scorpio

활화산

열정이 한껏 고조되어 있지만, 자제력 또한 높습니다. 어쩌다 만났는데, 별자리가 같다는 걸 알게 되면 서로를 어느 정도 잴 겁니다. 즉시 경계심을 느끼는 동시에 신뢰감 또한 느끼는 경험을 하게 될 거예요. 전갈자리는 본능적으로 상대방의 능력을 가늠할 수 있습니다. 서로를 꿰뚫을 정도로 직감이 강하므로 어쩌면 평소보다 더 비밀스럽게 행동할 거예요. 전갈자리는 가장 점잖은 면을 앞세워 깊은 인상을 남기고자 하는 경향이 있습니다. 사회적인 지위를 내세운다는 뜻은 아니고요. 자신이 이 관계를 통제하고 싶다는 것이지요. 전갈자리는 서로 상대가 완벽하게 '함께'라고 생각해 주기를 바랍니다.

두 사람이 성적인 관계를 맺고, 친밀한 차원으로 발전하기까지 시간이 걸리는 것은 당연합니다. 서로를 안전하게 느끼면 내면의 야수를 풀어놓을 수 있는데요. 아직 서로에 대한 신뢰가 깊지 않다면, 섹스도 감정의 온도만큼 절제되고 억제될 수 있습니다.

그렇다면 두 사람은 서로에 대한 믿음이 어떻게 생길까요? 시간이 약이에요. 하지만 그렇게 오래 걸리지는 않아요. 친구여! 비밀은 이렇습니다. 둘 다 각자 벌

거벗고 일어나서 소리 질러야 해요. "난 정말이지 완전 엉망진창이야!"라고요. 진심이잖아요. 외부 환경을 자신이 통제할 수 있다는 환상이 사라지면, 황홀한 섹스와 더불어 훨씬 훌륭한 사랑도 할 수 있습니다.

사귀게 되면, 둘의 연애는 강력한 불길이 요동치는 활화산에 빗댈 수 있습니다. 전갈자리는 최소한 자기 자신과 사랑하는 사람들에 관해서는 그 어떤 것도 가볍게 받아들이지를 않지요. 그래서 연애와 연관된 모든 것이 가히 폭발적이리라 장담할 수 있습니다.

전갈자리의 지배 행성은 변화의 행성이자 강력하고 신비스러운 명왕성입니다. 여러분, 명왕성이 관련된 변화는 단순한 의미가 아닙니다. 철저하고 전면적인 진화를 의미합니다. 기막힌 섹스와 함께 삶의 본질, 사랑, 예술, 가족, 돈 그리고 소중하게 여기는 모든 주제에 대해 진지한 대화를 나누는 것이 일상의 일부가 될 거라는 뜻입니다. 서로가 의식적으로 노력해서 편해지도록 해야 합니다. 명상이 도움될 거예요. 매주 금요일 밤에 중국 요리를 배달시켜서 텔레비전 앞에서 뒹굴뒹굴하는 것도 좋아요. 전갈자리는 무척 까다로운 사람입니다. 그런 둘이 만났으니 다 내려놓을 수 있도록 서로 도와야 하지 않겠어요!

두 전갈자리의 조합은 매우 정신적이며, 서로 사랑하는 영적 감각에 깊이가 있어요. 그래서 신의는 철저히 지켜져야 합니다. 그러지 못하다면 계속 서로를 괴롭히는 끔찍한 과정을 겪어야 하죠. 단 두 가지 선택지만 있습니다. 가장 깊은 곳까지 빠져들거나 애당초 뛰어들 생각을 말거나. 이미 물에 젖은 전갈자리들이 어떤 선택을 할지는 잘 알겠지만요!

65

전갈자리와
사수자리

Scorpio and
Sagittarius

행운을 빌어요!

불같은 조합입니다. 적극적인 연구자 타입인 전갈자리와 지적인 교육자 타입인 사수자리가 다른 별자리를 만나는 경우와 비교해 볼까요. 많은 마찰이 생기고, 재미와 다툼이 빈번할 것입니다. 전갈자리는 물의 별자리지만, 자매 별자리인 게자리나 물고기자리보다 더 불같은 성질을 지녔지요.

사수자리는 전갈자리를 뒤따르는 불의 별자리이지요. 전갈자리는 자신이 사수자리보다 깊고, 우주적이며, 보다 높은 단계로 진화해야 함을 알고 있습니다. 사수자리의 강한 소유욕과 자기중심성에서 벗어나 좀 더 자유롭고 편안한 대인 관계와 숙달된 이타심을 발휘하는 쪽으로 성장해야 한다는 뜻이죠. 전갈자리와 사수자리가 함께 이 책을 읽고 있다면, 이런 조언을 해주고 싶어요. 사수자리는 우쭐대면서 비웃는 거 그만하고요. 전갈자리는 새까맣게 타들어 가도록 속 끓이는 일을 당장 그만두라고요. 그뿐만이 아니에요!

사수자리는 고급스런 사람이 되려 하기 전에 먼저 전갈자리 말을 잘 새겨들어야 해요. 감정적이고 철학적인 차원을 심도 있게 탐구해야 한다는 얘기예요. 거만한 태도로 다른 사람들에게 설교를 늘어놓기 전에 닥치고 자신을 돌아봐야 합니다. 전갈자리의 자제력, 의지력, 집중력을 본받아 키워야 해요. 이런 교훈은 데이트 몇 번으로는 어림도 없어요. 평생을 걸쳐 배운다 해도 모자랄 지경이죠! 성공적이고 행복한 연애를 하려면 두 사람 모두 성장과 함께 자기 인식을 아주 중요하게 여겨야 합니다.

이제 한바탕 소동이 끝났으니, 섹스를 얘기해 봐요! 두 사람은 섹스를 즐기는 법을 잘 알고 있어요. 장난기 많고 거칠기도 하고, 마치 강아지나 아기 곰 두 마리를 보는 것 같죠. 가죽 재킷을 걸친 강아지와 아기 곰이 생각나네요. 상상력을 발휘해 보세요!

사수자리는 전갈자리에게 끌립니다. 일전에 경험하지 못한 자신의 직관적이고, 강력하며, 영적인 본성의 빗장을 풀어줄 수 있다고 믿기 때문이지요. 전갈자리도 사수자리에게 끌립니다. 전에 알지 못한 야생의 자유롭고, 거리낌 없으며, 새로운 모습을 끌어내 줄 것이라 여기기 때문이지요. 보통 이런 일은 침실에서 시작됩니다. 옷장이든, 욕조든, 스키장 리프트든 상관없습니다. 둘은 서로에게 도전할 수 있어요. 성적으로…… 마음먹는다면 말이죠. 섹스를 유희적인 성관계 그 이상으로 생각하길 주저하는 전갈자리·사수자리 커플들이 있을 거예요. 전갈자리는 실수하는 순간에 사수자리가 창피를 주거나 비웃을까 봐 겁을 내요. 사수자리는 전갈자리가 자신을 성적 매력이 전혀 없는 깊이도 영혼도 없는 존재라고 폭로할까 봐 두렵지요.

성적으로 무슨 문제가 생기든 함께 극복할 수 있다면, 두 사람은 이 연애를 통해서 세계 정복을 꿈꿀 수 있을 것입니다. 쉽지는 않아요. 절대로요. 하지만 어떤 전갈자리·사수자리 커플은 보란 듯이 해낼 거예요. 행운을 빌어요!

66

전갈자리와 염소자리

Scorpio and Capricorn

오피스 와이프

진지하면서도 섹시한 조합입니다. 전갈자리 씨와 염소자리 씨는 장난기 많고 스킨십을 좋아하긴 해도, 서로의 관계에 대해서 진지하게 받아들이는 편입니다. 두 별자리가 온화한 60° 섹스타일 각을 이루고 있어요. 이 물의 별자리와 흙의 별자리는 연인 사이로 발전하기 전에 먼저 친구로 지낼 거예요. 친구 사이인데도 여느 젊은 신혼부부보다 더 커플같이 행동할지 몰라요! 두 사람 모두 치열하고 의욕적이라, 일하면서 유대감을 형성할 수 있어요. 새벽 두 시쯤, 시계 종이 울리면 퇴근하고 스트레스를 날려 버릴 때입니다. 열심히 일한 뒤 이 비밀스러운 시간에 분명 제대로 놀 거예요. 이때 우정 전선에 미묘한 기류가 흐릅니다. 염소자리는 흙의 별자리답게 전갈자리보다 더 육체적이지만, 더 신중하기도 합니다. 정열적인 레즈비언 마사지를 서로 번갈아 해 주고 그것만으로 온전히 행복해합니다. 그 선을 넘어가는 쪽은 전갈자리예요.

둘의 섹스는 격정적이고 활기가 넘칩니다. 함께 있으면 무척 편안해지고, 서로에게 온통 정신이 팔려 있어요. 그래서 언제 어디에서든 할 수 있지요. 야외 섹스를 가장 좋아하고, 트럭 뒷자리도 정말 좋아하는 곳이에요. 어느 술집의 먼지 뽀

얇게 낀 주크박스에서 들을 수 있는, 오래된 록 음악의 향취가 느껴지죠.

염소자리는 전갈자리에게서 좀 더 육체적인 면을 이끌어 냅니다. 전갈자리는 늘 섹스 생각을 하고, 시나리오를 짜면서 신기한 경험에 흥분하는 데 익숙해요. 염소자리는 그냥 하는 걸 좋아해요. 빨리, 세게, 강렬하게요. 전갈자리는 염소자리의 육체적인 솔직함에 감탄합니다. 염소자리의 경우, 전갈자리를 만나기 전까지는 섹스가 이다지도 강력하게 심리에 영향을 주는 요인이 될 수 있다는 걸 깨닫지 못하지요. 전갈자리는 염소자리의 은밀한 판타지와 욕망을 끄집어낼 줄 알아요. 온갖 나쁜 것을 좋아 보이게 하는 재주가 있죠. 그래요, 자기! 그거요!

전갈자리는 매일매일 염소자리의 일과 경쟁하는 착각이 들지도 몰라요. 침대 밖에서 관심을 받지 못하는 데 화가 나기도 하고요. 염소자리는 섹스에 열정적이고 성적 에너지를 내뿜으며 기분 전환하기를 좋아하지만, 가장 우선하는 건 일입니다. 홀로 남겨진 전갈자리는 자신을 괴롭히며 한 편의 드라마를 써 내려갑니다. 한편 염소자리는 그 유명한, 깊고 캄캄한 우울증에 빠지게 될 거예요. 있지도 않은 자기 약점을 걱정하느라고요. 가엾은 염소자리는 자신이 일과 연애에 모두 성공할 수는 없다고 생각해요. 희생자 노릇을 하는 면이 있으니, 이를 자기 충족적 예언처럼 현실화하지 않도록 주의해야 할 겁니다.

두 사람의 연애가 잘되려면, 모든 것의 시작점으로 한 걸음 물러서서 더 돈독한 우정을 쌓아야 합니다. 전갈자리는 염소자리에게 도움을 주면서 행복을 느낍니다. 염소자리는 전갈자리가 하고 싶을 때 언제든 달려갈 수 있어서 행복하죠. 하지만 중간 지점을 찾는 게 좋을 것 같아요. 일과 섹스 말고도 서로 나눌 얘기가 있다면, 잘되어 가는 거예요!

67

전갈자리와 물병자리

Scorpio and Aquarius

까칠이들

두 고정형 별자리가 만나 서로의 까칠한 면을 드러냅니다. 때로는 상대를 잘못 건드려 거슬리게 할 뿐이지만, 때로는 잘 어루만져 주려는 욕구도 있어요. 제 말뜻 이해하시죠? 둘 다 빤한 것은 질색해요. 전갈자리가 늘 사람들 마음 깊숙이 어두운 곳에 숨겨진 동기를 주시하고 있다면, 물병자리는 그 모든 동기의 실존적 의미를 탐구합니다. 두 사람 모두 섹스에 집착하지만, 방식은 완전히 다릅니다. 전갈자리가 섹스를 비밀스럽고 위험하면서 화끈한 것으로 생각한다면, 물병자리는 공개적이고 친숙하면서 화끈한 것이라고 봅니다.

실험 정신이 투철하다는 공통점이 있는데, 물병자리는 전갈자리로서는 이제껏 듣도 보도 못한 독창적이고 기발한 방식의 섹스를, 전갈자리는 정신적인 실험을 선호한다는 점에서 차이를 보입니다. 전갈자리는 물병자리의 눈을 가리고 뒤에서 하면서, 서로가 어린 시절의 무의식이나 전생을 회상하기를 바랍니다. 주제나 스타일이 달라도 결과는 같아요. 바로 격정적인 섹스죠!

섹스를 할 때 말고는 의사소통이 무척 힘들어서, 서로를 약간 미친 듯이 몰아가는 경향이 있어요. 물병자리에게는 근본적으로 우정이 전부거든요. 그는 무리를 통한 경험을 쌓으려고 합니다. 친구들과 함께할 여지가 넉넉히 있어야 하고, 모든 친구와 어울려 다니며 시시덕거릴 자유가 필요합니다. 전갈자리는 집착적이고 질투심이 많으며 잔인한 상상을 잘 해요. 떠벌리고 싶어 하지 않아요. 특히 로맨스에 관해서는요!

둘에게 가장 좋은 관계는 섹스 친화적인 사이입니다. 전갈자리는 사랑 아니면 증오를 택하는 확실한 타입이지만, 물병자리는 심지어 적들에게조차 "맘에 든다!"고 말하고 다니거든요. 두 사람이 친구이면서 섹스 파트너일 수 있다면, 양쪽 세계에서 맛볼 수 있는 최고의 경험을 할 수 있게 됩니다. 가령 물병자리의 제안으로 전갈자리가 싫어하는 누군가와 함께 셋이 한다면, 전갈자리도 그 난교 파티에 참여하되 불편한 사람과 굳이 친하게 지내지 않아도 되지요.

차트에 잘 어우러지는 행성들이 꽤 있다면, 이 맺어지기 힘든 전갈자리·물병자리 커플도 행복하게 오래 만날 수 있을 거예요. 전갈자리의 차트상 자유를 좇는 사수자리 영역에 행성이 다수 위치해 있고, 물병자리의 차트상 가정을 좇는 게자리 영역에 행성이 많이 있다면, 이 둘 사이에 뭔가가 있을 수 있어요. 자유와 일대일 열정이 공존하는 가정을 함께 꾸릴 수 있지요. 변화라는 개념은 두 사람을 이어 주는 주요소입니다. 전갈자리는 명왕성을 지배 행성으로 두는데, 이 행성은 개인적인 변화를 추구합니다. 물병자리의 지배 행성인 천왕성은 세상을 변화시키는 데 더 중점을 두고요. 물론 둘이 함께 작용할 수도 있어요.

전갈자리는 물병자리가 잠시 바깥세상에서 내면의 세계로 시선을 돌려 개인적인 성장을 이루는 방법을 알려줄 거예요. 물병자리는 전갈자리가 잠시 우울에서 벗어나 다른 사람을 돕는 데 시간을 할애하도록 인도해 줄 것입니다. 남을 돕는 일이 실제로 전갈자리 자신을 돕는 일인 것을 깨달을 테지요. 이 커플은 마음만 먹으면 세상을 바꿀 수 있어요. 하지만 가령 어떤 딜도를 살지, 무슨 토핑의 피자를 주문할지 같은 소소한 일에는 의견의 일치를 보기 힘들 겁니다.

68

전갈자리와
물고기자리

Scorpio and
Pisces

환상 체험

정신적으로 코드가 잘 맞고 사이가 아주 좋은 물의 별자리들이에요. 소리 내어 말할 때는 서로 이해도가 좀 떨어지지만, 직관적으로는 잘 통합니다. 영화 〈샤이닝〉에 등장하는 노인과 소년처럼 텔레파시로 소통하느라 바쁩니다. 평범한 방식, 즉 말로 뜻을 전하려면 더 애써야 할지도 몰라요.

그렇지만 이렇게 직관적으로 이루어지는 모든 대화는 오랫동안 훌륭하고 활발하게 차곡차곡 쌓입니다. 물고기자리 여성은 언제나 전갈자리를 향해 도발적인 말들을 건넵니다. 그의 눈망울과 향기, 넘치는 재치에 찬사를 아끼지 않아요. 전갈자리는 물고기자리가 자신을 유혹하고 있음을 잘 알면서도 그 말을 곧이듣고 말지요. 연애를 시작할 때 먼저 움직이는 쪽은 전갈자리입니다. 지배 행성이 해왕성인 물고기자리가 회피적이고 몽환적인 반면, 지배 행성이 화성인 전갈자리는 직선적이고 강력하기 때문입니다.

일단 무대 위에 오르면, 이 아가씨들은 중간 지점을 찾아 리듬을 탑니다. 밤새 쿵쿵거리는 비트가 계속되겠지요. 성적으로 오래도록 황홀경에 젖어 있습니다. 두 사람은 오르가슴을 느끼기도, 느끼게 해 주기도 좋아하지만, 침대에 들어간 둘에게 절정이란 가장 관심 없는 일처럼 보이는군요. 아마 섹스를 오랫동안 맛있게 하는 이유가 그래서일 것입니다. 서로의 온몸 구석구석을 천천히 음미하며 탐험하기를 즐깁니다. 어둡고 신비스러운 모든 것을 파헤치지요. 향초와 음악과 배경과 분위기 모두 마법에 둘러싸인 것 같군요. 두 사람은 자신들 행동의 결과가 천상의 길목을 건너게 할 수도, 지옥의 나락으로 떨어뜨릴 수도 있다는 것을 잘 알지요. 이 퇴폐적이고 심오한 아가씨들의 만남은 위험과 미지 그 자체입니다.

함께 즐길 수 있지만, 해 떨어지기 전에는 비밀스러울 수 있어요. 물고기자리는 곧잘 두려워하고 걱정해요. 그래서 사랑하는 온겁에게 자신의 진정한 욕망과 생각을 내보이지 않을지도 모릅니다. 전갈자리는 연인을 감정적으로 소유하고픈 마음이 있지만, 자신이 홀리는 건 싫어하죠. 철저한 조사가 들어오기 전에 냉정하게 선을 긋습니다.

둘의 연애는 충실하고, 진중하며, 사랑스럽고 아주 뜻깊습니다. 그러나 꼭 건강한 관계라고는 말하지 않겠어요. 두 물의 별자리들이 약물 남용 경향을 보인다는 점에서 위험이 도사리고 있음을 알 수 있습니다. 감정적으로 느긋해진다면, 좀 더 개방적이고 솔직하게 서로를 알게 될 것입니다. 그렇지 않으면 둘의 만남은 환각 체험처럼 될 수 있어요. 강력하고 무서운…… 하지만 결국 그저 기이한 회상뿐인 체험 말이에요.

69

사수자리와
사수자리

Sagittarius and Sagittarius

눈 깜짝할 사이

사수자리 아가씨들끼리 만나면 열정이 넘칩니다. 친구들은 둘의 결합에 환호를 보내거나 아예 등을 돌려 버려요. 이들이 만나면 눈 깜짝할 사이에 0에서 100으로 가 버립니다. 미묘한 것들은 던져 버려요. 이들의 세계엔 존재하지 않는 것들이죠. 만난 지 얼마 안 되어 밤 깊도록 대화를 나누고 있겠죠. 바로 그다음 아주 거만하고 지저분한 방식으로 그걸 하고요. 오르가슴의 순간, 자유로운 세상에 사랑을 선포할 것입니다.

여기서 문제는 과연 부풀려진 이들의 사랑이 요구에 부응할 수 있느냐는 것입니다. 여러분, 아마도 그러겠지요. 하지만 우선은 사수자리와 사귀는 101가지 방법 같은 속성 강의를 들어야 할 거예요. 강사가 누구냐고요? 짐작하겠죠! 장담컨대 당신이 가장 신뢰하는 레즈비언 점술가가 해 드립니다. 다음의 간단한 다섯 단계를 따라 해 보세요. 그럼 잘 해낼 수 있을 거예요.

1단계. 남에게 가르치는 대로 본인이 실천하십시오.
2단계. 말하기보다 듣기를 많이 하십시오.

3단계. 절대 거짓말하지 마십시오.

곤경에 빠진 사람을 구하기 위한 작은 거짓말만 빼고요.

4단계. 지나친 것은 모자람만 못합니다.

5단계. 모든 여자한테 흘리지 마세요.

사수자리 커플이 마음을 모아 정신적인 수준을 높이려고 애쓴다면, 꽤 즐거운 여행이 될 거예요. 이 여행에는 엄청나게 멋지고 훌륭한 섹스가 동반될 것입니다. 몇 시간 내내 계속 간헐적으로 "하아! 어떡해!" 라는 신음이 들린다는 이웃들의 증언이 뒤따르겠죠.

사수자리 여성들은 정의로움과 야함의 극과 극에 끌립니다. 정의로운 면을 보면 거대한 철학적 물음, 즉 시인과 학자들이 수 세기 동안 답을 구하려 한 질문들에 대해 스스로 답을 찾아냈다고 믿고 싶어 합니다. 조금만 겸손한 자세로 임한다면 이런 탐구 활동에 결실이 있을 것입니다. 상대가 너무 독단적인 성향을 보이면 마음을 편하게 가지게끔 환기해 주는 역할을 맡은 이가 사수자리예요. 유머 감각, 자신을 비웃을 수 있는 자조 능력은 사수자리들이 가진 최고 자산입니다. 야한 면을 보자면, 나이를 막론하고 사수자리는 뒹굴고 먹고 마시고 춤추고 떠들고 또 섹스 하고 일주일에 며칠씩 밤새 즐길 능력이 충분합니다. 가끔 깜박하는 게 있다면? 씻는 거죠!

아주 극단적이고 사나워요. 그래서 서로를 아예 상대하지 못할 수도 있고, 이 세상에서 서로를 다룰 줄 아는 유일한 사람일 수도 있어요. 자, 그러니 두 분. 이제 씻으러 갑시다!

70

사수자리와
염소자리

Sagittarius and Capricorn

XXX

염소자리는 일을 좋아해요. 사수자리는 염소자리가 일에서 벗어나게끔 부추기는 걸 좋아하죠. 사수자리는 쫓아가는 걸 좋아해요. 염소자리는 쫓기는 걸 좋아하고요. 사수자리는 긍정적이에요. 염소자리는 비관적입니다! 자, 이제 두 사람의 성향이 보이나요?

둘의 관계는 무언의 근거를 기반으로 해요. 스타일이 완전 반대여서 서로에게 자주 짜증스럽게 반응해요. 하지만 모든 갈등의 저변에는 이상하게도 서로 보완적인 면이 있어요. 염소자리는 내성적이고 뚱한 성격이라 자신에게 기운을 북돋아줄 사수자리의 활기차고 외향적인 성격이 필요합니다. 사수자리는 진중하지 않고 변덕스러워서 염소자리의 한결같은 차분함을 본받아야 합니다.

물론 중요한 건 염소자리처럼 흙다운 흙의 별자리와 사수자리처럼 불타는 불의 별자리는 몸 쓰는 일을 좋아한다는 점입니다. 사수자리는 완전히 아웃도어 스타일이에요. 염소자리도 대개 그렇지요. 물론 두 사람 모두 가장 사랑하는 스포츠가 하나 있죠. 당연히 섹스죠!

성적으로 둘은 공격적인 커플입니다. 침실에서의 사수자리는 강압적이고,

염소자리는 적극적인 깁텍이에요. 염소자리는 자신이 사수자리에게 원하는 걸 확실하게 알고 있고, 그걸 얻기 위해 두 사람 모두의 몸을 조종하는 법도 압니다. 사수자리는 머릿속 마이애미 힙합 〈Me So Horny*〉에 반응하느라 바빠서 자기가 원하는 게 뭔지 생각할 새가 없어요. 사수자리에게는 자신만의 작고 에로틱한 **XXX** 등급의 세계가 있습니다.

서로 가르치면서 짓궂은 섹스를 즐기는 것 말고는 이 커플의 과업이 무엇인지 단정 짓기 어렵습니다. 절대 운명이 정해져 있지 않은 관계라고 확신해요. 그러니 모든 것은 두 사람의 손에 달려 있지요. 하느님, 맙소사!

★ **꼴려!**

71

사수자리와 물병자리

Sagittarius and Aquarius

위선과 위반

사수자리와 물병자리 아가씨는 공통점이 아주 많습니다. 둘 다 이상이 높고, 자유를 사랑하는 동시에 낙천적인 성격의 사람들이에요. 관계를 쌓는 데 필요한 것들에 대해서는 너무 비현실적이죠. 성공과 실패를 가르는 비결일 수 있어요. 두 사람이 만날 때는 마치 '미완성'이라는 말을 그대로 실행하는 듯해요. 자신들이 무엇을 하고 있는지 잘 모릅니다. 그냥 되어 가는 대로 꾸려 나갈 뿐이에요.

많은 사수자리·물병자리 커플이 친구로 시작해요. 또 많이들 친구로 끝을 맺죠. 그중 영원한 사랑을 속삭이는 커플은 헤어지지 않고 함께 성장해 나갈 수 있습니다. 이들은 자유와 자유 연애라는 개념을 실험해 나갈 것입니다. 아무리 사수자리가 자기는 아니라고 해도, 천성적으로 일부일처제를 지향하지 않아요. 이 연애가 잘되려면 개방적 태도, 정직함, 빌어먹을 예술에 충분한 시간을 할애해야 합니다. 이런 것들이 있어야 가장 위대한 사랑의 형태가 생겨날 수 있기 때문이죠. 그건 바로 용서입니다.

친구처럼 아주 잘 지내는 커플도 여느 연인처럼 많이 다툴 수 있어요. 두 사람이 싸울 때 주로 내뱉는 낱말이 무엇일까요? 바로 위선이에요. 물병자리 아가씨는 섹스를 할 때 내성적일 수 있어요. 그때 사수자리가 과장해서 끼를 부리며, 섹시하게, 다 아는 듯 떠벌리는 이야기가 좀체 미덥지 않다는 걸 깨달아요. 한편 사수자리는 어느 날 섹스 중에 심기가 상한 물병자리가 늘어놓는 사랑과 감정 이야기를 곧이곧대로 받아들이기가 버겁습니다.

꽤 힘든 일이군요. 그런가요? 아니, 꼭 그렇지만도 않아요. 이들이 실제로 이런 부드러운 주제를 다루며 이야기할 수 있다면, 서로에게 진짜 솔직해지는 법을 익힐 수 있을 거예요. 아주 가차 없는 솔직함이 강력한 연결고리가 됩니다. 이 연결고리가 강렬하고 도발적인 섹스를 완성하고요. 이 시점에 이르기까지 오랜 시간이 걸릴지 모르겠지만, 도달하게 되면 조심히 지켜야 해요.

사수자리와 물병자리는 금기의 여성들입니다. 더럽고 문제적이며 신의 뜻에 반하는 일이라면 일단 저질러 봅니다! 한바탕 신나고 뜨거운 사랑을 나눈 뒤에 하고 싶어 하는 건 그저 대화입니다. 또 길고 열띤 토론 끝에 이들이 원하는 건 그저 섹스고요. 그다음에는 또, 이런 식으로 반복, 반복입니다.

둘의 연애는 초기 단계로 섣불리 판단할 수 없어요. 연기와 합리화가 난무하거든요. 서로 미워할 준비가 되었다면, 그 순간 바로 진정한 사랑과 욕망이 시작됩니다.

72

사수자리와 물고기자리

Sagittarius and Pisces

두서없이, 행운

사수자리와 물고기자리는 서로 90° 스퀘어 각을 이룹니다. 이 각은 힘들고 어렵다고 알려져 있지요. 그래도 다행히 사수자리는 도전하는 삶을 살고, 물고기자리는 사랑으로 모든 걸 이겨낼 수 있다고 믿습니다. 둘에게는 사실일 거예요. 사수자리의 지배 행성은 인생과 사랑에 행운을 가져다준다고 알려진 거대 행성 목성이에요. 해왕성이 등장해 물고기자리를 관장하기 전에 행운의 목성이 물고기자리에게 영향력을 행사했지요. 그러니 행운의 여신은 절대적으로 두 사람의 손을 들어 줄 겁니다.

사수자리는 즐거움을 추구하고, 물고기자리도 그렇습니다. 하지만 사수자리의 내면에는 깊은 공허함도 같이 자리하고 있어요. 수년간 여자 꽁무니만 쫓아다니느라 매일 밤을 거의 뜬눈으로 지새울 수밖에 없던 그런 느낌이랄까요. 사수자리는 언젠가 거울 속 자신이 없어질 것만 같아서 거울을 보기가 무서워 죽겠습니다. 그런 그도 물고기자리를 만나면 마치 집에 온 것 같은 느낌을 받을 것입니다. 물고기자리가 잘 보살펴 주고 가장 깊숙한 내면의 감정을 표현하게끔 한다는 걸 어렴풋이 느낄 거예요. 무언의 약속인 듯 가슴을 휙 내보이는 물고기자리 아가씨는 말할 것도 없이 완벽하게 야한 여자입니다. 이런 금상첨화가 어디 있겠어요. 물론 물고기자리도 사수자리가 자신을 보호해 주고 감정의 블랙홀에서 구해 주리란 걸 알지요. 그 직감은 옳아요! 사수자리는 물고기자리가 꿈꾸는 환상을 실현하도록 용기를 주고, 수고를 아끼지 않을 거예요.

환상이 실현될 만한 첫 장소는 침실이겠지요. 둘의 첫 만남은 술과 약의 힘에 전적으로 기대서 성사됐을 거예요. 사수자리는 파티주의자고, 물고기자리는 타고난 중독자입니다. 두 사람 사전에 절제 같은 건 없지요. 침실에서는 평소보다 더 극적인 상황이 연출됩니다. 멀티 플레이어가 될 수 있도록 서로를 독려합니다. 물고기자리는 언제나 당연히 온텍을 맡아요. 하지만 사수자리와 있으면 매력 넘치는 온깁이 될 수 있어요. 사수자리는 평소에 침대 위를 빠르고 맹렬하게 오갔을지 모르지만, 물고기자리와 함께라면 모든 감각을 느긋하게 느끼면서 즐길 수 있어요. 허벅지를 속속들이 간질이며 다가오는 물고기자리의 부드러운 혀의 감촉을 느낍니다. 그 맛있는 발가락을 며칠이라도 음미하면서 말이에요.

두 사람이 풀어야 할 과제는 각자의 악마와 마주할 수 있도록 서로에게 힘이 되어 줄 수 있느냐는 거예요. 파트너의 약점 뒤에 숨어 있기가 능사는 아니죠! 시간이 지나 행운이 바닥나면, 그때가 이 두서없는 커플이 감당해야 할 역경의 시작입니다.

73

염소자리와 염소자리

Capricorn and Capricorn

탄탄 시나리오

염소자리끼리의 만남은 강력한 조합을 이룹니다. 때로는 강력한 우울의 소용돌이에 휘말리기도 하지요. 염소자리는 12궁도 중에서 가장 야망이 넘치는 별자리입니다. 대부분 일을 다른 어떤 것보다 가장 중요하게 생각합니다. 인생에서 가장 좋은 건 자유를 얻는 일일 텐데요. 염소자리 여성들은 철저하게 은퇴 계획을 세워요. 혹시 삶에서 얻을 것이 더 남아 있을까 해서요.

맨 처음 둘은 함께할 시간이 거의 없을 거예요. 정상에 오르기 위한 시나리오를 짜느라 바쁘거든요. 하지만 염소자리는 흙의 별자리니까 두 아가씨는 아주 육체적이며 발정이 나 있지요. 장담컨대 둘이서 나누는 섹스는 불같이 뜨겁고, 뜨겁고, 뜨겁습니다. S/M 기질이 강하기도 하고요. 아침 9시부터 오후 5시까지 억눌린 채 답답했으니까요. 어두운 지하 감옥에서 칭칭 묶고 묶여야 제대로 쉴 수 있는 것도 놀라운 일은 아니잖아요. 물론 어느 한쪽만을 선호하지 않아요. 서로 벌 받기와 혼내기 역할을 획획 바꿔가며 할 수 있습니다. 자, 다 했으면 다시 일하러 가야죠.

두 사람이 사귀면 모든 일이 순조롭게 풀려 갈 것입니다. 일상을 파헤치고 망치는 걸 좋아하지 않거든요. 토요일에는 맥주를, 일요일에는 초밥을, 수요일에는 보드게임을 하기로 딱딱 정해져 있어요. 나쁜 인생만은 아니군요!

　　하지만 염소자리들은 감정 기복이 심하고 우울증에 걸리기 쉽습니다. 여기에는 건강한 성생활이 도움될 것입니다. 약물 치료의 도움을 받는 사람도 있어요. 제가 의사는 아니지만, 이런 만성적인 질환에 가장 좋은 치료법은 대화라고 생각합니다.

　　염소자리들은 두려워해요. 은행에 돈 한 푼 없이 자신이 계획한 목표 어느 하나 이루지 못하고 가난하게 홀로 죽을지 모른다는 불안이 있습니다. 실패할까 봐 두려운, 주체할 수 없는 공포 때문에 엄청나게 인내하는 염소자리에게 내려진 저주를 같은 염소자리만큼 알아줄 수 있는 사람이 있을까요. 그래서 저는 두 사람이 서로 힘든 일을 털어놓으며 어려움을 잘 넘길 거라고 생각해요. 빡빡하지만, 강한 유대와 강한 구속에 바탕을 둔 단단한 사이입니다.

74

염소자리와 물병자리

Capricorn and Aquarius

계속 해!

염소자리와 물병자리가 태어난 시간은 불과 몇 시간에서 며칠, 몇 주 차이에요. 자신의 별자리 차트에서 상대의 별자리 위치를 찾아보면 금성이나 화성이 자리하는 걸 볼 수 있을 것입니다. 이로서 현실적인 염소자리와 지성의 대명사 물병자리가 왜 끌리는지 설명됩니다. 둘은 사랑에 관해 차분하고 냉정하며 침착한 자세를 취한다는 공통점이 있어요. 염소자리는 일을 방해하는 어떤 것도 용납하지 않아요. 물병자리는 관계를 잘 유지하기 위한 자기만의 완벽하고도 실현 불가능한 이론이 있는데, 누구도 그걸 망치면 안 됩니다. 그런 둘이 사귀게 되면, 자연스럽게 서로의 우선순위가 완전히 꼬여 버리는데 그건 나중에야 알게 되지요.

서로의 변화를 꾀하기 전 처음에는 친구, 그다음 섹스 파트너, 마침내 연인으로 발전하게 될 거예요. 친구 사이는 좀 쉬운 부분이에요. 물병자리가 누군가를 사랑하는 이상적인 방법에 관한 이야기를 길고 빠르게 늘어놓을 텐데요. 염소자리는 참을성이 많아서 다 경청합니다. 티는 내지 않겠지만, 듣는 내내 이 세 가지를 생각하겠지요.

1. 농담하는 거겠지. 저렇게 말도 안 되는 이야긴 생전 처음 들어 봐.
2. 정말 배짱이 좋구나. 나도 저렇게 자유롭게 말할 수 있었으면 좋겠다.
3. 저 청바지 입으니까 진짜 귀엽네. 한 번 더 봤으면 좋겠다.

연필을 떨어뜨려 볼까?

결국 둘 중에 더 육체적인 편인 염소자리가 어느 날 귀여운 물병자리 친구를 붙잡을 것입니다. 그러고는 말보다는 직접 행동으로 보여 달라고 할 거예요. 근사한 섹스는 둘에게 신성한 모험이 될 수 있습니다. 물병자리는 섹스를 할 때 비범한 체위를 구사하고 특이한 발상으로 가득해요. 염소자리는 그에게 푹 빠질걸요. 모든 실험이 아주 선정적이고 이국적이거든요. 하지만 어느 순간 염소자리가 명령을 내릴 거예요. "닥치고 해!"라고요. 그럼 물병자리가 바로 달려들게 돼 있어요.

얼마 동안은 둘이 함께 뒹구는 나날을 보낼 수 있어요. 둘 중 한 사람이 "우리 뭐하는 거지?" 하고 묻기 전에는 말이죠. 이렇게 섹스 파티를 벌이고 있다는 사실을 한동안 비밀에 부치려고 하는데요. 스캔들에 휩싸이지 않고 우정을 지키고 싶어서겠죠.

두 사람이 주위에 알리고 공식 레즈비언 커플로 도약한다면, 미래는 불확실하지만 꽤 즐거울 것입니다. 염소자리는 물병자리가 추구하는 부담 주지 않는 개방적인 사랑의 방식이 마음에 듭니다. 물병자리는 염소자리가 자신의 이야기에 귀기울여 주는 점이 맘에 들고요. 여러분, 둘 관계의 핵심은 이것입니다. 각자 원하는 게 무엇인지 알 수 있을 정도로 오랜 만남, 진행 중인 관계가 될 수 있을까요?

어느 순간 관습적인 염소자리는 이 관계를 세간에 알리고 싶을 테고요. 물병자리는 자신이 누리고 있는 자유를 포기할 준비가 되어 있을 수도, 그렇지 않을 수도 있겠죠. 서로 다른 길을 가게 될지도 몰라요. 아니면 우정이라는 충분한 토대 위에 아름답고 색다른 일상을 만들어 갈 수도 있지요.

75

염소자리와
물고기자리

Capricorn and
Pisces

벌거숭이 게임

염소자리와 물고기자리는 순조롭고 편안한 60° 섹스타일 각을 이룹니다. 아마 당장 첫 만남에서부터 끌릴 거예요. 쉽게 잘 어울리고요. 서로 나누는 대화가 이보다 더 자연스러울 수 없군요. 그런데도 여전히 상대가 신비롭고요. 늦은 밤이면 서로에 대한 생각이 머릿속을 떠나지 않고 계속 맴돌 테지요. 하지만 둘 다 상대의 매력을 바로 수긍하지는 않으려고 해요.

그렇기에 둘이 실제로 사귀게 되는 건 누가 봐도 놀라운 일이 아닙니다. 합이 잘 맞고 서로를 상당히 잘 보완해 주지요. 염소자리는 야망이 넘치고 집중력이 좋고요. 물고기자리는 몽상가입니다. 물고기자리가 현실 삶을 꾸려가는 데, 염소자리가 함께하며 도울 수 있어요. 또 물고기자리는 금욕적인 염소자리가 자신의 감정을 표현하도록 도움을 줄 수 있습니다.

섹스는 틀림없이 정말 즐거울 거예요. 물고기자리는 염소자리를 미치도록 애태우는 걸 좋아해요. 염소자리는 물고기자리와 거칠게 즐기는 걸 좋아하고요. 이 관계에는 괴롭힘이라는 중요한 요소가 있어요. 너무 쉽거나 익숙한 섹스는 둘 다 선호하지 않아요. 둘이 함께라면 뜨거운 섹스는 한 번으로 그치던, 왠지 모를 거리낌도 뛰어넘을 수 있지요.

　감정적으로는 상대방을 화를 돋울까 봐 두려울 것입니다. 당연히 하늘 아래 모든 일이 이야깃거리가 될 수 있어요. 가슴에 담아 둔 작은 분노들은 빼고요. 물고기자리는 염소자리에게 다 말할 용기가 없어요. 통화하는 동안 쩝쩝거리면서 먹는 행동이 미칠 것 같다는 것을요. 염소자리는 물고기자리에게 가족에 신경 쓰는 시간이 너무 많다고 충고해서 관계가 끝장날까 봐 무서워요. 간절히 바라는 것부터 영 하기 싫은 것까지 나눴던 섹스 얘기도요. 이들 커플에겐 쉽지 않은 일이지만, 이 관계가 오래 유지되려면 꼭 대화를 해야만 합니다. 저는 옷 벗기 진실 게임 후에 24시간 섹스 치료에 들어가라고 조언하고 싶군요.

76

물병자리와
물병자리

Aquarius and
Aquarius

소울메이트

물병자리끼리 사귀기로 결정한다면 섹시하고, 괴롭고, 기막히게 즐겁고, 하염없이 복잡한 길로 들어서는 거예요. 하지만 사실 두 사람은 어떤 결정도 내리지 않으려 해요. 서로 육체적으로 끌리면서 지적인 유대감까지 형성한다면, 사랑스러운 아가씨들이 열정의 파도에 휩쓸릴 것은 자명한 일입니다.

물병자리는 언제나 저주에 시달리고 있어요. 자신은 이 세상에 혼자뿐이고, 다른 모든 사람과 다르다고 생각하지요. 평범한 사람처럼 행동한다면 그렇게 느끼지 않아도 될 텐데 말이죠! 아차, 미안해요. 괴롭히려는 의도는 없어요. 어쨌든 두 물병자리가 만나면, 서로 아주 오래전에 헤어진 영혼을 나눈 자매를 찾았다고 느낄지도 몰라요. 물병자리들은 서로에게 각자 그러고 싶은 만큼 판에 박히지 않고 참신할 수 있게 격려할 것입니다. 물병자리로 태어나서 받은 선물로는 불멸의 이상주의가 있지요. 둘이 함께 세상을 바꿀 수 있다는 그 비현실적인 희망을 품고 살아갈 거예요.

신나는 커플이에요. 친구들과 친지들, 전 세계에 놀라움을 선사하기 위해 살아가요. 하지만 침실에서 이들은 두 가지 방법뿐이에요. 세상을 깜짝 놀라게 할 만큼 환상적으로, 정 없이 쌀쌀맞게. 감정적으로 서로 연결돼 있다고 느낄 때는, 잠자리에서 불가능이란 없습니다. 상대의 눈을 바라보는 동시에 오르가슴을 느낄 수 있어요. 떨어져 있으면 성생활은 공허해지고 가슴이 찢어집니다.

사귀면서 한동안은 관계의 문제가 또렷이 드러나지 않을 수 있어요. 시간이 좀 흐르면, 두 사람은 자신들의 관계가 이상에 제대로 부응하지 못한다는 현실을 깨달을 테지요. 아시겠지만 물병자리는 친밀감을 형성하는 데 어려움을 느껴요. 멋진 친구이자 훌륭한 사회 인사지만, 연인과의 일대일 상황을 마주할 때는 심기가 불편해집니다. 물병자리 두 명이면 어려움도 두 배가 될 수 있어요. 개방적인 연애를 바라지만 소유욕도 강해요. 자유를 원하면서도 안전이 보장되길 바라지요.

혼란스러운 관계지만, 둘은 여전히 소울메이트거나 소울메이트가 되어 가는 중이에요. 높은 희망의 끈을 놓지 않고, 함께하는 생활이 꼭 어떠해야 한다는 경직된 사고를 벗어버릴 수 있다면, 이상적인 관계를 실제로 만들어 낼 수 있을 거예요.

77

물병자리와
물고기자리

Aquarius and
Pisces

몽상가들

꿈의 조합입니다. 물병자리 여성은 세상을 바꾸고 싶지만 온 우주를 통틀어 혼자라고 느껴요. 삶에 진실한 사랑이 없다면, 잠재력을 펼칠 수 없다는 듯 실망감으로 가득할 것입니다. 그래서 물고기자리 아가씨를 만나면, 관능적 섹스와 달콤한 사랑으로 충만한 그의 영혼에 서려 있는 공허함을 거의 느낄 수 있어요. 물고기자리도 마찬가지로 세상을 위해 살고 싶지만 좀 더 개인적입니다. 치유의 손길과 연민으로 가득 찬 마음을 지녔지만 실제 행동으로 옮기기에 너무 비현실적이에요. 인생의 목적을 찾을 수 있도록 물병자리 연인이 그의 조력자 역할을 해 줄 것입니다.

두 몽상가는 세상을 완전히 다른 시선으로 바라봅니다. 물병자리는 현실적인 이상주의자고, 새로운 시도가 언제나 좋다고 생각해요. 세상의 가혹한 현실에 버림받을지라도 긍정성을 강조합니다. 하지만 물고기자리는 부정적인 생각과 두려움에 휩싸이곤 해요. 12궁도의 마지막 별자리로서 염세적인 기질이 있지요. 세상 사람들이 할 수 있는 끔찍한 일들을 알고 있어요. 사람들을 용서하지만, 모든 어두운 면을 너무나 잘 알고 있습니다.

사귀게 되면, 두 사람 각자 자신들의 초자아*에 맞춰야 할 것입니다. 자칫

하면 서로를 기만하는 엉망인 관계가 될 수 있습니다. 이 사랑은 정직을 기반으로 해야 합니다. 그래야 열정을 이어갈 수 있어요. 열정에 관해 말하자면, 두 사람은 환각적이고 자유분방한 성생활을 즐기기 마련입니다. 섹스가 시작되면 금기라는 말은 창밖으로 던져 버려요. 서로의 몸에 숨겨진 모든 틈새와 부드러운 곳을 탐험하려고 할 거예요. 또한 둘 다 가장 강한 자극에 이끌리는데요. 딸기 모양의 딜도부터 동네 친구와 스리섬까지. 가능성은 끝이 없습니다.

두 사람이 풀어야 할 과제는 이렇습니다. 물의 별자리인 물고기자리의 관심은 온통 개인주의와 감정에 관한 것이라서 물병자리의 잡다한 이론들에 무관심할 수 있습니다. 공기의 별자리인 이지적인 물병자리는 사고하고 토론하는 게 전부입니다. 상대의 감정, 직감, 심리를 파악하기 어려워합니다. 커플끼리 이렇게 다르고 겉으로는 찬바람이 쌩쌩 부는데 문제가 없다고 보긴 어렵겠죠. 하지만 둘의 공통점을 기억해 보세요. 몽상가들이에요. 물병자리가 품은 더 나은 세상을 향한 꿈이 물고기자리의 거대한 초자연적 힘과 공감 능력에 잘 들어맞을 때 두 사람은 꿈을 실현할 수 있을 것입니다.

★ **higher self.** 자아가 원시적 욕구를 억제하고 도덕이나 양심에 따라 행동할 수 있게 하는 정신 요소. 정신 분석학에서 이드 및 자아와 더불어 정신을 구성하는 요소로, 도덕 원칙에 따름.

78

물고기자리와
물고기자리

Pisces and Pisces

미지의 존재들

두 물고기자리가 만나면 신비롭고 섹시할 수밖에 없습니다. 아주 비밀스럽고 신령한 미지의 존재들입니다.

물고기자리 여성은 성적으로든 감정적으로든 깊게 빠져듭니다. 황홀한 섹스 뒤에 건강하고 영양가 있는 저녁 식사를 하는 건 이들이 원하는 일이 아니에요. 정말 아니죠! 하지만 지저분하고 퇴폐적이며 우리가 기겁할 만한 어떤 위험이라면 기꺼이 감수하겠지요.

침실에서는 문란함을 만끽하려고 해요. 섹스가 조금 고통스럽고, 수치스러우며, 오래 계속되어도, 그래도 좀 더 한계를 넘으려고 할 거에요. 상대를 속이려는 마음이 서로에게 도사리고 있기에, 신의는 절대적으로 문제가 될 수 있습니다. 특히 둘 중 한 사람이 술에 절어 지내거나 마약을 한다면 말이죠. 물고기자리 여성은 좀 나쁜 여자 스타일이지만, 이 또한 매력입니다. 서로에게, 나머지 모든 레즈비언에게도.

감정적으로도 연결되길 바라지만, 두려움이 많고 소심합니다. 물고기자리는 타인에게 기쁨을 주고 싶어 해서 막상 자기가 원하는 걸 요구하는 법을 모를 수도 있지요. 이들은 사람의 마음을 잘 읽는다고 생각하며, 실제로도 그렇습니다. 하지만 세부적인 걸 짚어 보면 아주 엉망이지요.

둘 중 하나 또는 두 사람 모두의 차트에 불이나 흙의 기운이 있으면 좋겠어요. 그 기운이 조금은 직선적일 수 있도록 두 사람을 받쳐 줄 것입니다. 하지만 둘 다 물속에 잠겨 있을 때면, 이따금 주변에 도움을 요청해야 합니다. 이것이 자신과 서로를 구원할 유일한 방법이에요.

V

알아 두면 쓸데 있는
점성술 백과

알아 두면 —— 쓸데 있는
점성술 백과 ——

점성술 Astrology

점성술(占星術, astrology)은 천문학상의 현상과 사건이 관계가 있다고 여기는 믿음 체계입니다. 서양 점성술은 태양과 달, 다른 행성의 위치에 기반하여 개개인의 성격을 설명하거나 인생에서 미래의 사건을 예견한다고 상징되는 천궁도 체계로 구성되어 있지요. 많은 문화와 역사의 기원이 천문학상의 사건에 중요성을 두고 있으며 인도인과 중국인, 마야인들은 천체 관찰로부터 지상의 사건을 예견하기 위한 정교한 체계들을 발전시켰습니다.

별의 해석 Astrologia

영어로 astrology는 **별의 해석(account of the stars)**이라는 뜻의 그리스어 명사에서 파생된 라틴어 단어 astrologia에서 유래합니다. 나중에 Astrologia는 과학 용어로 쓰이는 라틴어 단어 천문학 astronomia와 함께 '별점'이라는 의미의 일부가 되었지요. 별의 해석에 관한 체계를, 달리 이르는 말로 점성학(占星學)이 있습니다.

점성술의 역사

점성술의 역사는 기원전 삼천 년까지 거슬러 올라갑니다. 계절의 변화를 예측하고 신과 소통하는 신호로써 천체의 주기를 해석하기 위해 사용한 역법 체계에 뿌리를 두지요. 고대 역사에서 점성술은 일종의 학문적 전통으로 여겨졌으며 천문학과 연금술, 기상학, 의학 등 다른 학문적 전통과 연관되었습니다. 점성술은 우주를 묘사하는 데에 어떠한 설명적인 효력도 갖고 있지 않으므로, 17세기 말경 연금술과 함께 '유사과학(pseudoscience)'으로 불리며 과학적인 공동체에 의해 거부되었습니다. 합리적인 이성과 실증에 근거한 신비주의 혐오는 여성, 약자, 사회적 소수자들의 위안적인 믿음 체계이자 상징과 고대 과학, 문화, 예술의 영역으로 존재했던 점성술을 전면 부정하고 배제하는 결과를 낳았습니다. 20세기 초에 심리학자 칼 융은 심리학적 진실의 핵심이 되는 단서를 찾기 위해 천궁도를 연구했고, 이 시도들은 심리 점성술의 발전으로 이어졌습니다.

황도대 Zodiac

황도대(黃道帶, zodiac)는 점성술과 고대 천문학에서 한 해 동안 천구를 가로지르는 태양 경로인 황도를 중심으로 하는 천체 경도의 30°씩 구간의 원을 말합니다. 이들 열두 구간을 열두 별자리라고 합니다.

점성술의 열두 별자리 Astrological Signs

서양 점성술에서 양자리의 시작점이라고도 알려진 춘분점에서 시작하는 황도의 30°씩 열두 개의 구간입니다. 서양과 서아시아 점성술에서는 하늘에 있는 각각의 별자리를 통한 공간, 태양과 달과 행성들의 이동에 주안점을 둡니다. 대조적으로 중국 점성술에서는 탄생 년과 월, 일, 시간의 주기에 운용되는 황도대의 때를 중시합니다. 이 세 가지 전통의 공통적인 특징은 한 사람의 출생 순간에 동쪽 지평선에서 떠오르는 황도대의 별자리인 **상승궁**의 중요성입니다.

상징 기호	구간	라틴어 이름	한글 이름
♈	0°	Aries	양자리
♉	30°	Taurus	황소자리
♊	60°	Gemini	쌍둥이자리
♋	90°	Cancer	게자리
♌	120°	Leo	사자자리
♍	150°	Virgo	처녀자리
♎	180°	Libra	천칭자리
♏	210°	Scorpio	전갈자리
♐	240°	Sagittarius	사수자리
♑	270°	Capricorn	염소자리
♒	300°	Aquarius	물병자리
♓	330°	Pisces	물고기자리

네 개의 원소

열두 별자리는 고대 네 가지 원소들 가운데 하나와 관련이 있으며, 그 원소에 따라 핵심적인 특성을 지닙니다. 일반적으로 점성술에서는 불과 공기의 별자리를 양(陽)으로, 물과 흙의 별자리를 음(陰)으로 여겨 이를 남성적인 혹은 여성적인 젠더 이분법상 특질로 분류하였으나, 그저 외향성과 내향성으로 풀이하면 충분하겠습니다.

원소	특성	별자리
불	열광, 표현, 신념	양자리 사자자리 사수자리
공기	소통, 사회화, 개념화	쌍둥이자리 천칭자리 물병자리
흙	현실, 방어, 물질 세계	황소자리 처녀자리 염소자리
물	정서, 감정 이입, 감성	게자리 전갈자리 물고기자리

세 가지 유형

네 가지 원소는 세 가지 유형인 **활동형**(Cardinal), **고정형**(Fixed), **변화형**(Mutable)으로 나타납니다. 세 가지 유형은 네 개의 별자리를 포함하며, 각각 사궁(四宮, quadruplicity)으로도 알려져 있습니다. 때때로 황도대에서 서로 맞은편끼리 연결되는 모양으로 인해 '십자가'라고도 불립니다.

유형	특성	별자리
활동형	행동, 솔선	양자리, 게자리, 천칭자리, 염소자리
고정형	변화에 대한 저항	황소자리, 사자자리, 전갈자리, 물병자리
변화형	이중성, 혼합	쌍둥이자리, 처녀자리, 사수자리, 물고기자리

천궁도 Horoscope

천궁도(天宮圖, horoscope)는 한 사람의 출생 순간과 같은 특정 시간의 태양과 달, 행성, 기준선을 표현하는 점성술 도표입니다. 그리스어로 시간의 모습을 뜻하는 단어에서 파생되었지요. 다른 이름으로는 점성술 차트, 천체도, 별자리도, 별자리표, 성도, 코스모그램, 근원도, 차트 휠 등이 있으며 간단히 '차트(chart)'라고도 합니다.

상승궁 Rising sign

상승궁(上昇宮, rising sign) 또는 **상승점(上昇點)** 또는 **어센던트(ascendant)**는 어떤 사건의 특정 시간과 장소의 동쪽 지평선에서 떠오르고 있던 황도대의 별자리이며 도수입니다. 점성술 이론에 따르면 천체의 현상은 인간의 행동을 반영하거나 결정합니다. 그러므로 동쪽 지평선상 태양의 출현이 새로운 날의 새벽을 알리는 것과 같은 방식으로 상승궁 혹은 상승점, 어센던트는 개인의 자각 의식을 나타내며, 신체적인 특징과 건강에 커다란 영향을 끼친다고 여깁니다.

주인 행성

출생 천궁도에서 행성은 상승점과의 관계로 인해 중요성이 특별히 커집니다. 상승점 별자리의 주인 행성은 출생 천궁도의 주인 행성입니다. 예를 들어 만일 상승점이 천칭자리에 위치해 있다면, 금성이 주인 행성으로 사람의 분위기를 만듭니다. 또한 차트에서 첫 번째 하우스 안에 있는 상승점과 가장 가까운 행성은 상승 행성이라 불리며, 특별히 중요한 것으로 여깁니다.

별자리 이름	주인행성 (전통 / 현대)	별자리 이름	주인행성 (전통 / 현대)
양자리	화성	천칭자리	금성
황소자리	금성	전갈자리	명왕성 / 화성
쌍둥이자리	수성	사수자리	목성
게자리	달	염소자리	토성
사자자리	태양	물병자리	천왕성
처녀자리	수성	물고기자리	해왕성

십분각 Decan

십분각(十分角) 또는 데칸(decan)은 지구의 자전 동안 지평선에서 연속적으로 떠오르는 36개의 항성을 말합니다. 새로운 데칸이 태양과 함께 열흘마다 나타났기에, 고대인들은 이를 데카노이 또는 십분각이라 불렀지요. 데칸은 이집트인들에게 연중 태양력의 분할을 표시하는 데에 사용되기도 했습니다. 데칸의 페이스(face) 또는 위상(位相, phase)은 세 개씩의 데칸이 황도대 별자리의 각각 10°씩에 할당되는 체계입니다. 각각 주인 행성에 의해 통치됩니다.★

별자리 이름	첫 번째 데칸의 주인	두 번째 데칸의 주인	세 번째 데칸의 주인
양자리	화성	태양	목성
황소자리	금성	수성	토성
쌍둥이자리	수성	금성	천왕성
게자리	달	명왕성	해왕성
사자자리	태양	목성	화성
처녀자리	수성	토성	금성
천칭자리	금성	천왕성	수성
전갈자리	명왕성	달	해왕성
사수자리	목성	화성	태양
염소자리	토성	금성	수성
물병자리	천왕성	수성	금성
물고기자리	해왕성	달	명왕성

★　레즈비언 작가 질 디어먼이 쓴 〈퀴어 아스트롤로지 포 위민(QUEER ASTROLOGY FOR WOMEN (1999)〉에 나오는 점성술 개념에 관한 정확한 이해를 돕고자 편집부에서 위키백과를 참고해 간략하게 정리한 것입니다. 더 상세한 내용은 위키백과를 통해 확인할 수 있습니다.